U0856590

社会治理

Social Governance

History, Theory and Experience

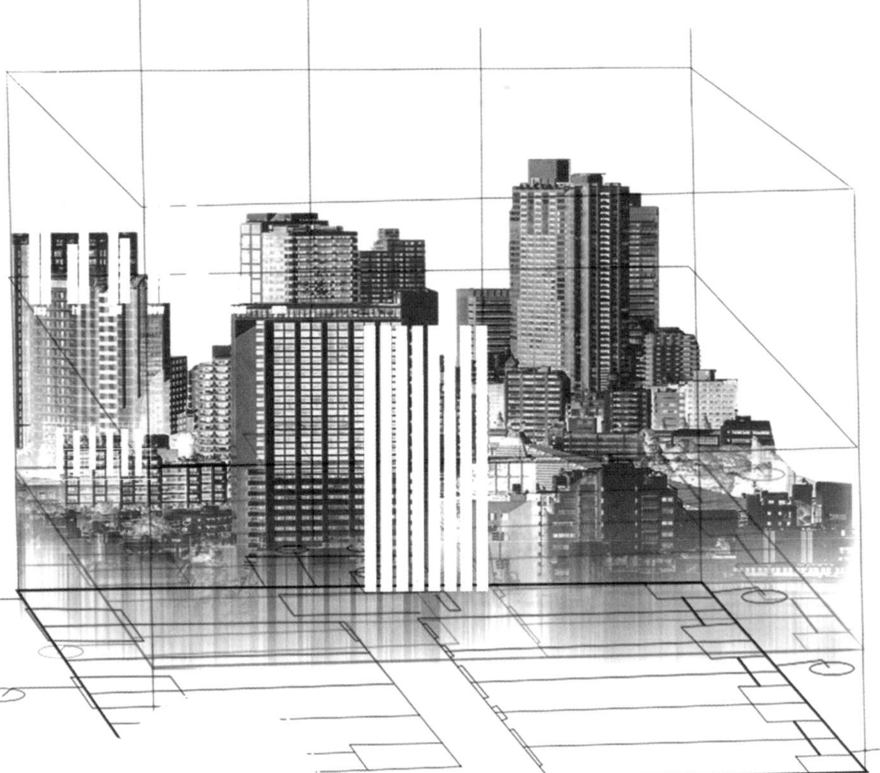

历史、理论与经验

陈 鹏／著

社会科学文献出版社
SOCIAL SCIENCES ACADEMIC PRESS (CHINA)

目　录

上篇　社会治理的历史视野

中篇　社会治理的理论探索

下篇 社会治理的经验透视

第一章　导论

党的十八大以来，随着中国特色社会主义进入新时代，社会治理研究成为一个前沿交叉的学科热点领域。作为一个学术概念，"社会治理"（一般译为"social governance"）最早出现于20世纪80年代中期，但真正引发广泛研究热潮则较为新近。2013年，党的十八届三中全会首次从国家治理现代化的战略高度提出"创新社会治理体制"的重大任务，实现了从"社会管理"到"社会治理"的重大转变，并提出"加快形成科学有效的社会治理体制，确保社会既充满活力又和谐有序"①。2017年，党的十九大报告提出"完善党委领导、政府负责、社会协同、公众参与、法治保障的社会治理体制"②。2022年，党的二十大报告提出："健全共建共治共享的社会治理制度，提升社会治理效能。"③ 中央关于社会治理的一系列政策精神，极大激发了学术界对社会治理的高度关注和深入研究。从概念起源来看，对社会治理的认识和理解，实际上不能完全脱离有关治理本身的理论语境。英文中的"治理"（governance）一词源于拉丁语和古希腊语，原意是控制、引导和操纵④，并日益表现为一种超越福柯意义上的"治理术"的"治理的艺术"⑤。"治理范式"（governance paradigm）的兴起，反映出

① 详见《中共中央关于全面深化改革若干重大问题的决定》，《人民日报》2013年11月16日。

② 习近平：《决胜全面建成小康社会　夺取新时代中国特色社会主义伟大胜利》，《人民日报》2017年10月28日。

③ 习近平：《高举中国特色社会主义伟大旗帜　为全面建设社会主义现代化国家而团结奋斗》，《人民日报》2022年10月26日。

④ Stephen Bell and Andrew Hindmoor, *Rethinking Governance* (Cambridge University Press, 2009); Mark Bevir, *Governance: A Very Short Introduction* (Oxford University Press, 2012).

⑤ Henrik Enroth, "Governance: The Art of Governing after Governmentality," *European Journal of Social Theory* 17 (2014).

经济、政治和社会生活发生了根本性变化，以至于治理成为一个关键问题。[①] 在新近的英语文献中，一些西方学者在研究中有时也将社会治理用于人口健康和健康护理领域，并将其视为“第三支柱”[②]。汉语中的“治理”一词历史悠久，早在先秦诸子百家之时即已出现，虽后经历代之演化，但其一般寓指“治国理政”[③]。因而，今日广为使用的“社会治理”一词，实则是一个具有中国本土化特色的重要概念。

一 社会治理的知识语境

习近平总书记指出，“加强和创新社会治理，关键在体制创新”[④]。这为探讨和研究社会治理提供了重要的方向和视角。如果把社会治理看成一种“可认识的知识”[⑤]，那么这就为社会治理的学理化研究奠定了基础。由于社会治理研究具有较强的“政治驱策性”[⑥]，受到国家政策变动和调整的影响较为明显，故而对社会治理的认识、理解和定位，既要将其纳入一个长时段的历史脉络之中，同时又需要及时把握和了解最新的政策精神走向，这样才能更好切中社会治理的本质要义。从体制创新的角度来看，社会治理具有如下三重理论面向。

（一）宏观层面：作为“社会新政”

从中国共产党治国理政和全面深化改革的战略高度来看，“社会治理”是作为一项新的国家治理战略被提出的，可以被视作一种“社会新政”。

---

① 鲍勃·杰索普：《治理的兴起及其失败的风险：以经济发展为例》，漆芜译，《国际社会科学杂志》（中文版）1999 年第 1 期。

② Chris Bem, “Social Governance: A Necessary Third Pillar of Healthcare Governance,” *Journal of the Royal Society of Medicine* (2010): 103; Patrick O'Byrne, “Population Health and Social Governance: Analyzing the Mainstream Incorporation of Ethnography,” *Qualitative Health Research* 22 (2012).

③ 李龙、任颖：《“治理”一词的沿革考略——以语义分析与语用分析为方法》，《法制与社会发展》2014 年第 4 期。

④ 《习近平关于社会主义社会建设论述摘编》，北京：中央文献出版社，2017，第 127 页。

⑤ 张静：《社会治理：组织、观念与方法》，北京：商务印书馆，2019，序言：第 1 页。

⑥ 王处辉、朱焱龙：《中国社会治理的道德基础构建》，《社会学评论》2020 年第 6 期。

有论者指出，党的十八大可以被认为是“社会新政”酝酿的起点，此后社会体制改革的步伐越来越密集，并逐渐呈现出社会组织、社会服务、社会治理三大领域齐头并进的宏观框架。[①] 从这个意义上来讲，创新社会治理本身也是一项社会体制改革。[②] 党的十八大报告明确提出加快推进社会体制改革的战略任务。[③] 党的十九届四中全会则提出，社会治理是国家治理的重要方面，要完善共建共治共享的社会治理制度。[④] 由此，围绕社会建设和社会治理的整体性制度安排和体制框架构建，日益成为国家治理现代化战略的重要内容。

从中央层面来看，社会建设和社会治理的主管部门逐步得到调整和明确。2011 年，中央社会治安综合治理委员会更名为“中央社会管理综合治理委员会”，被赋予协调和指导社会管理工作的重要职能。[⑤] 2013 年，为了集中精力抓好平安中国建设，又将其恢复为“中央社会治安综合治理委员会”。[⑥] 2018 年，全国人大新设专门委员会“社会建设委员会”[⑦]，其职责在中共中央印发的《深化党和国家机构改革方案》中进一步得到明确。一些部委也纷纷设立了社会管理和社会治理方面的职能机构，如民政局基层政权和社区建设司更名为“基层政权和社区治理司”等。从地方层面来看，北京市、上海市、成都市、广东省、浙江省、贵州省等地设立了专门的社会建设和社会治理机构。这都为从体制上创新社会治理提供了重要支撑。经过新时代 10 年间社会建设和社会治理的积极探索与实践，2023 年，中共中央、国务院印发《党和国家机构改革方案》，组建中央社会工作部，省、市、县级党委同步组建社会工作部门。这是社会治理体制创新的重大

---

① 王名、蓝煜昕：《社会新政：从管理到治理》，《前线》2014 年第 6 期。

② 李培林：《创新社会管理是一项社会体制改革》，《学习时报》2011 年 12 月 5 日。

③ 胡锦涛：《坚定不移沿着中国特色社会主义道路前进　为全面建成小康社会而奋斗》，《人民日报》2012 年 11 月 18 日。

④《中共中央关于坚持和完善中国特色社会主义制度　推进国家治理体系和治理能力现代化若干重大问题的决定》，《人民日报》2019 年 11 月 6 日。

⑤ 孙春英等：《陈冀平：社会管理创新要在法治轨道上进行》，《法制日报》2012 年 7 月 4 日。

⑥ 翟思维：《社会治安综治委复名　孟建柱：集中精力抓平安建设》，《新京报》2014 年 10 月 11 日。

⑦ 王姝：《全国人大新设机构“社会建设委员会”职责明确》，《新京报》2018 年 3 月 21 日。

制度成果，标志着我国社会领域的统一领导体制的确立。

从国家的法律政策来看，围绕社会建设和社会治理的社会领域立法和社会政策设计进程明显加快，一些基本的社会大法和社会政策文件颁布实施，给社会建设和社会治理奠定了坚实的法治根基，如《民法典》《慈善法》《社会保险法》《网络安全法》《国家安全法》等；诸如《社会组织法》《城市社区居民委员会组织法（修订草案征求意见稿）》《村民委员会组织法（修订草案征求意见稿）》《社会救助法》等也进入国家立法中的制定和修订议程。这些都表明，在全面依法治国的背景下，加强社会领域立法成为一个重要的时代声音，一个新的社会立法时代正在来临。

从世界现代化历史来看，一些西方发达国家在经历现代化转型的关键阶段，都高度重视加强社会建设、创新社会治理，其也被视为跨越“中等收入陷阱”非常重要的战略举措。比如，美国在19世纪末20世纪初进行的“进步主义运动”、20世纪30年代的“罗斯福新政”期间所进行的社会改革、20世纪60年代约翰逊政府发起的“伟大社会运动”，都是重要的加强社会建设和改善社会状况的运动。[①] 就这个意义而言，由国家发起和推动实施的这种社会新政，也是一种社会文明全面进步运动。

（二）中观层面：作为“社会工程”

现代社会，既高度复杂又充满不确定性，这使得现代社会治理成为一项复杂的社会系统工程。[②] 针对这种复杂性治理问题，现代国家会发展出各种“清晰化”和“标准化”的治理策略与技术。[③] 新中国成立以来的社会治理变革，经历了从“总体支配”到“技术治理”的转变[④]，反映和体现了社会治理科学化、专业化和精细化的要求。

---

① 孙立平：《走向积极的社会管理》，《社会学研究》2011年第4期。

② 范如国：《复杂性治理：工程学范型与多元化实现机制》，《中国社会科学》2015年第10期。

③ 詹姆斯·C. 斯科特：《国家的视角——那些试图改善人类状况的项目是如何失败的》（修订版），王晓毅译，北京：社会科学文献出版社，2011，第24～28页。

④ 渠敬东、周飞舟、应星：《从总体支配到技术治理——基于中国30年改革经验的社会学分析》，《中国社会科学》2009年第6期。

“社会新政”作为国家层面的战略部署，通常会在宏观层面制定和提出相应的政策试点方案，地方政府则成为重要的实施主体。其中，比较具有代表性的至少有这样三个：一是中央政法委、中央综治委开展的“全国社会管理创新综合试点”①；二是中央政法委启动的“全国市域社会治理现代化试点”②；三是民政部组织实施的“全国社区治理和服务创新实验区试点”。对地方政府而言，如果能够被纳入这些试点名单之中，一般会得到相应的一些政策和项目的支持。根据中央的政策精神，结合自身的实际情况，地方政府会进行一些社会治理创新的试点探索。当然，如果没有被纳入试点名单范围，地方政府也可以自己设置一些社会治理创新的试点项目来推进社会治理创新，既可以是政府系统内的向下发包，也可以是面向社会进行的公开招投标。这就使得地方政府成为开展和实施社会治理创新的一个非常重要的行动主体。

从各个地方开展的社会治理创新实践来看，无论是在正式的文件中，还是在举办的一些活动中，“工程”和“项目”都是被广泛使用的两个重要概念。围绕社会治理创新的工程和项目，逐渐形成了一套规范化、程序化的操作流程，并制定了相应的社会治理创新评价体系。从这个角度而言，地方社会治理创新的推行和运作主要采取的就是项目制。③依托项目制的运作，地方社会治理创造出一系列经验模式，如政社合作模式、社会服务模式、社会自治模式等。④因此，持续设计和推出新的项目，对于社会治理创新的开展来说至为关键。

地方政府长期注重追求 GDP 的增长和绩效。在推进社会治理创新实践中，地方政府自身实际上面临着自身角色和职能的重要转变与重构，需要积极推动迈向“服务型政府”“法治型政府”“智慧型政府”“创新型政府”的重要转变。就此而言，地方政府高度重视加强社会建设、创新社会

① 王苗苗：《三十八个全国社会管理创新综合试点地区创造经验亮点纷呈》，《法制日报》2012 年 7 月 19 日。

② 高杨清、王晓蕾：《全国市域社会治理现代化试点全面启动》，云南长安网，2019 年 12 月 4 日，http://www.yncaw.gov.cn/html/2019/gczs_1204/60011.html。

③ 王才章：《地方政府社会治理创新的项目制运作》，《重庆社会科学》2017 年第 3 期。

④ 王春光：《中国地方社会治理实践的理论透视》，《中共中央党校学报》2017 年第 5 期。

治理，完善政策法规环境，持续提供项目资源，这也使得其成为促进社会发展的重要体制力量。

（三）微观层面：作为“社会重建”

从社会学的角度而言，社会治理是社会之二重性及其内在张力的必然要求和产物，其核心内容是调整社会性与公共性的关系，中心任务则是争取联结与团结的互动共生，最终形成既有活力又有秩序的社会生活。① 从社会生活的组织原则来看，从“集体化”到“个体化”的转变，造成社会纽带松弛、人际关系疏离，给社会治理基础带来重要挑战②，从而使得社会基础秩序的重建成为社会治理的核心议题③。

改革开放以后，随着社会主义市场经济的快速发展，以单位制和人民公社制为代表的基层管理体制逐步瓦解，“去组织化”成为我国社会转型与社会分化的一个重要特征。④ 从这个角度而言，加强社会建设、创新社会治理，在很大程度上就是为了实现社会的“再组织化”⑤。从社会治理的角度而言，现代社会重建至少包括如下方面。

一是社会利益机制。社会治理本质上是协调利益关系的过程。⑥ 从计划经济体制到市场经济体制的转轨，使得社会的资源和利益分配机制发生重要变化。随着社会利益主体的多元分化，各类社会问题、社会纠纷、社会冲突多发频发，这就使得建立市场经济条件下的利益均衡机制成为一项重要任务。⑦

二是社会流动机制。现代社会重建需要具有良好的社会流动机制，既

---

① 冯仕政：《社会治理与公共生活：从连结到团结》，《社会学研究》2021 年第 1 期。

② 李恒全、陈成文：《从个体化看中国社会治理基础的重建》，《山东社会科学》2016 年第 7 期。

③ 吕方、梅琳：《“后单位时代”的“社会基础秩序”重建》，《学海》2016 年第 4 期。

④ 徐永祥：《社会的再组织化：现阶段社会管理与社会服务的重要课题》，《教学与研究》2008 年第 1 期。

⑤ 龚维斌：《新中国 70 年社会组织方式的三次变化》，《中共中央党校（国家行政学院）学报》2019 年第 6 期。

⑥ 王天夫：《社会治理本质上是协调利益关系的过程》，《中国党政干部论坛》2015 年第 12 期。

⑦ 孙立平：《走向社会重建之路》，第七届中国改革论坛会议论文，沈阳，2009 年 10 月。

需要相对畅通的社会流动渠道，又需要提供较多的社会流动机会，让每个人都有人生出彩的机会，从而使得社会结构充满弹性和富有包容性。

三是社会保障机制。现代社会重建需要具有稳健的社会保障机制，既能够确保每个人分享社会改革发展成果，又能够不断提高整个社会的文明福祉水平。这就需要以基本公共服务均等化为导向，不断保障改善民生，增进和提高民生福祉，从而更好满足人民群众的美好生活需要。

四是社会自治机制。随着“单位社会”的解体，我国通过在基层社会成立群众性自治组织，将民众重新组织起来，由此完善基层群众自治制度。[①] 在城乡社区的广袤空间之中，除基层群众性自治组织之外，各类民间社会组织成为民众组织社会活动、开展社会交往、丰富社会生活的重要平台和载体，也是满足社会需要、激发社会活力的重要机制。

五是社会共同体机制。从社会治理的角度而言，现代社会重建实质上体现为构建一种人人有责、人人尽责、人人共享的社会治理共同体机制和一种共建共治共享的社会治理制度，进而培育和再造“社会生活的基础秩序”[②]。

质言之，加强和创新社会治理，需要有一个良好发育和有效运转的社会自组织系统。就此而言，社会治理体制创新从根本上说就是要培育和构建一个既充满活力又和谐有序的社会，让社会更好地运转起来。

二　社会治理的创新论域

在创新社会治理体制的背景下，针对社会治理的大量讨论和研究紧紧围绕“创新”而展开，并形成一个极为广阔而丰富的研究论域。为便于深入把握和理解“社会治理创新”，本书选取了三个关键论域予以分析。

（一）社会治理创新的话语体系

在地方实践中，“创新”成为社会治理的常态话语，并在实践中形成了一套具有自身特点的话语形态及其生产体系。有论者将这种社会治理的

① 徐勇：《中国式基层治理现代化的方位与路向》，《政治学研究》2013 年第 1 期。

② 孙立平：《以社会重建推动和谐社会的构建》，《社会学研究》2007 年第 2 期。

概念语言现象称为一种“命名政治”。[①] 社会治理领域缺乏客观可测、可视性较高的绩效指标，导致其成效难以清晰衡量，更多的是一种指向“印象式政绩”的评估和考核，故而“条条”的汇报、建构和演绎显得尤为关键。[②] 有论者基于实地调查发现了“找概念”对社会治理创新的重要性，即可以通过新颖前沿的“概念性创新”“标签式创新”“符号式创新”，以及“第一”“首个”“首次”“最先”等关键字眼，来谋求上级的关注和认可。[③] 这也就使得地方政府在社会治理创新领域比较“注重快速的政绩与宣传效果”[④]，且更需要突出“创新”本身的意义[⑤]。在这种背景下，各种基层社会治理创新迭出，模式不断涌现，出现了一些“展示性的盆景式创新”，其没有实在的治理绩效。[⑥] 因此，在衡量和判断社会治理实践的创新程度和性质时，我们需要以科学的研究和分析为基础。

（二）社会治理创新的分析单位

从分析单位来看，既有研究主要表现为两种形式，一种是以“基层社会”为分析单位，另一种是以“基层政府”为分析单位，两种分析单位可统一归入“基层治理”范畴，常见的表现形式为区/县政府、街道/乡镇、居村社区、小区/村落等。从新近的政策精神和改革取向来看，有论者指出，当前和今后一个时期，需要特别突出强调中央、市域、基层三个层级的特殊职能和特殊作用。[⑦] 这就意味着在基层之外，应对中央和市域两个治理层级的研究予以重视和加强。中央层级涉及社会治理的顶层设计，其中很

---

① 吴越菲、文军：《作为“命名政治”的中国社区建设：问题、风险及超越》，《江苏行政学院学报》2015 年第 5 期。

② 黄晓春、周黎安：《“结对竞赛”：城市基层治理创新的一种新机制》，《社会》2019 年第 5 期。

③ 李妮：《模糊性政治任务的科层运作——A 县政府是如何建构“创新”政绩的?》，《公共管理学报》2018 年第 1 期。

④ 陈家建：《项目制与基层政府动员——对社会管理项目化运作的社会学考察》，《中国社会科学》2013 年第 2 期。

⑤ 管兵：《发明还是扩散：地方政府创新动力机制》，《河北学刊》2018 年第 1 期。

⑥ 何雪松：《面对病毒的社区治理：举国体制下的基层行动者网络》，《社会发展研究》2020 年第 2 期。

⑦ 陈一新：《加强和创新社会治理》，《人民日报》2021 年 1 月 22 日。

重要的一点就是中央社会建设和社会治理主管机构的设置，这在 2012 ~ 2022 年一直是学界关注的重要议题，学界围绕它提出了多种研究方案；2023 年及之后，随着中央社会工作部的成立，这一研究议题转变为不同层级的社会工作部的职能配置和作用发挥，并受到学界的广泛关注和讨论。[①] 市域层级同样具有相当关键而重要的作用[②]，在社会治理创新实践中，地方政府是至为重要的行动主体，因而也应是研究的重要分析单位。

（三）社会治理创新的主要困境

社会治理创新的开展和实施，需要坚持问题导向、目标导向和效果导向。这就需要有效把握当前地方社会治理创新面临的主要困境，进而有针对性地予以应对和破解。大致来看，困境主要表现在如下方面：一是公共性困境，表现为公共性发育不足、公共空间萎缩、公共精神缺损[③]，其症结在于市场经济条件下“差序格局”的复兴及其所引起的“自我主义”的过分膨胀[④]；二是内卷化困境，表现为一种改而无增益、有增长无发展、停滞不前的治理现象，并在基层治理改革中突出体现在社区居委会行政化与去行政化改革上[⑤]；三是共同体困境，表现为居民的社区认同和社区参与严重不足，社区居民的归属感不强，使得社区建设和治理实际上成了政府的“独角戏”[⑥]，人格化社会交往的缺失则是其重要原因[⑦]；四是可持续困境，表现为在社会治理创新的推进过程中，“人走政息”的情况较为常见，有时更多出现的不是体现为“击鼓传花”的接力效应，而是“另起炉

① 张克：《从地方社工委到中央社会工作部：党的社会工作机构职能体系重塑》，《行政论坛》2023 年第 3 期；蒋敏娟：《组建中央社会工作部与社会治理现代化》，《人民论坛》2023 年第 7 期。

② 陈一新：《推进新时代市域社会治理现代化》，《人民日报》2018 年 7 月 17 日。

③ 李友梅、肖瑛、黄晓春：《当代中国社会建设的公共性困境及其超越》，《中国社会科学》2012 年第 4 期。

④ 肖瑛：《重建公共性的核心议题——转型期个人主义与公共性建设的关系探讨》，《人民论坛》2014 年第 11 期。

⑤ 马卫红：《内卷化省思：重解基层治理的“改而不变”现象》，《中国行政管理》2016 年第 5 期。

⑥ 郑杭生、黄家亮：《论我国社区治理的双重困境与创新之维》，《东岳论丛》2012 年第 1 期。

⑦ 熊易寒：《社区共同体何以可能——人格化社会交往的消失与重建》，《南京社会科学》2019 年第 8 期。

灶”的现象[①]。针对这些困境，需要从研究上做出系统回应。

三　社会治理的研究进路

（一）既有的研究进路

当前，学界围绕社会治理创新进行了大量的研究，形成了不同的强调重点及研究取向，体现和反映了对社会治理的多元认知和理解。总体来看，对社会治理创新的研究的理论逻辑，大致主要体现为两种研究进路。

第一，“政绩竞赛论”。社会治理创新体现了一种有别于经济建设的政绩竞争模式。有论者指出，地方政府在社会治理创新行动中具有“风险规避”和“行政绩效”两个目标，形成“风险－绩效”的分析框架。[②] 在中央加强社会建设的背景下，地方政府的竞争格局发生变化，为“社会创新”而竞争日益成为一种重要选择，而“争取试点”则是其开展竞争的最主要方式。[③] 由于政绩的个体性和不可继承性，治理创新出现不断“被推出、仿效和复制”又不断“被替换或中止”的“政绩悖论”。[④] 在解释政绩竞赛的实现机制方面，有论者提出“条块互动论”，强调在条块分割格局下“块块带着条条”和“条条调动块块”的策略[⑤]；有论者提出“结对竞赛论”，强调在基层治理场域中“条”和“块”错位搭配组合，形成既合作又竞争的格局[⑥]；也有论者提出“差异发明论”，强调地方政府在治理创新中运用差异化和多元化的发明策略[⑦]；还有论者强调有别于“地方领导人”、参与政策实践创新的“政策企业家”在推动社会治理创新中的重

---

① 陈家喜、汪永成：《政绩驱动：地方政府创新的动力分析》，《政治学研究》2013 年第 4 期。

② 冯猛：《目标权衡与过程控制：地方政府创新的行为逻辑》，《社会学研究》2020 年第 2 期。

③ 何艳玲、李妮：《为创新而竞争：一种新的地方政府竞争机制》，《武汉大学学报》（哲学社会科学版）2017 年第 1 期。

④ 陈家喜、汪永成：《政绩驱动：地方政府创新的动力分析》，《政治学研究》2013 年第 4 期。

⑤ 杨君、李春娜、陈莹晶：《“条条调动块块”：社会治理中条块互动的进阶策略》，《中国行政管理》2021 年第 5 期。

⑥ 黄晓春、周黎安：《“结对竞赛”：城市基层治理创新的一种新机制》，《社会》2019 年第 5 期。

⑦ 管兵：《发明还是扩散：地方政府创新动力机制》，《河北学刊》2018 年第 1 期。

要作用[①]。

第二，“党建引领论”。就社会治理创新研究而言，当前较为普遍的一个发展趋向是强调“把政党带回来”[②]。有论者指出，党建引领是我国治理体系中最为重要的制度要素，其制度实践过程涉及政治引领机制、激励驱动机制和网络整合机制三种基础性机制，反映并体现了执政党融入社会并推动社会团结的面向。[③] 在中国社会治理模式转型中，有三个重要机制：由具体问题和实践压力驱动的“倒逼机制”，由群众路线、政治协商、基层民主驱动的“预期引领机制”，以及由大破大立的辩证意识驱动的“转危为机机制”。[④] 同时，在地方社会治理创新层面，党建引领成为普遍的实践模式。有论者强调了“一核多元”的治理格局和“一核多能”的服务体系，认为其构成社区治理创新的关键架构。[⑤] 也有论者探讨和揭示了基层党组织的治理权威塑造过程，认为其中形成了权力结构一体化运作、党建元素标识性感召、党群动员的人格化示范的三重机制。[⑥] 还有论者提出了“党员示范动员 + 资源链接 + 服务链接”的党链接社会的理论模式，并强调了社区党建的社会化机制的重要性。[⑦]

以上两种解释进路都产生和形成了一批较为丰硕的研究成果，都有助于深化对社会治理创新动力机制的深层机理的认识和理解。这为本书提供了重要的思想启迪和灵感源泉，也提供了进一步思考和研究的线索。“政绩竞赛论”主要关注的是政府在社会治理创新中的纵向层级结构和横向权责关系以及条块互动中的动员策略及机制，并已经形成了一条颇具潜能的研究进路。从已有研究来看，对于“政府”本身的职能属性对社会治理创新的影响和作用的关注还不够。从政府层级来看，主要关注的是基层政

---

① 朱亚鹏、肖棣文：《政策企业家与社会政策创新》，《社会学研究》2014 年第 3 期。

② 景跃进：《将政党带进来——国家与社会关系范畴的反思与重构》，《探索与争鸣》2019 年第 8 期。

③ 黄晓春：《党建引领下的当代中国社会治理创新》，《中国社会科学》2021 年第 6 期。

④ 李友梅：《当代中国社会治理转型的经验逻辑》，《中国社会科学》2018 年第 11 期。

⑤ 曹海军：《党建引领下的社区治理和服务创新》，《政治学研究》2018 年第 1 期。

⑥ 王浦劬、汤彬：《基层党组织治理权威塑造机制研究》，《管理世界》2020 年第 6 期。

⑦ 吴晓林：《党如何链接社会：城市社区党建的主体补位与社会建构》，《学术月刊》2020 年第 5 期。

府，对市级政府关注较少；从政府职能来看，对“经济发展类”与“社会发展类”以及“社会治理类”与“公共服务类”做出有效区分的分析还不够；从政府机构来看，关注的大多仍是传统的政府机构部门，特别是对新设立的专门的社会建设和社会治理部门的关注与研究还不够。“党建引领论”主要关注的则是不同类型、不同层级的党组织如何在社会治理创新中发挥总揽全局、协调各方的领导核心作用。目前，这个分析视角下的相关研究越来越多，不少研究较为看重和着力于中观层面机制的提炼和分析。从已有研究来看，将党建引领作为一种重要的制度要素和安排来考虑，还存在或可进一步探讨的问题。首先，与政府系统存在“条块关系”一样，实际上党组织系统也存在“条块关系”，已有研究对这一分析维度相对有所忽略。在社会治理创新中，地方党委与党的职能部门各自所发挥的作用和影响在分析上是可以有所区分的。比如，有的就是地方主要领导直接主抓社会治理工作，担当社会治理创新的“主政官”的角色；有的则是由党委的组织部门、政法部门等负责社会治理创新的推进工作。其次，从治理层级来看，不同层级的党组织发挥引领作用的机制及效能会有所不同。最后，从治理机构来看，一些城市率先探索成立的社会建设和社会治理主管部门及其治理改革实践也值得进一步分析。

（二）本书的研究进路

基于既有的“政绩竞赛论”和“党建引领论”，本书尝试构建一种“体制创新论”的解释进路。① 那么，如何理解社会治理的概念源流？如何理解社会治理的体制创新？社会治理创新的分析单位如何设定？从地方实践来看，产生和涌现出了哪些具有代表性的社会治理创新体制模式？这些实践模式具有怎样的理论和现实意义？如何看待社区居委会和业委会在基层社会治理中的地位和作用？这一系列问题构成了本书的核心关切。

正如前文所述，当前我国社会治理创新面临一系列困境，体现为一种深层次的体制性瓶颈与难题。一些研究虽然有注意到“体制创新”的重要

① 参见陈鹏《党的十八大以来的社会治理体制创新》，《社会治理》2018 年第 3 期。

性，但并没有将“体制”本身作为一个独立的要素予以细致解析，更多只是将其作为一个背景性因素，对其习以为常。实际上，这个体制性瓶颈的突破，需要社会学在认知思维方式上实现一个重要转变，即不能简单地对“结构”、“制度”与“体制”进行一般性混淆，而应将“体制”作为一个独立变量予以明确观照和反思。

与“制度”相比，“体制”的内涵要深刻得多。“体制”一词，源于“system”，是指秩序、规律，同时含有系统、体系之意，还具有组织、机构之意。学术界在使用“体制”时，大致有三种范围的基本含义：第一种主要是指正式的制度规则体系，第二种主要是指制度规则体系与组织机构体系的复合体，第三种主要是指制度规则体系、组织机构体系及其运行机制三个次级系统相互作用的有机统一体。[①] 长期以来，社会学着力于社会结构分析，而对社会体制分析相对有所忽视。[②] 随着转型期的政府行为研究日益成为一个重要领域，社会体制分析日渐成为一种重要的研究范式。而体制分析的一个重要特点是更加强调和突出社会总体性的结构关系及各要素相互转化的机制，并具有制度枢纽、运行机制、社会风习、时代精神、思维模式五个关键要点。[③] 正如有的论者所言，组织结构有如社会治理的“骨骼”，支撑社会治理的整体运行；职能体系有如社会治理的“血肉”，构筑社会治理的内在机能。[④] 从体制创新的角度而言，社会治理创新的核心问题是，国家如何培育和构造一种适应社会、治理社会的新型体制。对于这一核心问题，本书尝试从宏观、中观、微观三个层面来予以探讨和回答。从宏观层面来看，主要是将社会治理看作“社会新政”，即从国家治理体系现代化的角度，来看中国社会治理的整体性的制度安排和体制框架。这是构建和确立与社会主义市场经济相适应的科学有效的社会治理体制的关键要义所在。从中观层面来看，主要是将社会治理看作“社会工程”，即从地方政府的角度来看，社会治理创新作为一项社会工程主要

---

① 李程伟：《社会管理体制创新：公共管理学视角的解读》，《中国行政管理》2005 年第 5 期。

② 详见陈鹏《社会体制：概念谱系与分析进路》，《求索》2023 年第 6 期。

③ 渠敬东：《项目制：作为一种新的国家治理体制》，《中国社会科学》2012 年第 5 期。

④ 陈振明、李德国：《社会管理创新研究需要关注的几个问题》，《东南学术》2012 年第 2 期。

以项目制的方式在全国各个地方运作和实施。这是营造和构建社会治理体制的重要平台载体和资源支撑。从微观层面来看，主要是将社会治理看作“社会重建”，即从基层社会的角度来看，在宏观制度体制和中观工程项目的促动和影响下，基层社会的组织、关系、要素发生了新的生发、互动和组合，进而寻求培育出一种既富有活力又和谐有序的社会运行机制。

本书正体现了这样一种学术探索和努力，即从体制创新的角度，立足于历史、理论和经验的三重视域来探讨和研究社会治理。本书的第二至十三章共分为三篇。

上篇：社会治理的历史视野。立足于长时段的历史进程进行历史梳理，其中一些关键性时间节点构成了梳理和分析社会治理历史脉络的重要契机，比如，为纪念改革开放 40 周年（2018 年）、新中国成立 70 周年（2019 年）等笔者撰写了相关文章。其中，第二章“社会治理：概念范畴与历史脉络”探讨了社会治理的概念面向和内涵，分析了社会治理的政策演进，指明了社会治理变革的学科担当；第三章“中国社会治理 40 年：回顾与前瞻”从文明化的视角探讨和解析了我国社会治理变革的形态演进、历史成就、逻辑脉络、宝贵经验及其未来路径和方向；第四章“新中国 70 年社会治理变迁研究”立足于社会治理变迁史，探讨和揭示了社会治理运作的核心原则、任务、思维、价值及经验；第五章“新中国 70 年社会结构变迁研究”立足于社会结构变迁史，探讨和揭示了社会结构变迁的基本规律及其与社会治理的互动机理。

中篇：社会治理的理论探索。立足于社会治理的核心概念和典型模式，从体制创新的角度，尝试进行社会治理的中层理论模式构建。第六章“社会体制：概念谱系与分析进路”将“社会体制”作为一种区别于社会结构分析的社会学认识方式，探析其概念谱系、目标取向、生成机理，并强调其对社会建设和社会治理的高度重要性；第七章“社会体制改革：核心议题与理论模式”探讨和分析了社会体制改革所处的历史方位、核心议题、目标模式，并在此基础上构建了社会体制改革“一核四维”的理论图式；第八章“社会治理共同体：概念界定与政策思考”探讨了社会治理共同体的概念源流和内涵，分析和揭示了其基本原则、政策目标及其建构路径；第九章“中国社会管理创新体制模式研究”则通过选取 Z、W、B、G 四市作为典型案例，分析和提炼了地方社会管理创新的四种体制模式，由此构建社会管理体制的理想类型学。

下篇：社会治理的经验透视。随着社会治理重心下移，“街道社区”和“住宅小区”成为基层社会治理的前沿阵地，由此使得居委会和业委会成为两个关键治理主体。第十章“城市社区居委会如何去行政化?”基于 S、T、Y、B 四市的典型案例，归纳和提炼了居委会去行政化改革的四种制度模式及其治理特质和运作效果；第十一章“城市社区业委会如何有效治理?”探讨和分析了业委会的发展历程及其面临的组织、制度、结构、身份等多重治理困境，进而提出业委会实现善治的对策建议；第十二章“城市社区协商治理如何可能?”通过对一个商品房社区 19 年来物业费调价实践过程的解析，探讨和揭示了一种城市社区协商治理之道；第十三章“城市社区物业费困局及其对策研究”通过剖析城市住宅小区物业费“收缴难”和“调价难”的双重困局，揭示了物业管理的社会治理本质，进而提出破解物管困局的对策建议。

上　篇

社会治理的历史视野

第二章　社会治理：概念范畴与历史脉络*

作为一个中国特色的概念范畴，社会治理构成认识和理解中国社会发展与社会转型的一个重要视角。随着市场经济的发展、社会结构的变迁，国家在向市场分权的同时，也逐步实现了向社会的分权，由此带来了社会领域的生长和发展。改革开放以来的中国社会变革中，从“综合治理”到“社会管理”再到“社会治理”，呈现出一种“浪潮式”前进的发展图景。无论是作为一个概念范畴，还是作为一种制度模式，社会治理都不是突然出现的，而是植根于中国社会变迁的历史传统和制度脉络。深化对社会治理的学理反思，有助于推动和促进中国特色社会学建设。

一　社会治理：“社会”与“治理”的汇合

虽然“社会治理”已经成为一个热词，但人们对其认识仍存在较大分歧和争议。要理解社会治理，首先就需要弄清这个概念的构成：何谓“社会”，又何谓“治理”？“社会”和“治理”如何相汇而形成“社会治理”？

（一）“社会”：社会领域的生长与发展

界定“社会”这个范畴，或可抓住隐藏在“社会”背后的关键概念：“社会的”（social）及其名词化形式“社会性”（the social）。[①]“社会领

* 本章原以“社会的兴起与中国社会治理变革”为题刊发于《社会治理》2019 年第 4 期，此次收入有修改。

① 肖瑛：《回到“社会的”社会学》，《社会》2006 年第 5 期。

域”（social sector）的出现和生成是现代社会治理的逻辑前提。改革开放以来，“社会”逐渐成为一个能够提供自由流动资源与活动空间的源泉。[①]一个在逻辑上与经济（市场）和政治（国家）相对，在事实上又与两者有紧密联系的“社会领域”逐渐发育和成长。[②]具体来看，社会领域的发展，至少具有四个维度的表征。

第一，社会空间。社会空间是社会领域的物理范围。改革开放以来，各种社会空间不断涌现，成为人们进行社会交往和互动的重要场所。随着单位制的解体，“社区空间”成为每个人都不可缺少的生活家园。咖啡馆、茶馆、电影院、公园等公共场所，成为男女老少享受生活的重要“休闲空间”。新媒体和互联网的迅猛发展，使得“网络空间”成为人们自由交流讨论的重要平台。这些社会空间正是社会领域的生动呈现。

第二，社会组织。社会组织是社会领域的主体构成部分。从概念用词上看，改革开放以来，我国经历了从“民间组织”到“社团组织”再到“社会组织”的发展演变，这反映了对社会组织理解的日益深化。改革开放之后，社会组织在数量和质量上都获得了长足发展。截至 2017 年底，我国共有社会组织 76.15 万个，与 1988 年的 4446 个相比，社会组织数量增长超过 170 倍，年均增长率约为 19.4%。[③]社会组织的蓬勃发展与壮大，成为社会领域成长的重要表征。

第三，社会行动。社会行动是社会领域的实践表达。改革开放以来，随着市场经济的发展，人们的法律观念和权利意识不断增强，围绕消费权益、土地权益、物权权益、环境权益、非遗权益等所进行的集体行动在城乡基层社会时有发生。在特定的社会结构框架下，社会行动者的这些利益表达和利益博弈，时常会以社会冲突和社会纠纷的形式呈现，并推动和促进相关社会规则的调整和变迁。这本身就是社会力量的一种显现。

第四，社会政策。社会政策是社会领域的观念意识。改革开放以后，

---

① 孙立平：《“自由流动资源”与“自由活动空间”——论改革过程中中国社会结构的变迁》，《探索》1993 年第 1 期。

② 张翼飞、郑莉：《“社会”为何需要“治理”——西方社会治理问题的起源及其启示》，《湖南师范大学社会科学学报》2017 年第 4 期。

③ 廖鸿、杨婧：《改革开放以来社会组织的发展与主要成就》，《中国民政》2018 年第 15 期。

随着各种社会要素的孕育和生发，党和国家开始释放出一系列有关社会的政策信号。“社会建设”作为中国特色社会主义事业“五位一体”总体布局的一个基本维度得到提出和确立，并使得经济建设与社会建设协调发展成为一种普遍共识。由此，社会政策逐渐实现了从零星分散的个别化规定到系统的制度化建设的转变。这表明国家的社会政策意识日渐明晰和成熟。

（二）“治理”：社会领域的理念与变革

“治理”（governance）一词在英语国家作为日常用语已有数百年，指的是在特定范围内行使权威。[①] 20 世纪 80 年代，在西方，“治理”概念重新复活，并在 90 年代被引介到中国学术界。作为一种新的理念思维和概念范畴，“治理”逐步渗透和扩展到市场领域、政府领域与社会领域，进而带来了经济学、政治学、社会学等学科范式的变革。从现实情况来看，“治理”概念的运用，主要有两种情形。

第一，治理与统治。在英文语境中，相对于“治理”概念的是“统治”（government）。“治理”与“统治”既相对而立，又相互渗透。这两个概念从字面上看似乎差别不大，但其实际含义却有很大不同。从概念本质来看，相较于“统治”而言，“治理”凸显了权威的多元性和协商性。治理的权威并不一定是政府，而统治的权威则必定是政府；治理是一个上下互动的管理过程，而统治的权力运行方向总是自上而下的。[②] 从实践操作层面来看，“治理”强调多元、互动、过程、协调，而“统治”则强调单一、命令、控制、支配。从“统治”到“治理”是现代国家建设理念范式的重大转变。

第二，治理与管理。在中文语境中，相对于“治理”概念的是“管理”（management）。这源于“社会管理”与“社会治理”之间的区分。这两个概念虽只有一字之差，内涵却有实质性不同。从概念本质层面来看，相较于“社会管理”，“社会治理”凸显了社会的能动性和主体性，强

① 阿尔坎塔拉：《“治理”概念的运用与滥用》，黄语生译，《国际社会科学杂志》（中文版）1999 年第 1 期。

② 俞可平：《治理和善治：一种新的政治分析框架》，《南京社会科学》2001 年第 9 期。

调社会自身具有自我调节和自我修复的能力与机制。从实践操作层面来看，“社会管理”强调管控、管制、强制、控制，其目标侧重于维稳；而“社会治理”则强调参与、平等、协商、法治，其目标侧重于维权。“社会治理”是对“社会管理”的升级和发展，强调建立维权与维稳的辩证统一关系。从“社会管理”到“社会治理”是现代社会建设理念范式的深刻变革。

（三）社会治理：一个中国特色的概念

“社会”（social）与“治理”（governance）的交合，即“社会治理”。这个概念是中国的本土化创造，国外并没有这样一个概念。在英语中，与这个概念相对接近的概念是“社会行政”（social administration），但与之又有较大不同。从概念属性来看，“社会治理”具有多重复杂的面向，不仅是一个学术概念、一个政策概念，而且本身具有深刻的政治内涵；不仅是一种理念、一种实践，而且也是一种制度。从概念范畴来看，“社会治理”是社会建设的重要内容，与保障改善民生相并列，共同构成社会建设的两大支柱，并继承和沿袭了社会建设研究的“政学传统”。[①] 而把握和厘清社会治理概念的不同面向和维度，有助于明确社会治理概念的谱系和脉络，促进社会治理的知识生产和积累。

第一，学术面向。作为一个学术概念，“社会治理”较早就开始被学术界使用。在“中国期刊网”检索可以发现，早在1990年的时候，已有一篇论文探讨赌博的社会治理问题。[②] 从论文发表数量来看，1978～1998年，文章标题直接使用“社会治理”字眼的论文只有3篇；1999～2004年，有关社会治理的论文数量逐渐增长，但这一话题始终没有引起学术界的热烈讨论；2005～2012年，有关社会管理的论文数量迅速增长，并在2011年前后几乎呈现“井喷”之势，这期间有关社会治理的论文也有所增加，且呈现出社会管理研究“治理化”的倾向；2013年党的十八届三中全

---

① 钟涨宝、狄金华：《中国的社会建设：传统、现状及其理论反思》，《社会建设》2014年第1期。

② 孙慧民：《赌博的文化心理机制及社会治理》，《社会科学》1990年第4期。

会首次提出“创新社会治理体制”的重大任务之后，有关社会治理的文章，骤然进入一个数量迅猛增长的发展阶段，社会学、公共管理学、政治学、法学、哲学、历史学等不同学科纷纷介入社会治理研究之中，使得社会治理逐渐成为一个新兴的前沿交叉学科领域。一些高校先行一步，探索设置了社会治理的相关专业，组织编写了社会治理的相关教材，开设了社会治理的相关课程，积极推动和促进了社会治理的学科化建设。

第二，政策面向。作为一个政策术语，“社会治理”概念出现得较晚。2013 年，党的十八届三中全会提出“创新社会治理体制”，这是官方文件中首次提出和使用这个概念。“社会治理”是在国家治理现代化的背景下被提出的，也是全面深化改革的总目标的重要内容。从这个角度而言，“社会治理”既代表了一种“全新的改革理念”①，又代表了执政党的一种执政纲领而具有“社会新政”② 的意涵。由此，社会建设和社会治理作为国家政策的一个专门领域逐渐孕育形成，在中央和地方的各级党委及政府的政策文件中频频出现，并逐步获致和确立了一种相对稳定的政策位置和政策制定惯例。这在党的十七大、十八大、十九大、二十大报告以及国家“十二五”“十三五”“十四五”规划中有鲜明体现。北京、上海等还制定了地方的“十二五”社会建设专项规划、“十三五”社会治理专项规划、“十四五”社会治理专项规划。

二　社会治理的历史演进与制度脉络

无论是作为一个概念范畴，还是作为一种制度模式，“社会治理”都不是突然就出现的，而是植根于中国社会变迁的历史传统和制度脉络。针对改革开放以来的社会治理变革历程，学者们基于不同的角度提出了不同的划分标准。③ 立足于中国特色社会建设和社会治理理论体系的历史演进，

① 周红云：《作为全新改革理念的社会治理》，《学习时报》2014 年 2 月 24 日。

② 王名、蓝煜昕：《社会新政：从管理到治理》，《前线》2014 年第 6 期。

③ 魏礼群：《我国社会治理 40 年变革的历史进程》，《前线》2018 年第 9 期；范逢春：《改革开放以来的社会治理创新：一个伟大进程》，《人民论坛·学术前沿》2019 年第 3 期；蔡潇彬：《变迁中的中国社会治理：历程、成效与经验》，《中国发展观察》2019 年第 1 期。

本章尝试提出一个“三阶段”的划分法。

（一）第一阶段：“综合治理”与“平安社会”（1978～1992年）

第一个阶段是综合治理阶段，其目标是创建平安社会。“综合治理”的提出，反映了改革开放初期严峻的社会治安形势的迫切需要。改革开放之后，在社会转型的新形势下，我国违法犯罪现象猛增，大中城市青年犯罪问题尤其突出，全国刑事案件发案数于1979年首次突破60万起，1981年跃升至89万起，上升48.3%。[①] 在这种背景下，1981年，中央批转中央政法委《京、津、沪、穗、汉五大城市治安座谈会纪要》，明确提出：“争取社会治安根本好转，必须各级党委来抓，全党动手，实行全面综合治理。”这是党的文件首次提出和使用“综合治理”概念。1982年，《中共中央关于加强政法工作的指示》要求“为了争取治安情况根本好转，必须加强党的领导，全党动手，认真落实综合治理的方针”。到1991年，中共中央、国务院颁布《关于加强社会治安综合治理的决定》，中央和地方层面的社会治安综合治理委员会相应成立。这标志着综治委体制的最初确立。[②]

1992年，党的十四大报告提出“加强社会治安综合治理”，其随即被写入党章，成为全党的一项重要工作。综合治理的基本任务包括“整治社会治安、打击违法犯罪、保障社会稳定、创造良好社会环境”，基本方针是“打防并举，标本兼治，重在治本”[③]。综合治理的基本原则包括坚持专群结合，实行“属地管理”和“一票否决”等。综合治理在基层的实施和体现，就是建立良好治安秩序、创建平安社会。历史和现实都表明，综合治理是具有中国特色、符合基本国情的社会治安治理方略。随着我国经济

---

① “坚持打防结合方针，全面推进平安福建建设”课题组：《改革开放30年社会治安综合治理发展历程》，《福建警察学院学报》2008年第6期。

② 2018年3月，中共中央印发的《深化党和国家机构改革方案》明确提出，为加强党对政法工作和社会治安综合治理等工作的统筹协调，不再设立中央社会治安综合治理委员会及其办公室，有关职责交由中央政法委员会承担。这标志着综治委机构正式被取消。

③ 《中共中央、国务院关于加强社会治安综合治理的决定》，1991年2月19日，http://www.ce.cn/xwzx/gnsz/szyw/200706/17/t20070617_11786835.shtml。

社会的变革和转型，综合治理的时代内涵不断丰富和拓展，至今仍是我国社会治安建设的重要模式，并在平安中国建设中发挥着重要作用。

（二）第二阶段："社会管理"与"和谐社会"（1993～2012年）

第二个阶段是社会管理阶段，其目标是构建社会主义和谐社会。"社会管理"的提出，反映了改革开放从"快速发展期"进入"深水攻坚期"时社会利益格局深刻调整的迫切需要。1993年，党的十四届三中全会通过的《中共中央关于建立社会主义市场经济体制若干问题的决定》提出："加强政府的社会管理职能，保证国民经济正常运行和良好的社会秩序。"这是党的文件从转变政府职能的角度首次提出和使用"社会管理"这个概念。1998年，《国务院机构改革方案》明确将"社会管理"作为与宏观调控、公共服务相并列的政府基本职能。2004年，党的十六届四中全会提出，加强社会建设和管理，推进社会管理体制创新。这是从"社会管理"向"社会管理创新"转变的一个重要节点，标志着社会管理开始从"政府基本职能"逐步发展和上升为"党的战略任务"，其在2011年前后达至高潮。

作为党的一项战略部署，社会管理的基本任务包括"协调社会关系、规范社会行为、解决社会问题、化解社会矛盾、促进社会公正、应对社会风险和保持社会稳定"①。2002年，党的十六大报告首次提出"社会更加和谐"的建设目标。2003年，有两个关键事件：我国人均GDP首次超过1000美元，开始进入所谓的"矛盾凸显期"；"科学发展观"提出，为社会管理提供重要理念基础。2005年，中央党校省部级主要领导干部"提高构建社会主义和谐社会能力"专题研讨班开班；2006年，党的十六届六中全会召开，这是构建社会主义和谐社会的一次重要会议，提出和谐社会的基本特征是"民主法治、公平正义、诚信友爱、充满活力、安定有序、人与自然和谐相处"②。2007年，党的十七大报告提出，加快推进以改善民生为重点的社会建设，社会建设开始成为中国特色社会主义事业的基本组

① 胡锦涛：《扎扎实实提高社会管理科学化水平 建设中国特色社会主义社会管理体系》，《人民日报》2011年2月20日。

② 《中共中央关于构建社会主义和谐社会若干重大问题的决定》，《求是》2006年第20期。

成部分。2012 年，党的十八大报告提出，在改善民生和创新管理中加强社会建设。这表明保障改善民生和创新社会管理成为和谐社会建设的两个基本支柱，而体制改革日益成为关键突破口。

（三）第三阶段："社会治理"与"共享社会"（2013 年至今）

第三个阶段是社会治理阶段，其目标是打造共享社会。"社会治理"的提出，反映了改革开放进入全面深化期之后社会文明进步的强烈要求。2013 年，党的十八届三中全会审议通过《中共中央关于全面深化改革若干重大问题的决定》，这是新时代全面深化改革的纲领性文件，也是党的文献首次提出和使用"社会治理"概念。2014 年，党的十八届四中全会提出，全面建设法治社会，推进多层次多领域依法治理。2015 年，党的十八届五中全会首次提出"创新、协调、绿色、开放、共享"的新发展理念，这对社会建设和社会治理提出了新的要求。2017 年，党的十九大报告提出打造共建共治共享的社会治理格局，"社会治理"载入新的党章。这标志着中国社会治理改革创新步入一个新的历史阶段。2018 年，党的十九届三中全会提出，以共建共治共享为导向，完善社会治理体制。① 2019 年，党的十九届四中全会《中共中央关于坚持和完善中国特色社会主义制度　推进国家治理体系和治理能力现代化若干重大问题的决定》进一步提出，完善党委领导、政府负责、民主协商、社会协同、公众参与、法治保障、科技支撑的社会治理体系，坚持和完善共建共治共享的社会治理制度。② 这表明从"社会治理体制"到"社会治理体系"、从"社会治理格局"到"社会治理制度"成为重要的制度创新和理论升华。同时，十三届全国人大一次会议表决通过全国人大新设专门委员会"社会建设委员会"。这表明国家最高权力机关对社会建设问题高度重视。2022 年，党的二十大报告从中国式现代化的战略高度，提出进一步完善社会治理体系、健全社会治理制度、提升社会治理效能的重大任务。

---

① 《中共中央印发〈深化党和国家机构改革方案〉》，《人民日报》2018 年 3 月 22 日。

② 《中共中央关于坚持和完善中国特色社会主义制度　推进国家治理体系和治理能力现代化若干重大问题的决定》，《人民日报》2019 年 11 月 6 日。

如前文所言，“社会治理”概念的提出，既具有全面深化改革的内涵，又带有社会新政的重要意义。加强和创新社会治理的基本任务，包括改进社会治理方式、激发社会组织活力、创新有效预防和化解社会矛盾体制、完善社会信用体系、健全公共服务体系、完善社会保障制度、健全公共安全体系、建立国家安全体系等。[①] 社会治理的基本方式和机制，包括源头治理、依法治理、系统治理、综合治理。而新发展理念中的“共享”原则在社会领域的贯彻和落实，即为“共享社会”概念的由来。共享社会建设，归根结底，就是要回应和解决多元主体之间的利益均衡问题。值得指出的是，所谓“共享”，并不是人人均等地享有，而是有差异地分享。共享社会的建设，说到底，是每个人作为社会的完全成员分享社会遗产的一种权利的体现，从本质上反映的是一个社会的公平正义问题。

（四）比较与分析

改革开放以来，我国社会治理变革的三个阶段彼此相连、层层递进，呈现一种“浪潮式”前进的发展图景。这里从治理形态与社会目标两个维度做一个比较分析。

第一，综合治理、社会管理、社会治理。从概念范畴来看，这三个概念之间并非简单的替代关系，而是继承发展、彼此互补、多元共存的关系。至今，三个概念在不同的政策文件和学科研究中都在使用。1993 年社会管理的提出，并不是对综合治理的替代，社会管理是从综合治理中生发和脱离出来的。综合治理的对象局限于社会治安，而社会管理的对象是社会问题和社会矛盾，范围远大于社会治安。就此而言，社会管理的提出，也反过来进一步拓展了综合治理的内涵和边界。2013 年社会治理的提出，也不是对社会管理的直接取代，而是继承、发展和升华。虽然 2013 年之后，社会管理概念的使用频率骤然下降，但它作为政府的一项基本职能仍被沿用至今。虽然政府的职能构成有所变化，但社会管理始终是其中之一。比如，2013 年党的十八届三中全会决定、2018 年党的十九届三中全会

① 《中共中央关于全面深化改革若干重大问题的决定》，《人民日报》2013 年 11 月 16 日。

决定等都提及了这一职能。综合治理在社会治理概念的影响和促动下，也进一步完善和拓展了自身的内容和范围。由此可见，这三个概念具有一种累进增益的特点，彼此之间也保持着一种富有张力的关系。

第二，平安社会、和谐社会、共享社会。改革开放之后，随着社会主义市场经济的发展，党和政府对社会自身运行规律的认识和理解逐步加深。改革之初，“小康社会”的提出，代表了中国式现代化的总体性追求，并始终贯穿于改革开放的全过程。从社会建设目标来看，社会建设与社会治理的每个阶段分别对应于一种社会类型及其占主导地位的治理形态。从社会领域的生成和建设来看，平安社会的建设，主要是通过综合治理来应对和处理社会治安问题，营造良好的社会安定环境；和谐社会的构建，主要是通过社会管理来应对和处理社会矛盾，构建和谐的社会利益关系；共享社会的打造，主要是通过社会治理来有效满足各种社会需求，实现社会文明全面进步。从总体上来看，无论是平安社会、和谐社会，还是共享社会，都可以视为对处于不同发展阶段的市场经济所产生的各种消极负面后果的一种应对和治理，体现了一种社会建设的制度安排和理论自觉。三个阶段实际上是三个浪潮，每个阶段在回应上一阶段遗留问题的同时又会延伸出新的问题。特别是在第三个阶段，三种治理形态、三种社会目标，构成了一种复合共生的关系，共同服务和统一于建成社会主义现代化强国。

三　社会治理变革的经验启示与学科担当

（一）社会治理变革的经验启示

回顾改革开放以来的社会治理变革历程，“社会”作为一个基本范畴逐步孕生、明晰和确立，并实现了从被管束、被防范的治理对象变为积极参与治理的行动者。[①] 透过改革开放以来的社会治理变革实践可以发现，良好的社会治理需要时间积淀、制度磨砺、体制型构、文化滋养。

① 李友梅等：《中国社会治理转型（1978～2018）》，北京：社会科学文献出版社，2018，第17页。

第一，时间积淀。从时间的角度而言，社会治理的转型和发展是一个不断探索和实践的过程。良好社会治理的形成，需要经历一个较长的孕育、沉淀和消化的过程，既不可能一蹴而就，也不可能一劳永逸。应当看到，社会治理关涉社会秩序和社会活力的激发，关涉社会结构和社会体制的调整，关涉社会认同和社会心态的培育，关涉社会文明和国民素质的提高，这将是一个长期持续、潜移默化的过程，需要相当的耐心、细心、静心。在这个过程中，社会治理在曲折中前进，既有迂回，也有挫折，还有跃升。只有在持续的积淀中，才能对“秩序与活力”“维稳与维权”“民生与治理”“民生与民主”“发展与治理”等一系列基本关系有更细致深入的认识和判断。改革开放以来，党和政府对社会治理的实践认知和理论自觉经历了一个相对较长的发展历程，从起先被动应对和处理市场经济发展所引发的各种社会问题和后果再到积极主动推进社会领域的建设和治理，从综合治理到社会管理再到社会治理，从政府负责到政府主导再到政府负责，从共建共享到共建共治共享，从建立现代社会治理格局到社会文明全面进步，中国社会治理实现了自我的深刻变革和再造。这既是实践推动的产物，也源于时间积淀的力量。

第二，制度磨砺。从制度的角度而言，社会治理的变革和发展，离不开系统的制度供给和支撑。从改革开放以来的社会治理变革来看，至少有四种制度形式值得重视。一是法规政策。社会领域的基本法律法规日益完善，奠定和夯实社会治理的法治根基，比如《劳动法》《教育法》《社会保险法》《慈善法》《国家安全法》等，以及一些地方颁布的《社会建设条例》等；同时，实现了从“经济政策”到“社会政策”的历史性跨越[①]，社会政策的主体地位逐步确立和巩固。这是社会建设和社会治理的根本动力所在。二是规划标准。不论是被纳入国家“十二五”“十三五”规划，还是地方政府层面出台专项规划，都表明社会建设与社会治理逐渐形成和进入一种制度化的发展轨道；同时，国家和地方层面的社会管理/社会治理和公共服务标准的制定与颁布，为社会治理行为提供了基本的规

① 王绍光：《从经济政策到社会政策：中国公共政策格局的历史性转变》，载岳经纶、郭巍青主编《中国公共政策评论》（第1卷），上海人民出版社，2007。

范和准则。三是信用制度。统一社会信用代码制度的建立，以及失信联合惩戒和守信联合激励制度的广泛推行，逐步构建起以信用为核心的社会治理机制。四是民间规范。以乡规民约和市民公约为代表的非正式制度，对城乡基层社区治理起到了重要调节作用。可以说，正是这些不同类型、不同形式、不同层次的制度体系，构造和形成了具有中国特色的社会治理模式，也使社会治理的精神底蕴能够生根发芽、绵延相续。

第三，体制型构。从体制的角度而言，社会治理的变革和发展，离不开强有力的体制保障。国家的治理结构和体制，影响和形塑了社会的边界、框架和话语。对社会建设和社会治理而言，有两个体制较为关键。一是组织领导体制。改革开放以来，在发展市场经济、建设服务型政府的过程中，我国负责社会建设和社会治理的职能部门的建设逐渐得到加强。政法委、民政部门、社工委、群工委等职能机构形成和确立了四种基本的社会治理体制。① 它们有的是原有机构，但被赋予新的职能，有的则是新设立的专门机构，治理体制的创新有力推动了地方社会建设和社会治理的发展。当改革进入全面深化期，要冲破利益固化的藩篱，就需要通过社会体制变革来实现突破。二是民生财政体制。比起经济建设，社会建设和社会治理需要的投入多得多。改革开放以来，随着经济社会的快速发展，我国财税体制改革深入推进，实现了从“吃饭财政”到“民生财政”、从“包税制”到“分税制”的重大转变。在这种改革导引下，中央财政收入迅速增长，逐渐具备了较为雄厚的财政实力。在中央高度重视加强社会建设、创新社会治理的背景下，民生保障和社会治理财政支出逐渐形成一种稳步增长的发展态势。这是社会建设和社会治理至为关键的物质基础。

第四，文化滋养。从文化的角度而言，社会治理制度模式的变革和发展，离不开文化价值的滋养和支撑。改革开放 40 年以来，在市场经济的洗礼下，在全球化、信息化和网络化的影响下，人们的思想观念深刻变化，思想的大解放、观念的大改变给社会治理变革提供了重要的精神动力。这主要体现在三个方面。一是在官方意识形态层面，实现了从“以阶级斗争

① 陈鹏：《中国社会管理创新体制模式研究——基于四种模式的案例分析》，《北京师范大学学报》（社会科学版）2015 年第 4 期。

为纲”到“以经济建设为中心”的重大转变。这对普通人的思想观念的塑造作用和影响至今仍十分显著。二是对中华优秀传统文化的创造性转化和利用。中华优秀传统文化蕴含了丰富的社会治理思想和智慧。以家庭为本，注重家教家风，实现教化治理，是传统社会治理的基本方式。重视乡贤、崇尚和谐，强调礼治、德治，构成了传统社会治理的重要内容。在新的形势和历史条件下，这些文化精神得以重新激活和复兴。三是社会主义核心价值观的重塑。从改革开放初期的“物质文明和精神文明”两个文明建设，到后来的社会主义荣辱观，再到社会主义核心价值观，因应市场经济和民主政治的发展，社会的价值体系得到重塑和再造。特别是“24 字”的社会主义核心价值观，从“国家 - 社会 - 个人”三个层面，为规范和引导社会行为与社会治理提供了内在价值准则。这是社会治理走向文化自觉和文化自信的基本指针。

（二）社会治理变革的学科担当

“社会治理”概念的提出，使得社会学本土化问题与社会治理问题相互交融，这对社会学学科建设具有重大意义。① 社会治理实践的丰富性和鲜活性，以及社会治理模式的转型，呼唤中国社会学的新理论范式。② 透过社会治理的实践变革，解析和揭示社会治理的本质特性，推动新兴社会治理学科建设，是构建中国特色社会学的重要内容。

第一，人文性。社会治理，说到底是对人的服务和治理，是对人的需求的满足。人性化是社会治理的重要特性，特别是针对底层弱势群体的治理，要讲究基本的情理，避免粗暴和蔑视，避免在感情上、人格上对其进行伤害。③这种社会关系一旦被破坏，要修复和恢复起来相当困难。社会治理的人文性与日常生活息息相关，必然要关注人民生活、关心人民情感、关切人心向背。社会治理，归根结底就是要让人民群众过上好日子，实现心通气顺、心情愉快。这就要求社会治理具有人文关怀，注重对人格的尊

---

① 李强、王莹：《社会治理与基层社区治理论纲》，《新视野》2015 年第 6 期。

② 李友梅：《中国社会治理的新内涵与新作为》，《社会学研究》2017 年第 6 期。

③ 王思斌：《社会治理要有人文性》，《中国社会工作》2018 年第 1 期。

重、对尊严的呵护、对人性的涵养。如果没有这种人文关怀，社会治理就会失掉其核心价值和本质力量。改革开放以来，面对不同类型的社会群体，实现从“问题治理”到“需求治理”、从“维稳治理”到“维权治理”、从“消极治理”到“积极治理”、从“治理客体”到“治理主体”的多重转变，是我国社会治理变革的一条重要线索。社会治理人文性的孕育和生成，就蕴含在这个社会转型过程之中。

第二，科学性。社会治理是一门科学[①]，具有一套系统的知识、理论和方法。这就要求通过运用科学的理念、方法和手段来进行社会治理，进而不断提高社会治理科学化水平。这种科学化追求至少体现在如下方面。一是社会治理社会化。这是对行政化治理的重要改进，强调社会自我调节、自我组织、自我治理的能力，尊重社会自身的运行和治理规律。二是社会治理法治化。法治化治理是对法制化治理的重要发展，强调和尊崇法治思维、法治方式、法治精神，将对法律的敬畏和对法治的信仰转化成社会治理的实际成效，实现社会治理的稳定制度预期。三是社会治理专业化。这是对经验式治理的重要改进，强调和重视社会治理专业人才队伍的建设与社会治理专业知识的运用。四是社会治理精细化。这是对粗放式治理的重要调整，强调和重视通过大数据、云计算、物联网和人工智能，把社会治理做细做精，实现精准定位、精准治理和精准服务。纵观改革开放以来我国社会变革，我国逐步实现了从“经验治理”到“科学治理”、从“运动式治理”到“制度化治理”的重要转变，并从正反两个方面增进和深化了对社会发展与社会治理基本规律的认识和理解。

第三，历史性。人类社会发展的不同阶段，具有不同的社会治理形态。因应生产力发展的不同水平，社会治理的演化具有历史阶段性。不同性质的国家，会形成不同的社会治理体制和模式。同一国家在不同的发展阶段，也会形成不同的社会治理模式。改革开放以来，因应市场经济的发展及其引发的各种社会问题和后果，我国逐步构建和形成一套系统性的社会制度安排，并呈现出一种从“综合治理”到“社会管理”再到“社会

① 《习近平关于社会主义社会建设论述摘编》，北京：中央文献出版社，2017，第127页。

治理”的历史演变。应当说，每个阶段的主导型治理形态，反映和代表了社会发展特定阶段的时代诉求，并经历了一个从被动应对到自觉建设的重要转变。同时，如果说经济建设与经济治理具有一些共通的国际规则和规律的话，那么社会建设和社会治理则具有高度的本国特色并深深植根于本土历史文化传统。纵观改革开放以来的社会治理变革，传统社会的礼法融合与德法共治传统，现代社会的多元治理与民主协商传统，以及党在长期革命、建设和改革中建立的群众工作与社会动员传统，共同构造和形塑了中国社会治理的本质特色。

第四，嵌入性。在中国情境下，对社会治理的认识和理解，离不开国家治理的基本背景。社会治理是在国家治理现代化的基本框架下被提出，进而确立和获得其政治权威性及社会响应性的。一般而言，国家治理包括政府治理、市场治理、社会治理三个基本维度。从这个角度而言，社会治理嵌入国家治理，国家治理规定和引领社会治理。① 社会治理并不是孤立存在的一个结构体系，而是与政府治理、市场治理紧密相连、不可分割。这就要求社会治理必须面对和处理政府、市场与社会之间的关系。纵观改革开放以来的社会治理历程，“社会”作为一个结构要素逐渐从国家体系中释放和分化出来，建构和形成一个相对自主的社会领域，这是社会治理变革的基础前提。值得注意的是，这个社会领域的空间范围及其自主性，并不是一个静态的结构性存在，而是一个动态的持续互动的实践产物。在国家治理的统合下，随着社会与政府、市场之间力量博弈关系的变化，社会治理的领域和范围会出现相应的伸缩变化。不论这种变化是扩张还是缩小，社会治理与国家治理之间的“脐带联结”始终保持着一种张力。

---

① 王浦劬：《国家治理、政府治理和社会治理的含义及其相互关系》，《国家行政学院学报》2014 年第 3 期。

第三章　中国社会治理40年：回顾与前瞻*

1978年12月18日，党的十一届三中全会的胜利召开，开启了中国改革开放的历史新时期，实现了党和国家工作重心的战略转移，从以阶级斗争为纲转变为以经济建设为中心。改革开放是一场总体性社会变革，从来都不是单一的，而是牵一发而动全身。正如改革开放的总设计师邓小平所言："改革是全面的改革，包括经济体制改革、政治体制改革和相应的其他各个领域的改革。"①回首40年的沧桑巨变，表面上看，促动这场伟大改革的似乎是经济因素，但实际上，更深层次的是社会因素。② 正是当时的"民生之乏"与"稳定之困"，促使这场改革发生了。可以说，社会治理变革一直和改革开放同行，并构成了认识中国改革的关键性线索之一。40年来，我国不仅在经济建设方面取得了举世瞩目的成就，而且在社会治理方面也取得了重大进展，逐步探索和走出了一条中国特色社会主义社会治理之路。

一　40年社会治理变革的基本历程

改革开放40年来的中国社会治理变革，既是一部社会成长史，也是一个社会进步的文明化进程。40年来，中国社会治理形态发生深刻变革，逐步实现了从"社会管控"到"社会经营"再到"社会管理"最后到"社

---

* 本章于2018年为纪念改革开放40周年而写，原刊发于《北京师范大学学报》（社会科学版）2018年第6期。

① 《邓小平文选》（第三卷），北京：人民出版社，1993，第237页。

② 卢汉龙等：《新中国社会管理体制研究》，上海：上海人民出版社，2015，第85页。

会治理”，从“包办社会”到“经营社会”再到“管理社会”最后到“治理社会”的多重共进的变革历程。总体来看，主要经历了四个阶段。

（一）第一阶段：社会治理的“管控”阶段（1978～1991年）

第一阶段是以双轨制为核心特征的改革启动阶段，“总体性社会”开始分化瓦解。[①] 经济体制改革所引发的社会利益分化和社会利益主体的形成，促成了中国社会治理的最初孕育和发端。这一阶段社会治理改革的主要内容包括以下几方面。一是建立新型基层社会治理模式。随着人民公社制和单位制的逐步瓦解，以村民委员会和居民委员会为代表性主体的基层群众自治制度得到发展。1982年宪法对基层群众自治进行了明确规定，奠定了其坚实的宪法根基。1987年颁布的《村民委员会组织法（试行）》和1989年颁布的《城市居民委员会组织法》，则将其进一步纳入制度化、规范化、法治化的运行轨道，也为基层社会治理开辟了新路径。二是建立民间组织双重管理体制。1978～1988年，我国民间组织“野性生长”，特别是各类学术性社会团体数量出现“爆炸性增长”。1988年，民政部设立社会团体管理司，专门负责社会团体的登记管理。这标志着我国对民间组织的发展开始进行规范和管理。随后，《基金会管理办法》于1988年，《外国商会管理暂行规定》《社会团体登记管理条例》于1989年陆续颁布实施，由此形成和确立了民间组织登记管理部门与业务主管单位的双重管理体制。三是建立基本的人口调控和管理制度。1982年9月，党的十二大将“计划生育”确定为基本国策，同年12月其被写入宪法。1985年，《公安部关于城镇暂住人口管理的暂行规定》颁布，开始对流动人口实施暂住证管理；同年，《居民身份证条例》颁布，全国开始实施居民身份证制度。四是确立社会治安综合治理基本方针。面对改革开放初期，我国刑事犯罪，尤其是大中城市青少年违法犯罪猛增的严峻形势，中央提出争取社会治安根本好转必须实行全面综合治理。由此，社会治安综合治理战略方针正式确立。1991年2月，《中共中央　国务院关于加强社会治安综合治理

① 孙立平等：《改革以来中国社会结构的变迁》，《中国社会科学》1994年第2期。

的决定》颁布，中央社会治安综合治理委员会随之成立，并将“属地管理”和“一票否决”作为社会治安综合治理的重要原则。五是“社会发展”被纳入国家发展战略。1982年，全国人大批准了《中华人民共和国国民经济和社会发展第六个五年计划》，从“六五”计划起，我国的五年计划（规划）专门增加“社会发展”的内容，并采用“国民经济和社会发展计划（规划）”作为名称。这表明党和国家的最高领导层开始重视社会领域的改革发展。①

总体来看，这一阶段社会治理变革的主要特征包括以下几点。一是缺乏自身独立形态。改革之后，“经济”首先作为一个独立领域从国家分化出来，“社会”仍然混杂于政治、经济之中，社会治理则淹没于国家治理之中。虽然缺乏相应的概念话语，但社会治理实践是客观存在的，且具有零散性、局部性，还没有构成一个系统的整体。二是从属于经济建设。经济改革始终占据中心地位和优先地位，社会领域的建设、改革和发展都服从和服务于经济恢复和经济建设。社会治理作为一个整体尚没有被纳入改革的重点领域，国家只是对部分与经济改革关系密切的社会治理机制进行局部性调整。三是行政化色彩较浓。由于计划经济体制仍占据支配地位，虽然单位制的基础有所松动，但这并不影响其对整个社会体系的有效管控。这一阶段的社会治理仍具有较强的单位属性，体现为行政体制下的社会管控，政社分开的目标并未有效实现。四是带有较强计划体制痕迹。这一阶段社会治理制度的设计，因应计划经济体制的框架调整，具有较强的城乡二元分割性和社会管制特征。基层群众自治制度、双重管理体制、暂住证制度、一票否决制等，成为中国特色社会治理制度的重要组成部分，并对后续的中国社会治理改革创新产生了至为深远的影响。

（二）第二阶段：社会治理的“经营”阶段（1992～2001年）

1992年，邓小平发表“南方谈话”和党的十四大胜利召开，开启了中国改革开放和现代化建设的新阶段。在构建社会主义市场经济体制的背景

---

① 魏礼群：《当代中国社会变革和治理全景式记录》，《社会治理》2017年第3期，第5～14页。

下，随着经济改革的深入推进，社会治理领域的改革创新也相继展开。这一阶段社会治理改革的主要内容包括以下几方面。一是探索建立“社区制”。从“单位人”向“社会人”的转变，社会领域涌现的新事务、新现象、新问题，迫切需要创新城市基层治理体制。通过开展社区服务和社区建设，探索建立以社区制为核心的城市基层治理体制。1999年民政部印发《全国社区建设实验区工作实施方案》，首次明确提出“社区自治、议行分设”原则，探索社区内议事层与执行层分开的社区建设组织体制。二是建立民间组织分类管理体制。1998年，在国务院机构改革中，民政部社会团体管理局更名为“民间组织管理局”。随后，新制定的《社会团体登记管理条例》和《民办非企业单位登记管理暂行条例》发布实施，民间组织类型中新增了“民办非企业单位”，分化出了“基金会”，再加上“社会团体”，由此民间组织类型实现从“一元”向“多元”转变，为其分类管理奠定基础。三是确立公共服务市场化改革导向。随着市场经济改革的日益深入，市场化的原则成为这一阶段改革的主导原则，并逐渐渗透到经济社会各领域。参照经济体制改革模式，教育、医疗、住房等公共服务领域，出现明显的市场化、产业化倾向。四是“社会管理”成为政府基本职能。党的十四大之后，加快转变政府职能成为一项迫切任务。1993年，提出强化社会管理职能部门；1994年，首次召开全国社会发展工作会议，讨论制定《1996—2010年全国社会发展纲要》；1998年，提出社会管理是政府基本职能，要建设服务型政府。虽然这一阶段政府的社会管理职能开始被提出，但是经济职能在整个时期仍占据绝对主导地位，经济职能与社会职能之间处于一种相对失衡的状态。

这一阶段社会治理改革的主要特征包括四个方面。一是凸显市场化原则。市场化原则成为整个社会的支配性逻辑，社会领域被全面渗透，也导致了“上学难”“看病贵”“住房难”等民生问题。在这一阶段的中后期，随着市场化原则对社会领域的过度渗透，社会的反向性自我保护运动也开始逐渐出现。[①] 由此，传统的社会管控模式日益松动和瓦解，与市场经济

① 王绍光：《大转型：1980年代以来中国的双向运动》，《中国社会科学》2008年第1期。

体制相适应的社会治理体系亟待建构。二是强调 GDP 主义导向。在发展主义意识形态的影响下，经济建设占据中心支配地位，社会治理作为经济建设的配套工程，主要是为了服务于国有企业改革，其突出表现就是社会保障和社会福利的剥离和外移。三是重视法制建设。强调一手抓建设，一手抓法制。市场经济本质上是法治经济。随着依法治国基本方略的确立，国家各项事业被纳入法制化运行轨道，社会治理领域也推进了相关立法，比如《劳动法》（1994 年）、《老年人权益保障法》（1996 年）、《城市居民最低生活保障条例》（1999 年）、《住房公积金管理条例》（1999 年）等，此外，《村民委员会组织法》（1998 年）正式实施，《社会团体登记管理条例》（1998 年）重新制定。四是仍缺乏独立自主形态。市场经济的迅猛发展，导致了市场社会的形成，“社会”作为一个自主结构要素仍亟待催生。不过，在利益主体日益多元化的背景下，社会治理结构也随之出现分化，社会治理重心逐步下移，社会治理问题逐渐获得较多探讨，但尚未确立自身的政治权威性。

（三）第三阶段：社会治理的“管理”阶段（2002～2011 年）

第三阶段社会治理改革的最鲜明特征是，改革深入社会领域，社会管理应运而生，致力于构建社会主义和谐社会。这一阶段社会治理改革的主要内容包括以下几方面。一是提出社会管理基本格局。2003 年，“非典”疫情的暴发，使得国家更加重视社会管理。2004 年，党的十六届四中全会提出党委领导、政府负责、社会协同、公众参与的社会管理基本格局，成为这一阶段社会管理改革的一个方向性指导原则。二是开展社会管理创新试点。2010 年，中央政法委、中央综治委确定了 35 个市、县（市、区）作为全国社会管理创新综合试点，并印发《全国社会管理创新综合试点指导意见》，推动社会管理创新经验的总结和积累。三是推进社会管理体制改革。社会建设和社会管理领导体制问题日益凸显，在中央和地方层面均针对其进行了积极探索和改革。特别是在地方层面，北京、上海、广东、贵州等地新成立专门的社会建设或群众工作领导机构，有力推动社会治理工作开展。四是保障改善民生成为重点任务。明确提出以保障和改善民生为重点加强社会建设的方略。改革的基本方向是，强化社会事业的公益属性，推进基本公共服务均等化，倡导建立政府购买服务制度。同时，加强社会领域政策法规建设，比如，先后颁布《就业促进法》（2007年）、《社会保险法》（2010年）等。五是“社会管理创新”上升为国家战略。经过这一阶段的社会管理改革及创新实践，2011年2月，中央党校省部级主要领导干部社会管理及其创新专题研讨班召开；同年7月，《中共中央　国务院关于加强和创新社会管理的意见》颁布。这表明，党和国家将社会管理创新上升为国家重大战略。

这一阶段社会治理改革的主要特征包括四个方面。一是触及社会领域自身改革。“社会建设”和“社会管理”概念被正式提出，特别是“社会建设”成为中国特色社会主义事业“四位一体”总体布局的重要组成部分。这表明“社会”作为一个独立自主领域出现，改革深化到社会领域本身，特别是社会领域的体制机制改革。二是注重发挥社会政策作用。在经济转轨过程中，大量“下岗失业人员”和“农民工”的出现，导致一个具有相当规模的底层群体的形成[①]，贫富差距进一步拉大，国家开始重视发挥社会政策维护社会公平的作用。三是强化政府责任担当。强调享有基本公共服务是公民的基本权利，保障公民享有基本公共服务是政府的基本责任。行政权力的深度介入，导致行政社会的出现。[②] 四是带有较强维稳色彩。在市场化改革的大潮下，社会矛盾和社会问题多发频发，社会治理改革的主要任务是应对和消解经济市场化所衍生的各种消极、负面后果，这就使得社会管理及其创新的维稳色彩较为明显。

（四）第四阶段：社会治理的“治理”阶段（2012年至今）

党的十八大以来，中国特色社会主义进入新时代，现代意义的社会治理得以正式确立和发展。党的十八届三中全会明确提出“创新社会治理体制”，实现了从“社会管理”向“社会治理”的历史性飞跃。这一阶段社

---

① 孙立平：《资源重新积聚背景下的底层社会形成》，《战略与管理》2002年第1期。

② 王春光：《城市化中的“撤并村庄”与行政社会的实践逻辑》，《社会学研究》2013年第3期。

会治理改革的最鲜明特征是，推进社会治理现代化，着力建设“共享型社会”。这一阶段社会治理改革的主要内容包括以下几方面。一是实施社会治理制度并轨改革。在社会治理的核心领域，推动从改革初期的“双轨”到“并轨”的改革，成为社会平权的一个根本性过程。其中，户籍制度、基本医保制度、养老金制度、人口生育制度改革体现得最为明显。二是实施“脱贫攻坚战”。2015～2018 年，连续 4 年的中央一号文件都强调扶贫脱贫问题，并制定了“精准扶贫、精准脱贫”的基本方略，脱贫攻坚取得决定性进展，贫困群众获得感普遍增强。三是建立健全社区治理基本制度框架。2015 年中组部、民政部《关于进一步开展社区减负工作的通知》，中共中央办公厅、国务院办公厅《关于加强城乡社区协商的意见》，以及 2017 年中共中央、国务院《关于加强和完善城乡社区治理的意见》，是这一时期三个标志性的社区政策文件。通过专项性的机制设计与综合性的顶层设计，初步确立社区治理基本政策框架。四是建立健全现代社会组织体制。围绕“政社分开、权责明确、依法自治”的改革方向，实施社会组织存量与增量改革“双轮驱动”，深化社会组织登记管理制度改革。特别是群团组织“去四化”“强三性”改革，事业单位分类改革，行业协会商会与行政机关脱钩改革，四类社会组织可实行直接登记制度等，成为社会组织体制变革的重要内容。五是加快社会信用体系建设。实施“信用中国”战略，社会信用体系顶层设计逐步完备；初步建立“守信联合激励、失信联合惩戒”机制，基本形成“一处失信、处处受限”的信用惩戒大格局。六是确立“总体国家安全观”。建立国家安全委员会，完善国家安全体制。这是我国在总结平安中国建设实践经验基础上提出的一个重要理论创新，也为加强和创新社会治理提供了宽广的视野。①

这一阶段社会治理改革的主要特征包括以下四个方面。一是宏观微观改革并重。既有宏观的大的体制性改革，也有微观的机制性再造。社会领域改革顶层制度设计初步成形，中央负责社会治理的领导机构调整到位；社区、社工、社会组织“三社联动”机制、社区减负增效机制、社区协商

---

① 李培林：《总体国家安全观指导下的社会治理》，《社会治理》2017 年第 5 期。

民主机制等广为推行。二是存量增量改革联动。存量改革凸显，着力啃下社会改革领域的“硬骨头”；通过存量改革进一步激活和推进增量改革，特别是在事关群众切身利益的民生领域取得了重要突破，新的惠民利民举措不断推出。[①] 三是强调依法治理。注重将社会治理纳入法治化轨道，以法治方式、法治思维、法治精神来谋划和深化社会治理改革，对法治社会与法治国家、法治政府进行一体化建设，使得法治成为贯穿全面深化改革的基本枢纽。四是强调共享平权。社会治理从价值理念逐步落实为制度模式。着力从体制上打破城乡二元分割的制度结构体系，从形式上率先实现城乡一体化发展。更加强调社会总体利益状况的优化和改善，特别是聚焦社会边缘贫困群体，突出共建共治共享。

二　40年社会治理变革的历史成就

透过宏观的制度安排和历史进程，深入把握“社会”的发育与成长，可以发现，40年的社会治理变革，已然造就了一个内部形成认同、外部可以辨识的整体性的社会领域（social sector）。[②] 社会作为一个专门领域逐渐成长和发展，主体性和自主性日益增强，自我逻辑和自我价值日益彰显，我国从总体上实现了从“农业社会”到“工业社会”、从“农村社会”到“城市社会”、从“封闭社会”到“开放社会”、从“短缺社会”到“丰裕社会”的巨大历史转变。40年社会治理变革的成就是全方位、多层次、多领域的，集中体现在如下五个方面。

（一）在长期保持社会稳定的基础上，社会活力获得空前释放和增强

40年来，我国始终坚持一手抓发展、一手抓稳定，两手抓、两手硬，较好实现了“活力与秩序”兼得的良好社会局面。一是坚持依法维稳，将

---

① 李友梅：《中国社会治理的新内涵与新作为》，《社会学研究》2017年第6期。

② 高丙中、夏循祥：《社会领域及其自主性的生成》，《北京大学学报》（哲学社会科学版）2015年第5期。

维稳工作纳入依法治国方略。这是40年来我国能够始终保持社会大局和谐稳定的根本之举。通过建立健全社会稳定风险评估机制，从源头上预防和化解社会矛盾纠纷；通过以法治思维和法治方式来维稳，逐步实现从“刚性维稳”到“韧性维稳”的转变。二是深入推进平安中国建设，社会公共安全获得有力保障。40年来，我国以较低的成本投入获得了最大限度的社会安全稳定。[①] 无论是从居民的主观感受还是从客观的社会犯罪率来看，中国社会的安全系数在过去40年来的各阶段都高于其他发展中国家和绝大多数发达国家。[②] 三是社会流动性空前增强，社会创新活力竞相迸发。快速的城镇化和工业化，带来了大规模、高速度、十分复杂的社会流动，也促进了各类人员、资本、知识、技术、物资、信息的快速流动，“双创”深入推进，整个社会的流动性空前增强，市场活力和社会活力充分释放，促进了整个社会的创造力的提升。四是发挥举国体制优势，充分释放社会正能量。在北京奥运会、上海世博会、G20杭州峰会等大型国际活动中，我国民间社会都表现出极强的社会动员能力和社会参与热情，体现出良好的社会精神文明风貌，赢得了国际社会的高度赞誉。可以说，作为一个拥有约14亿人口的发展中大国，面对人类历史上规模空前的深刻变革，在人民权利意识不断增强的复杂的社会环境中，40年来我国能够始终保持社会大局和谐稳定，是十分难能可贵的。

（二）在不断扩大社会体量的基础上，社会质量获得明显改善和提升

40年来，我国的社会进步，不仅表现在“体量”上，而且体现在“质量”上，较好实现了体质双效发展。一是社会空间领域日益扩大。随着思想解放和市场经济的推行，私人领域逐步实现全面放开，衣、食、住、行等方面的日常生活必需品都可以通过市场自由购买获得，人们的自主生活空间显著扩大。各种公共活动场所大大增加，咖啡馆、茶馆、电影院、歌剧院、KTV等成为人们自由交流和娱乐休闲的重要空间，人们的业

---

① 草苍：《中国的维稳经费究竟有多大?》，《文化纵横》2018年第2期。

② 樊鹏：《以低成本获高安全，中国为什么能》，《环球时报》2018年2月7日。

余休闲生活变得日益丰富多彩、形式多样。特别是随着互联网、微博、微信等新媒体技术或平台的发展，虚拟空间、流动空间、舆论空间大大增加，成为人们进行自由表达、交流讨论的重要平台载体，也构成了网络公共领域的重要生长地带。二是社会组织实现快速发展。40年来，我国社会组织的数量和质量获得快速增长和提高，这是中国社会体量持续增长的重要表征，也是中国社会力量持续增强的重要体现。从数量来看，1978年全国性社团仅有100多个，到1989年全国性社团达到1600个，地方性社团有20万个①；到2017年底，我国各类社会组织总数量突破80万个②；此外，我国民间社会一直还活跃着数量庞大的草根组织。从质量来看，40年来我国社会组织专业化、职业化水平不断提高，社会组织法人治理结构日益完善，社会组织公信力日渐增强，并在提供社会服务、满足社会需求、解决社会问题、促进社会参与等方面发挥了重要作用，已经成为我国社会发展不可或缺的基本主体力量。三是社会团结和社会凝聚力日益增强。40年来，我国公益慈善事业获得巨大进步，公益慈善日渐成为一种社会文明风尚，社会主义核心价值观日益深入人心，积极、健康、向上的社会心态和社会价值广为倡导，全社会人口素质和文明素养显著提高；各类社会力量团结合作、积极参与“抗击非典”“汶川抗震救灾”等重大活动，整个社会的开放性、包容性、凝聚力不断增强，人民群众的获得感、幸福感和安全感不断提高，中国社会发展的整体品质明显提升。

（三）在大力发展社会事业的基础上，社会公平获得积极维护和促进

40年来，在市场经济的洗礼下，我国社会事业的内涵和外延发生了深刻变化，除科教文卫体等传统社会事业外，就业、社会保障、收入分配、住房保障等民生社会事业日益成为社会治理的重要内容。一是坚持优先发展教育战略，教育事业取得显著进步。九年义务教育全面普及；恢复高考制度后，大学录取率从1978年的6%提高到2016年的82%，增长了12.7

① 王绍光、何建宇：《中国的社团革命：中国人的结社版图》，《浙江学刊》2004年第6期。

② 王勇：《我国社会组织突破80万，县级最多》，《公益时报》2018年2月13日，第5版。

倍；教育经费支出占 GDP 的比重在 1993 年为 2.46%，到 2012 年如期实现 4% 的目标，并在 2012 ~ 2018 年连续 7 年保持在 4% 以上。二是建立了与经济发展水平相适应的社会保障制度。逐步建立起世界上覆盖人群最多的社会保障制度，构建了包括社会保险、社会福利、社会救助、优抚安置、慈善事业等在内的多层次社会保障体系，建立了统一的城乡居民基本养老保险制度、基本医疗卫生制度和最低生活保障制度，并被国际社会保障协会授予“社会保障杰出成就奖”。三是人民生活水平显著提升，反贫困事业取得举世瞩目成就。人民的生活彻底摆脱了“挨饿”，实现了从“温饱”向“小康”的整体性转变。城镇居民人均可支配收入从 1978 年的 332 元提高到 2017 年的 51261 元，增长了 153 倍；农村居民人均可支配收入从 1978 年的 165 元提高到 2017 年的 24956 元，增长了 150 倍。[①] 城镇居民恩格尔系数从 1978 年的 57.5% 降低到 2017 年的 28.6%，农村居民恩格尔系数从 1978 年的 67.7% 降低到 2017 年的 31.2%。[②] 全国人均住房面积从 1978 年的 3.6㎡ 提高到 2016 年的 40.8㎡，增长了 10 倍。妥善解决了国有企业下岗职工再就业问题，大量农村富余劳动力向非农产业有序转移，2016 年，农民工数量达到 2.7 亿人。[③] 40 年来，中国的减贫事业，使得 7 亿多人口脱离了极端贫穷，为世界减贫事业做出了巨大贡献。特别是党的十八大以来，到 2017 年，6800 多万贫困人口稳定脱贫，贫困发生率从 2012 年末的 10.2% 下降到 2017 年末的 3.1%，脱贫攻坚战取得决定性进展。[④] 四是开辟“社会政策时代”，彰显社会公平正义。40 年来，我国真正实现了从“经济政策”到“社会政策”的历史性跨越[⑤]，并逐渐步入一

① 国家统计局浙江调查总队：《城乡居民家庭人均收入情况（1978 - 2017）》，2018 年 3 月 5 日，http://zjzd.stats.gov.cn/dcsj/ndsj_2174/2017_ndsj/cxjmsz/201803/t20180305_87443.html。

② 陶希东：《改革开放 40 年的伟大转变及历史性成就》，2018 年 5 月 31 日，http://news.chengdu.cn/2018/0531/1977529.shtml。

③ 《国家统计局：农民工有 2.7 亿人约占中国人口的两成》，2016 年 4 月 29 日，https://hz.house.ifeng.com/news/2016_04_29 - 50763961_0.shtml。

④ 侯雪静：《我国 5 年减贫超 6800 万 贫困发生率从 2012 年的 10.2% 下降至 3.1%》，2018 年 2 月 19 日，http://www.cqrb.cn/content/2018 - 02/19/content_142130.htm。

⑤ 王绍光：《从经济政策到社会政策的历史性转变》，《中国经济时报》2007 年 4 月 6 日，第 5 版。

个“社会政策时代”[①]。全体人民共享改革发展成果成为普遍共识，并在幼有所育、学有所教、劳有所得、病有所医、老有所养、住有所居、弱有所扶等方面不断取得新进展、新突破。

（四）在不断扩大社会参与的基础上，社会自治实现有序推进和发展

40年来，随着市场经济的发展和政府职能的转变，社会空间和社会资源不断增长和扩展，公众参与社会公共事务进行自我治理、自我服务的意识和能力显著增强，社会自治的范围扩大，其内容和形式获得多样化发展，社会的自主性和主体性日益彰显，成为加强和创新社会治理的重要基础。一是基层群众自治不断完善。随着单位制和人民公社制的解体，以村委会为载体的村民自治和以居委会为载体的居民自治不断发展，成为人民当家做主的最直接形式，逐步实现了从无到有、从弱到强、从形式民主到实质民主的深入发展。随着住房商品化改革的推进，以业委会为载体的业主自治作为一种新的自治形式异军突起，越发成为基层社会自治不可或缺的重要组成部分。二是行业协会自治不断深入。改革开放以来，行业协会不断完善以章程为核心的内部管理制度，法人治理结构不断健全，日益成为汇聚行业力量、维护行业利益的重要桥梁纽带；行业协会去行政化、去垄断化改革不断推进，行业协会自治自律水平明显提升，成为政府购买服务的重要承接主体类型。特别是党的十八大以来，行业协会与行政机关脱钩改革取得突破性进展，行业协会市场化、社会化、自治化、法治化程度大大提高，“一业多会”日渐成为市场经济条件下行业协会进行自律管理和专业服务的基本发展趋势。三是城乡社区自治日益健全。“社区”概念日益普及，成为各界耳熟能详的常用词；社区建设从城市逐步扩展到农村，并逐步进入城乡社区一体化发展新阶段；社区服务从改革初期的“三产”，逐渐发展成为综合性的社区公共服务；社区管理日益精细化，网格化管理成为基本形式被普遍推广；社区治理主体日益多元化，社区协商民

① 王思斌：《社会政策时代：中国社会发展的选择》，《中国社会科学报》2010年3月23日，第1版。

主不断深入推进。40 年来，城乡社区自治的多元性、开放性、复杂性大大增强，社区自治的法治化、科学化、民主化、信息化、智能化获得了较为充分的发展，城乡社区日益成为人民生活的重要家园。

（五）在不断优化社会结构的基础上，社会体制实现有效重塑和完善

40 年来，我国社会结构与社会体制之间逐步形成了良性互动、相互推动彼此发展的良好发展格局。改革之初，社会结构转型带来的利益分化，引发和促进了社会体制的变革；当改革步入攻坚期和深水区，特别是进入全面深化期，社会体制的变革为社会结构的调整和重构提供了重要的动力源泉。一是现代化社会阶层结构雏形已经形成。我国实现了从“两个阶级、一个阶层”到“十大社会阶层”① 的重要飞跃，“新社会阶层”和“中产阶层”获得较快培育和发展，日益成为加强社会建设、创新社会治理的重要主体力量。二是新型社会治理体制初步成形。逐步建立健全党委领导、政府负责、社会协同、公众参与、法治保障的新型社会治理体制。这是我国将社会主义制度优势有效转化为社会治理优势的重要成果，也是 40 年来社会治理变革经验的系统总结和升华。三是城乡一体化社会体制初步确立。彻底打破了改革前的封闭、保守、僵化的社会体制，逐步构建和形成了一个富有韧性、弹性和活力的新型社会体制。特别是以户籍制度、社保制度等为核心的城乡二元分割体制从制度形式上得到破除，有助于加快建立健全城乡统筹和城乡一体化发展体制，进而实现从“二元型社会体制”到“一元型社会体制”的历史转变。四是新型国家治理逻辑逐渐生成。随着政府、市场与社会关系的不断调整和深化，国家治理的核心逻辑逐渐实现重构和再造。在单位制之后，项目制日益成为一种新的国家治理体制，并成为实施民生工程和开展公共服务的重要体制运作基础。② 可以说，40 年来，在市场经济的发展下，我国已经基本形成一套与社会主义市

---

① 陆学艺主编《当代中国社会阶层研究报告》，北京：社会科学文献出版社，2002，第 3 ~ 93 页。

② 渠敬东：《项目制：一种新的国家治理体制》，《中国社会科学》2012 年第 5 期。

场经济相适应的新型社会治理体制，社会治理的基本制度框架和“四梁八柱”基本成形，中国特色社会主义社会治理体系基本形成。①

三　40年社会治理变革的演变脉络

纵览40年的发展历程和历史成就，我国社会治理变革经历了一个从“被动回应”到“自觉推进”、从“边缘”到“主流”、从“模糊”到“清晰”的发展过程。40年来，我国社会治理的理念、主体、对象、领域、方式、手段、载体、制度、目标、地位都发生了深刻变化，其在背后共同构筑了一条迈向社会治理现代化的演变脉络，集中体现在如下十个方面。

（一）社会治理理念：从“管控”到“治理”

在经济社会发展的不同阶段，社会治理具有不同的话语表达形态。改革最早是从放松管制、放权搞活开始起步的，这一时期的社会治理在社会领域的体现就是“社会管控”，即国家对社会的严密管理和全面控制。这是改革初期受高度集中的计划经济观念影响和体制依赖的结果。1992年，党的十四大之后，社会受到市场经济的熏陶和洗礼，市场的原则、要素、机制被广泛运用到社会领域，导致了社会事业和公共服务的市场化，即体现为一种“社会经营”。市场原则在社会领域的严重泛滥，必然会引发大量的社会矛盾和社会问题。针对这些消极负面后果，就需要加强政府社会职能建设。1998年，在国务院机构改革中，首次提出社会管理是政府的基本职能；2002年，党的十六大报告进一步强调，要完善政府社会管理职能；2004年，党的十六届四中全会首次提出加强社会建设和管理，这是社会管理从政府话语进入党的文献的重要转折；2007年，党的十七大报告提出“四位一体”总体布局，社会管理成为社会建设的重要内容；2011年，社会管理及其创新上升为国家重大战略任务；2012年，党的十八大报告提出，加快形成现代社会管理体制。这一阶段的社会管理概念已然蕴含着明

① 李培林：《用新思想指导新时代的社会治理创新》，《人民日报》2018年2月6日。

显的社会治理理念和思想，社会治理概念可谓呼之欲出。2013 年，党的十八届三中全会正式提出“社会治理”概念，实现了从传统社会管理向现代社会治理的新飞跃。可以说，从“社会管控”到“社会经营”再到“社会管理”最后到“社会治理”，从“政府基本职能”到“党的路线、方针、政策”，体现了中国共产党对社会建设和社会治理本质规律认识的不断深化，也是其执政理念的深刻革命。

（二）社会治理主体：从“一元”到“多元”

改革前，在总体性社会下，国家是社会治理的唯一主体；改革后，随着市场经济的深入发展，经济、政治和社会逐步从国家中分化出来，成为社会治理的重要主体。由此，实现了从单一治理主体向多元治理主体的结构性转变。在多元化的社会治理主体中，主要包括四类。一是党委，特别是政法委系统，发挥着总揽全局、协调各方的领导核心作用。二是政府，特别是社会建设职能部门，经历了一个从“负责”到“主导”再回归到“负责”的演变过程。2004 年，在社会管理基本格局中，首次提出政府负责；2012 年，党的十八大报告提出，在现代社会管理体制中，发挥政府负责作用；2013 年，党的十八届三中全会强调，创新社会治理，发挥政府主导作用；2017 年，党的十九大报告提出，在完善社会治理体制中，发挥政府负责作用。这种变化体现了对政府社会管理职能的理性反思。三是社会组织，发挥协同作用，包括企事业单位、群团组织、基层群众性自治组织和其他社会组织等。四是公众，是参与社会治理的重要力量。四类社会治理主体，充分利用和发挥其各个方面的优势和积极性，彼此之间通过法治的方式形成有机的互动关系，从而构成一个系统的社会治理主体结构。如果将党委和政府看作国家主体，将社会组织和公众视作社会主体，那么国家与社会的合作治理就是中国社会治理的发展方向。这也是实现从“单中心治理”走向“多中心治理”的必由之路。

（三）社会治理对象：从“问题”到“需求”

准确界定和把握社会治理的对象，关涉到社会治理的基本性质。社会治理的不同发展阶段具有不同的治理对象，这也与社会主要矛盾的变化密切相关。改革初期，知青返城、就业不足、物质贫乏、犯罪多发等，成为影响社会稳定的突出问题；特别是20世纪90年代中期前后，社会矛盾和群体性事件进入多发频发突发期。这些矛盾纠纷的产生，根源大多在于人民群众利益需求和诉求得不到满足。因此，加强和创新社会管理成为一种重要应对举措，具有较强的“维稳”色彩，属于“问题驱动型”。党的十八大以来，随着中国特色社会主义进入新时代，人民群众的美好生活需要，使他们不仅对物质文化生活提出了更高要求，而且在民主、法治、公平、正义、安全、环境等方面的要求日益提高，这些要求表现出更加多样化、个性化、差异化和具有发展性的特征。加强和创新社会治理这一对策应运而生，就是为了更好满足人民群众对美好生活的向往和追求，其更加注重和凸显对人民群众社会需求的治理，体现出更强的“维权”色彩，属于“需求驱动型”。可以说，从“社会问题治理”到“社会需求治理”，标志着中国社会治理从“消极社会治理”到“积极社会治理”的重要转变。

（四）社会治理领域：从“单域”到“全域”

社会治理的领域，影响和关涉到社会治理主体的行为边界及逻辑。改革前，在全能主义体制下，国家负责掌管社会的方方面面，并通过单位和人民公社实现了全方位的有效控制。社会治理的领域隶属于并包含在国家治理之中，较为含混、笼统、模糊。改革之初，在行政改革和企业改革的带动下，不少社会性事务逐渐从政府、企业剥离出来，社会事业和社会福利首先成为社会治理的重要领域。这一阶段的社会治理领域相对较为单一、有限、简单。进入20世纪90年代中期之后，在市场经济的刺激、社会结构的剧变下，社会领域的新事务、新现象、新问题日益增多，社会矛盾、社会心态、城乡社区、社会组织、社会保障日益成为中国社会治理不可忽视的核心领域。这些领域的治理，各具自身的运作逻辑，具有相对的独立性、分隔性和单域性特征。党的十七大以后，特别是党的十八大以来，在新媒体技术革命的催化下，社会治理各个领域之间的连接性、转换性、联动性大大增强，农村社会与城市社会、现实社会与虚拟社会、宏观领域与微观领域、物质领域与精神领域呈现多重交叉并进的复杂发展态势，社会治理的领域和范围获得空前扩展和延伸，其总体性、整体性、贯通性显著增强，越发呈现为一种“全域治理”。从这个意义上讲，社会治理，既是对全社会的治理，也是全社会共同参与的治理。

（五）社会治理方式：从“粗放”到“精细”

社会治理方式，体现了一个社会的治理模式的特质及其走向。不断改进社会治理方式，既是加强和创新社会治理的内在要求，也是40年来社会治理变革的鲜明特征。从总体上来看，40年来，我国社会治理方式经历了从“粗放治理”到“精细治理”的重大转变，主要体现在四个方面。一是从“总体支配”到“技术治理”的转变。[①] 现代信息技术进入社会治理全环节、全过程、全流程，与社会治理主体、对象、领域等各要素实现深度融合。作为技术治理的典型代表，“网格化管理”成为一种被广泛使用的治理方式。同时，社会治理评价标准和指数出现，成为反映社会治理绩效状况的“晴雨表”。二是从“集权治理”到“分权治理”的转变。改革以来的分权治理，既包括中央向地方的纵向分权，也包括国家向市场、社会的横向分权。分权化改革实践，充分调动了地方的积极性，也有效激发了市场和社会的活力。三是从“静态治理”到“动态治理”的转变。随着市场化改革的深入，社会的流动性、复杂性、风险性空前增强，传统的计划经济体制下针对熟人社会的“静态治理”，迅速转变为应对生人社会的“动态治理”。四是从“人治”到“法治”的转变。相较于人治而言，法治具有科学、理性、精准的特征。20 世纪 90 年代中期之后，依法治国基本方略确立，融入社会治理改革；特别是党的十八大以来，法治成为社会治理方式改革创新的主旋律，坚持依法治理、系统治理、综合治理、源头治理与专项治理紧密结合成为社会治理方式改革创新的基本取向。

---

① 渠敬东、周飞舟、应星：《从总体支配到技术治理——基于中国 30 年改革经验的社会学分析》，《中国社会科学》2009 年第 6 期。

（六）社会治理手段：从“单一”到“复合”

完善的社会治理手段体系，是实现良好社会治理的重要保障。社会治理手段的发展和运用状况，与经济社会发展的阶段和需求紧密相关。改革之前，整个社会通过计划指令实现有效运转，主要依靠的是行政性手段。改革之后，在双轨制时期，指令性计划逐渐减少，指导性计划逐步增多，市场调节手段日渐发展起来，不过，行政性手段在这一阶段仍发挥着主导作用。随着市场化改革的推进，市场机制开始成为配置社会资源和治理公共事务的基本机制，法制、道德、心理、舆论等手段随之受到重视，社会治理的手段体系日渐丰富多元。在改革进入“攻坚期”和“深水区”的背景下，社会利益关系变得错综交织、复杂多变，社会矛盾和社会问题变得棘手难解，运用任何单一治理手段，都已很难有效解决问题、实现标本兼治。这就需要统筹运用经济调节、法律规范、道德教化、心理疏导、情感激励、舆论引导、行政管理等多重手段，形成和构造社会治理手段的最佳组合，以获得良好的社会治理效能。可以说，40年来的社会治理变革，逐步建立健全了政府的权力机制、市场的资源配置机制、社会的利益协调机制，因应社会发展的不同阶段，分别确立其主导性机制并辅以相应的治理手段，从而实现从“单项治理”到“复合治理”、从“刚性治理”到“柔性治理”的转变。

（七）社会治理载体：从“单位”到“社区”

社会治理载体，是社会治理运行与发挥作用的平台和场域。不同类型的治理载体，会营造和产生出不同的治理效果。而治理载体的形成和确立，则与整个社会体制的变革紧密相关。40年来，中国社会体制变革的关键之处，就在于通过“单位制”的逐步解体、“社区制”的逐步确立，实现从“单位治理”到“社区治理”的转变。从组织的角度来看，改革前，“单位”作为一种政经社功能高度合一的特殊社会组织形式①，是整个社会

① 路风：《单位：一种特殊的社会组织形式》，《中国社会科学》1989年第1期。

运转和调控的中枢系统，也是社会管理最为重要的组织基础；改革后，随着市场经济的发展，越来越多的“单位人”变成“社会人”，最终落到社区，成为“社区人”。大量社会事务和社会问题逐渐游离于单位体制之外，随着社区建设的全面推进，城乡社区日益成为各类社会成员的集聚点、利益关系的交汇点、民生需求的支撑点，因而也成为社会治理最基本的载体。党的十八大以后，城乡社区治理被提升为国家治理现代化的基础性工程，社区进一步确立了其社会治理微观组织基础的战略地位。从空间的角度来看，改革前，“单位”是一种典型的全能空间，弥漫着各种权力关系；改革后，“单位”分化为行政单位、事业单位、国有企业单位，成为各种职业空间，其社会治理功能严重弱化。而“社区”则是一种社会生活共同体，是各类社会资源的富集之地①，具有广阔而丰富的公共空间，是多元社会主体进行互动交往的最佳场所，因而也就成为社会治理最为基础的空间单元。

（八）社会治理制度：从“分割”到“融合”

社会治理制度，是形塑和构造社会治理体制模式的关键变量。健全的社会治理制度，是加强和创新社会治理最为深厚稳固的根基。改革开放40年来，中国社会治理变革的核心任务，就是建立健全与社会主义市场经济、民主政治、先进文化相适应的新型社会治理制度。改革以前，围绕和依附于计划经济体制的户籍制度、职业身份制度、福利制度、档案制度、票证制度等，形成了一整套严密的社会控制制度体系，其典型特征就是“二元分割性”，不仅体现在城乡之间，而且体现在干群之间。这种制度的分割，直接导致了利益分配的不公。改革以后，随着经济分层逐步取代先前的政治分层②，社会利益结构分化方式日益多元化，社会资源配置日益市场化，城乡、干群之间的这种二元分割性逐步减弱，开始呈现相互融合的发展趋势。受益于2005年以来基本公共服务均等化制度的广泛推行，特

① 张秀兰、徐晓新：《社区：微观组织建设与社会管理——后单位制时代的社会政策视角》，《清华大学学报》（哲学社会科学版）2012年第1期。

② 李强：《经济分层与政治分层》，《社会学研究》1997年第4期。

别是党的十八大以来，全面推进共享社会建设，深化包括户籍制度、就业制度、信用制度、社保制度、人口制度、土地制度等在内的社会治理基础性制度改革创新，从形式上实现了全国层面城乡统筹、城内并轨的一体化发展。这是40年来社会治理变革至为重要的突破。

（九）社会治理目标：从“模糊”到“清晰”

制定科学合理的社会治理目标，是加强和创新社会治理的重要指针。社会治理目标体系的清晰程度，直接反映了党和政府社会治理意识的发育状况。40年来，党和政府对社会治理目标的认知，经历了一个不断探索、逐步深化、与时俱进、日臻完善的发展过程。改革之初，国家并没有明确的社会治理观念和意识，甚至在较长的一个时期内，社会治理服务于经济建设并作为其配套措施而存在。这个阶段的社会治理意识处于模糊、含混状态。随着社会矛盾和社会问题的凸显，社会治理意识逐渐被倒逼出来。从社会整体的角度来看，社会治理改革的目标，经历了从建设“和谐社会”到建设“共享社会”的转变，前者更强调“维稳”，后者更突出“维权”，且在维权中实现维稳，达成两者的辩证统一。特别是党的十八大以后，“社会治理”作为一种全新的改革理念①，成为党执政的重要方略和政策设计。党的十八届三中全会提出，社会治理改革的目标是加快形成科学有效的社会治理体制，确保社会既充满活力又和谐有序。党的十九大报告则提出，社会治理改革的目标是构建共建共治共享的社会治理格局；而中国社会治理的发展愿景是，到2035年，基本形成现代社会治理格局，社会充满活力又和谐有序；到21世纪中叶，社会文明全面提升，实现社会治理现代化。而且，在中央层面，国家“十二五”和“十三五”总体规划均设置专门的章节对社会管理/社会治理工作进行周密部署；在地方层面，北京、上海等编制了“十二五”社会建设专项规划、“十三五”社会治理专项规划。这些都为我国社会治理改革创新提供了较为系统清晰的路线图、任务书和时间表。

---

① 周红云：《作为全新改革理念的社会治理》，《学习时报》2014年2月24日，第6版。

（十）社会治理地位：从“依附”到“自主”

社会治理地位的形成和确立，是一个社会建构的历史过程。改革以前和改革之后的一个较长时期内，党和政府并没有直接使用“社会建设”“社会管理”“社会治理”等概念，这也使得其相关的工作内容依附于经济、政治建设并混杂于其中，缺乏独立的形态和地位。直至党的十六届四中全会提出“社会建设”概念，“社会”作为一个主体领域才得以确立其政治权威。这种自主地位的确立，主要体现在三个方面。一是理论地位。社会建设成为与经济建设、政治建设、文化建设、生态文明建设相并列的中国特色社会主义事业“五位一体”总体布局的重要组成部分，“社会管理”“社会治理”则是社会建设的重要内容，这标志着党的社会建设理论的形成和确立。二是政策地位。“社会建设”、“社会管理”（党的十六届四中全会至党的十八大）、“社会治理”（党的十八届三中全会后）在党的全国代表大会报告、中共中央全会决议、国务院《政府工作报告》、国民经济与社会发展五年规划中都有专门的章节予以阐述，这逐渐成为一种政策制定的惯例。三是组织地位。在中央层面，先是中央综治委，后是中央政法委成为社会治理工作的主管部门；在地方层面，除与中央层面保持一致的地方外，一些地方率先探索成立“社会建设委员会”“社会管理工作部”“社会治理创新办公室”等新机构。这些都为加强和创新社会治理奠定了坚实的组织基础。由此，社会治理获具一种相对稳定的制度建制，进而确立自主的实在地位。

四　40年社会治理变革的基本经验

经过40年的不懈探索和持续实践，我国社会治理变革呈现继承性与创新性、渐进性与跨越性、结构性与制度性相结合的鲜明特征。中国社会治理变革取得重要进展，积累宝贵经验，集中体现在如下十个方面。

（一）坚持正确政治方向

方向决定道路，道路决定命运。政治方向之锚定，事关社会治理改革的兴衰成败。40 年来的社会治理变革，归根结底，就是坚定不移走中国特色社会主义社会治理之路。[①] 一是坚持马克思主义的指导地位。注重运用马克思主义的基本原理和方法，特别是习近平新时代中国特色社会主义思想，科学分析和揭示社会治理变革的历史方位、发展方向和时代任务。二是坚持中国特色社会主义方向。“走自己的道路，建设有中国特色的社会主义”[②]，这是包括社会治理改革在内的改革开放的基本遵循。我国是共产党领导的社会主义国家，社会治理改革必须从巩固党的执政地位、维护人民根本利益、保证国家长治久安的高度来考虑，确保改革始终沿着中国特色社会主义道路前进。三是坚持不断完善和发展中国特色社会主义制度。40 年来的社会治理变革，是我国社会主义现代化进程中的一场伟大的社会革命，其本质是对中国特色社会主义制度及其具体表现形式（社会建设、社会体制）的自我完善和发展。

（二）坚持不断解放思想

思想观念之变是根本性的，具有不可估量的推动作用。解放思想，归根结底，就是人的因素愈益深广的解放。[③] 40 年来的社会治理变革，就是不断冲破社会领域思想观念和理论认识上的桎梏与障碍的过程。社会治理领域的思想解放，突出体现在破除四个“拦路虎”上。一是破除“社会组织恐惧症”。正确认识和对待社会组织，不再将其视为异己力量，承认其积极功能和作用，主动发展社会组织。二是破除“社会不稳定幻象”。正确认识和看待社会矛盾与社会冲突，科学处理维权与维稳的辩证关系，即

---

① 魏礼群：《坚定走中国特色社会主义社会治理之路》，《求是》2018 年第 16 期。

② 《邓小平文选》（第三卷），北京：人民出版社，1993，第 3 页。

③ 郑必坚：《改革开放 30 年的根本历史经验是解放思想、解放生产力》，《求是》2008 年第 20 期。

“维权是维稳的基础，维稳的实质是维权”①。三是破除“唯GDP主义论”。这就需要走出两种认识误区：经济建设是“挣钱”的，社会建设是“花钱”的；经济建设重要，社会建设次要。要注重经济与社会的协调发展。四是破除“土地财政崇拜”。在“GDP迷恋”之下，还衍生出对土地财政的饥渴。这就需要实现从“土地的城镇化”到“人的城镇化”、从“土地财政”到“民生财政”的转变，注重培育和发展内需社会，把人从土地经营中解放出来。

（三）坚持立足基本国情

从客观实际出发，对国情有全面深刻的认识，对国力有清醒准确的估计，是40年来社会治理变革的根本前提。一是社会治理必须适应生产力发展水平。社会治理的开展，需要相应的经济基础和物质条件的支撑。我国仍处于社会主义初级阶段，且是最大发展中国家，这是40年社会治理改革面临的最大实际。二是社会治理必须因时、因地、因人制宜。我国幅员辽阔、东西南北区域差别大，城乡差别依然突出，民族构成也较为多样，且改革开放以来不少外国人长期在我国居住、生活和工作。这些都意味着社会治理需要因具体情境而施策。三是社会治理必须植根本国历史文化传统。每个国家的社会治理都是独特的。我国悠久的历史文化传统和政治制度模式，孕育了丰富的社会治理思想、智慧和特色，既要充分学习和借鉴国外好的社会治理理念和做法②，但又绝不能简单照抄照搬别国模式。四是社会治理必须放眼全球化大势。随着中国日益走近世界舞台的中央，中国必须接受和顺应这种国际地位的变化，及时调整和完善社会治理体制模式，有效统筹国内社会治理与全球社会治理。

（四）坚持以人民为中心

以人民为中心，是加强和创新社会治理的根本立场。40年来的社会治理变革，就是不断激发人民主体性、充分释放人的活力的过程。一是尊重

---

① 《习近平关于社会主义社会建设论述摘编》，北京：中央文献出版社，2017，第147页。

② 黄家亮、郑杭生：《国外社会治理的基本经验》，《人民日报》2014年5月4日，第5版。

人民主体地位。人民群众是历史的创造者，是社会发展的决定性力量。只有始终坚持人民当家做主，不断丰富和完善人民治理的组织形式，才能充分调动和发挥人民的积极性和主动性。历史和现实表明，人民是社会治理的根本主体。人民没地位，社会就危险；人民有地位，社会才安稳。二是尊重人民首创精神。包产到户、乡镇企业、村民自治等，都是40年社会治理改革中来自农民的伟大创造。实践反复证明，只有深深扎根于人民群众的创造性实践之中，社会治理才不会成为无源之水、无本之木。三是尊重人民根本利益。人民是具体的、历史的、实在的，是由不同的群体、阶层构成的。人民讲究实惠，注重现实利益。只有增进人民利益、提升人民福祉，才能赢得人民的支持和信任。相反，如果忽视和损害人民利益，就必然会导致人民郁闷和愤怒。四是坚持走群众路线、做好群众工作。社会治理本质上就是做群众工作。只有坚持从群众中来、到群众中去，不断改进群众工作方式方法、完善群众工作组织模式，社会治理才能获得源源不断的力量，永葆生机活力。

（五）坚持保障改善民生

保障改善民生，是加强和创新社会治理的核心要义。40年来的社会治理变革，就是不断保障改善民生，增强人民群众获得感、幸福感、安全感的过程。一是保障改善民生是社会治理的治本之策。40年改革实践深刻表明，民生问题是社会治理的本源性问题。脱离民生谈治理，治理就会变得流于形式、空洞无物；离开治理谈民生，民生就会变得漫无方向、失去灵魂。这就要求正确处理民生与治理的关系。二是坚持在发展中深化民生内涵。随着市场经济的发展、人民生活水平的提高，特别是社会主要矛盾的变化，民生的内涵和意义不断得到丰富和拓展。进入新时代，人民对民主、法治、公平、正义、安全、良好环境的需求日益凸显，保障改善民生就是为了满足人民的美好生活需要，实现人民对美好生活的向往。三是坚持在发展中保障和改善民生。改革开放以来，正是在经济快速发展的基础上，我国保障和改善民生的力度不断加大，民生支出占GDP的比重获得显著提高。显然，没有经济发展奠定的坚实财力基础，就不可能带来民生保障的长足进步；没有民生持续改善释放的居民消费潜能，就不会催生经济发展及其转型升级的强劲内生动力。坚持一手抓发展、一手抓民生，两手都要硬，是40年来社会治理改革的重要经验。

（六）坚持创新体制机制

加强和创新社会治理，关键在体制创新。[①] 抓牢体制机制，就抓住了社会治理的“牛鼻子”。40年来的社会治理变革，就是不断协调社会利益关系、突破利益固化藩篱的过程。社会治理的体制机制之变，突出体现在“一领三制”上。一是社会治理领导体制的创新突破。北京、上海等地探索设立社会建设专门机构。历史和现实表明，没有组织机构的保障，社会治理工作就很难真正落到实处，社会治理改革取得的成果就容易丧失。二是分税制的有效实施。自1994年分税制实行以来，中央财政收入迅速增长，彻底改变了中央－地方的财政分配格局，这为社会治理奠定了坚实的财政基础。三是项目制的广泛推行。政府购买社会力量服务时普遍采用项目制的形式，改善了社会组织的资源状况，提升了社会组织的自治能力。四是社区制的全面推进。以居委会和村委会为核心载体，以社区公共服务均等化为导向，深入推进社区减负增效，理顺街道和社区权责关系，重构基层社会治理体制。

（七）坚持夯实基层基础

夯实基层基础，是加强和创新社会治理的基本保障。基层既是产生利益冲突和社会矛盾的“源头”，也是协调利益关系和疏导社会矛盾的“茬口”。[②] 40年来的社会治理变革，就是不断解决社会问题、化解社会矛盾的过程。一是注重问题导向。问题是时代的声音。问题产生在基层、发现在基层、解决在基层。没有强烈的问题意识，社会治理就如同丧失了灵敏的嗅觉，就会失去为民的情怀。二是注重需求导向。基层是最能接近民意、最能体察民心、最能了解民需、最能增进民利的。社会治理最深沉的

① 《习近平关于社会主义社会建设论述摘编》，北京：中央文献出版社，2017，第127页。

② 习近平：《加强基层基础工作　夯实社会和谐之基》，《求是》2006年第21期。

底蕴，就在于实现民心之治。三是注重基层探索。社会治理改革，需要注重基层的探索和实践，包容基层的自我试错，汲取基层的经验智慧，实现自下而上的探索与自上而下的推动相结合。这是40年来社会治理变革的一条重要经验，其典型代表就是“枫桥经验”的形成、发展和推广。[①] 四是注重基层建设。基础不牢，地动山摇。注重基层党组织和基层干部队伍建设，是实现基层社会善治的强大保障，也是40年来社会治理变革至为宝贵的财富。

（八）坚持实行法德共治

实行法德共治，是加强和创新社会治理的基本方略。针对社会治理，法治与德治犹如“车之双轮、鸟之两翼”，缺一不可、相辅相成。法德共治是一个循序渐进、动态发展的长期过程，不可能一蹴而就，更不会一劳永逸。40年来的社会治理变革，就是法治和德治要素不断交相融合并贯穿于社会治理的过程。一是加强法治，以法安天下。注重把社会治理纳入法治轨道，运用法治思维和法治方式谋划社会治理；加强社会立法建设；重视全民普法、全民守法，营造尊法、学法、懂法、用法、守法的良好氛围，加强全社会对法治的尊崇和信仰。二是加强德治，以德润人心。注重社会公德、职业道德、家庭美德建设；加强乡规民约、市民公约建设；以良好家风、家教带动形成良好社会风气；弘扬和传承优秀传统文化，以之滋养社会主义核心价值观建设；不断改进思想政治工作。三是注重抓住关键少数。人是社会治理中最活跃最重要的因素，法德共治最终要落实到人本身。社会治理必须高度重视关键少数，特别是领导干部率先垂范、躬身力行，在遵德守法上发挥示范引领作用。

（九）坚持维护公平正义

公平正义是中国特色社会主义的本质要求，也是评判社会治理成效的根本标准。维护公平正义是40年来社会治理变革的一面鲜明旗帜。彰显社

---

① 吴锦良：《“枫桥经验”演进与基层治理创新》，《浙江社会科学》2010年第7期。

会治理公平正义的主要经验体现在以下四方面。一是注重基本公共服务均等化。让每个人都能受惠于基本公共服务均等化，既是党和政府的责任，也是民众的基本权利。这是每个人分享社会福祉、享有社会权利的重要体现。二是注重社会公平保障体系建设。强调权利公平、机会公平、规则公平，从制度建设上确保公平公正，让每个人都享有人生出彩、梦想成真的机会。三是注重社会政策托底。作为一种总体性社会政策主张，强调既要托民生保障的底，也要托经济发展的底；既要托社会稳定的底，也要托社会公平的底。[①] 同时，托底的对象主要是弱势群体，托底的内容主要是保障公民基本权利。四是注重司法公正。这是守护公平正义的最后一道防线。特别是党的十八大以来，高度注重司法便民利民改革、诉讼制度改革、司法责任制改革，使得司法的权威性和公正性进一步得到凸显。

（十）坚持加强党的领导

坚持加强党的领导，是加强和创新社会治理的根本法宝。40 年来的社会治理变革，就是把党的领导全面贯穿于社会治理的各个阶段、各个领域、各个环节的过程。一是注重发挥党举旗定向、掌舵领航的作用。没有党的坚强领导，就不会有改革开放基本国策的确立。正是改革开放的实行、拨乱反正的实施，使党和国家的工作重心实现了历史性转折，整个社会重新迈上了健康发展的轨道。这为加强和创新社会治理提供了基本的环境条件和制度土壤。显然，在长期坚持以阶级斗争为纲的情况下，是不可能产生现代意义上的社会治理的。二是注重发挥党的领导优势，实现上下贯通的党建引领作用。实践表明，社会治理的开展，离不开党总揽全局、协调各方的领导核心作用。其中，党中央是“顶梁柱”，基层党支部是“战斗堡垒”，为社会治理“上接天线、下接地气”提供独特的组织优势。三是注重全面从严治党，以党风政风带动社会风气好转。中国共产党是我国唯一的执政党。如果没有党自身的治理改革和自我革命，就不可能有中国社会治理的根本性变革。从这个角度而言，坚持党要管党、全面从严治

---

① 关信平：《“社会政策要托底”：一种积极和发展型社会政策新理念》，《北京日报》2016 年 5 月 30 日。

党、坚决惩治腐败就是最大的社会治理。[①]

五　40年社会治理变革再出发

回首40年的改革开放，站在新的历史起点，中国社会治理面临的挑战与机遇前所未有。新时代社会治理改革任务依然艰巨繁重，不仅要处理历史遗留的老问题，而且要面对现代化发展中不断涌现的新问题。当前和今后一个时期，需要着重把握好如下四个方面。

（一）加强社会治理制度建设

在社会治理现代化中，制度建设具有全局性、根本性作用。[②] 这就需要不断深化对社会治理运行规律的认识，强化社会治理基础性制度建设，推进多层次多领域依法治理，为社会治理长远持续发展奠定基石。一是强化社会领域立法建设。围绕保障改善民生的紧迫问题，加强社会领域基本法建设，着力补齐社会领域立法短板，从根本上改变社会领域立法总体落后的局面。当前，应加快制定《国民健康法》《学前教育法》《住房保障法》《社会组织法》《社会信用法》《社会救助法》《社会治安综合治理法》等；加快修订《社会保险法》《劳动合同法》《城市居民委员会组织法》等。[③] 社会领域立法应坚持开门立法、民主立法，重视公众参与。二是优化社会政策体系建设。加强社会政策的顶层设计和统筹规划，建立健全社会政策的领导协调机构。[④] 在强化保障社会公平功能的同时，注重发挥其提升人力资本的功效，加快推动社会政策从“再分配型”向“发展型”转变。[⑤] 按照“社会政策托底”的基本要求，进一步提升我国总体社会福利

---

① 魏礼群：《党的十八大以来社会治理的新进展》，《光明日报》2017年8月7日。

② 孟建柱：《加强和创新社会治理》，《人民日报》2015年11月17日。

③ 郑功成：《对社会法建设的思考》，《中国机构改革与管理》2016年第6期；滕炜：《社会领域立法的几个问题》，《中国机构改革与管理》2015年第10期。

④ 关信平：《论当前我国社会政策托底的主要任务和实践方略》，《国家行政学院学报》2016年第3期。

⑤ 李迎生、吕朝华：《社会主要矛盾转变与社会政策创新发展》，《国家行政学院学报》2018年第1期。

水平和公共服务均等化水平①，推动我国社会政策基本取向从“还欠账、补短板、惠民生”向更加注重提高政策对象获得感的方向转变。② 加强社会政策与经济政策的协调统一，坚持在经济发展中不断创新社会政策。三是推动社会诚信体系建设。加快完善社会信用统一代码制度，建立全国信用信息共享平台，深入实施守信联合激励、失信联合惩戒机制，不断完善以信用为核心的社会治理机制，充分释放“信用红利”。③ 加快推动“诚信入宪”，以将其纳入国家根本大法的方式将诚实守信确立为所有社会成员必须履行的义务。加强诚信教育，增强诚信意识，塑造诚信精神，大力营造“守信光荣，失信可耻”的社会氛围；培育和形成良好的诚信文化，以诚信文化滋养诚信制度，进而重塑社会诚信秩序，促进社会机体健康发展。四是完善社会规范体系建设。加强乡规民约、市民公约、学生守则、行业规章、团体章程等的建设，充分发挥其积极的教化、规范、引导、评价作用，实现各类社会主体自我约束、自我管理，培育健康向上的社会风尚，促进社会文明的养成。同时，针对这些草根规则的制定和实施情况，应规范程序、加强监督，确保其在法治框架下有效运行，并顺应社会发展的潮流和趋势。

（二）加强社会治理体系建设

在社会治理现代化中，治理体系事关基础支柱构建。从理念思维来看，无论是按照市场逻辑，还是按照行政逻辑，都不能替代按照社会自身的逻辑来推进社会治理体系建设。一是加强社区治理体系建设。强化党建引领，把基层党的建设贯穿于社区治理全过程，建立健全“一核多元”的城乡社区治理结构，充分发挥基层党组织的战斗堡垒作用。深入推进社区协商民主建设，建立健全社区协商议事机制，促进社区协商治理制度化、规范化和程序化。进一步深化社区减负增效改革，切实改善和提升居

① 关信平：《当前我国社会政策的目标及总体福利水平分析》，《中国社会科学》2017 年第 6 期。

② 王思斌：《积极托底的社会政策及其建构》，《中国社会科学》2017 年第 6 期。

③ 陈鹏：《“信用 +”时代下的社会治理创新》，《社会治理》2017 年第 8 期。

（村）委会自治能力和水平。健全社区公共服务体系，建立服务供给与居民需求有效匹配的长效机制，破解社会治理“最后一公里”难题。加强和改进物业管理，妥善处理和化解各类物业纠纷，切实提高社区安全治理水平，有力保障居民的人身权、财产权、人格权。围绕“人”这个核心，建立健全法治、德治、自治相融合的城乡社区治理体系，正确处理好基层社会“三治”之间的协同关系。二是完善社会矛盾化解体系。将社会矛盾问题处理纳入法治化轨道，坚持通过制度化的方式有效预防和化解各类社会矛盾，建立健全调解、诉讼、信访相结合的多元化社会矛盾化解机制。强化社会矛盾联动调处，将人民调解、行政调解和司法调解有机结合起来，把各类矛盾纠纷解决在当地、在基层、在萌芽。严格实行诉讼与信访分离的制度，建立涉法涉诉信访依法终结制度，着力解决入口不顺、法律程序空转、出口不畅三大难题，努力实现案结事了、息诉息访，实现维护民众合法权益与维护司法权威的统一。加强和改进信访工作，深入推进网上信访工作，打造“阳光信访”，不断提高信访工作公信力。三是强化社会心理服务体系。加强公众心理健康教育，提高对心理健康服务的认知和重视程度。培育社会心理服务专业机构，构建心理健康服务网络，加快心理健康服务人才队伍建设。将社会心理服务纳入政府购买公共服务范畴，推动面向重点人群和重点领域的社会心理服务发展，重点做好针对特殊人群的心理健康服务，完善心理咨询、救助、疏导、危机干预、转介机制。充分发挥心理健康服务行业协会作用，引导和促进心理健康服务行业规范发展，培养自尊自信、理性平和、积极向上的社会心态。四是健全社会公共安全体系。坚持“总体国家安全观”，积极培育“安全文化”和“数据文化”，着力构建全方位、立体化的公共安全网。健全食品药品安全社会共治体系，除强化政府部门监管外，加快建立一批食品药品行业协会组织，充分发挥行业组织自律、自警、自净作用；特别是要严厉整治群众反映强烈的食品药品假冒伪劣、有毒有害、虚假宣传等问题。强化安全生产责任制，完善安全预警应急机制，加大安全监管执法力度，加强安全生产基础能力建设，坚决遏制重特大安全事故。全面提升综合防灾减灾救灾能力，推动实现从以“减少灾害损失”为核心到以“减轻灾害风险”

为核心的综合灾害治理模式转变。[①] 深入推进平安中国建设，创新社会治安综合治理体制机制，完善立体化社会治安防控体系，进一步增强人民群众安全感。

（三）提高社会治理“四化”水平

在社会治理现代化中，社会化、专业化、法治化、智能化是四个核心维度，也是新时代社会治理改革创新的核心要义。一是提高社会治理社会化水平，其关键在于发挥好社会力量的积极作用。在社会治理多元主体结构中，除党委、政府两大基本主体外，还有其他各类社会主体：群团组织、企事业单位、社会组织、公众等。这些社会主体参与社会治理的形式化、表面化倾向仍较严重，亟待实现向实质性参与的转化，进而提高参与的质量和水平。[②] 同时，强化以党的领导为核心的社会动员，坚持群众路线，夯实群众基础，这是提高社会治理社会化水平的重要动力所在。二是提高社会治理专业化水平，其关键在于让专业人士发挥好专业作用。加强社会治理新兴学科和人才培养体系建设，推进社会治理专业的开设和课程、教材的开发，这是人才培育之基础。加强社会治理专业人才队伍建设，主要涉及社会工作专业人才、社会组织专业人才、心理咨询专业人才、社区工作专业人才、思想政治工作专业人才、志愿者专业人才。加强社会治理领导干部队伍建设，特别是对于政法部门、民政部门等与社会建设和社会治理密切相关的职能部门以及基层街道、社区的领导干部，要通过干部进修、专题培训等多种形式，丰富或提高其社会治理专业知识、素质和水平。重视将社会治理作为一门科学、一门技艺，形塑和培育社会治理专业理念，夯实和提升社会治理的精神基础与底蕴。三是提高社会治理智能化水平，其关键在于充分利用好现代信息技术。移动互联网、大数据、人工智能的发展，给社会治理带来革命性影响。既要通过找到信息技术与社会治理的有效契合点实现两者的深度融合，又要有效利用技术的力

① 祝明：《如何全面提升防灾减灾救灾能力》，《学习时报》2018 年 2 月 5 日，第 6 版。

② 刘智勇：《社会化：我国社会治理体制的创新与发展》，《上海行政学院学报》2018 年第 3 期。

量来倒逼社会治理体制机制的变革；既要依托“智慧城市”建设构造社会治理基础信息设施，又要切实避免信息设施重复建设，着力打破部门之间的“数据壁垒”，消除“信息孤岛”，合理实现数据信息的共建共享。同时，加强研发和制定社会治理数据标准，把标准化的理念和方法融入社会治理全过程，实现社会风险精准研判、社会需求精准回应、社会矛盾精准调控。此外，信息技术是一把“双刃剑”，在利用其便利便捷性的同时，也要警惕和防范其产生的各种风险。在尊重和保护公民隐私权的前提下，谨防陷入“数字利维坦”的诱惑和陷阱。① 四是提高社会治理法治化水平，关键在于落实好新法治建设“16字方针”。相较于过去的“法制建设16字方针”即“有法可依、有法必依、执法必严、违法必究”，党的十八大针对法治提出了新的表述，即“科学立法、严格执法、公正司法、全民守法”②。这是新时代提高社会治理法治化水平的基本遵循。社会治理科学立法，关键是要制定出优良之法，实现良法之治、善法之治；社会治理严格执法，关键在于法律的实施和落地，要让其变现成人民的现实利益和实惠；社会治理公正司法，核心是要让人民群众从每个案件中感受到公平正义；社会治理全民守法，重在确立对法治的信仰和尊崇，坚持法律面前人人平等。

（四）打造社会治理新型格局

按照“共建共治共享”的基本要求，构建社会治理新型格局，是党的十八大以来我国社会治理理论与实践创新的重要经验总结。共建是基础，共治是支撑，共享是目标，三者相互作用、相得益彰，共同统一于社会治理全过程。一是共建以能力建设为核心，是人民获得感之源。在多元社会治理主体中，党的领导能力建设尤为关键，也是社会治理共建取得成效的根本保障。这就需要建立健全党对社会领域改革与发展的领导体制，特别是要把准政治领导力、增强组织领导力、构筑思想领导力，将党对社会治理的领导权和领导力建设落到实处。同时，在党的领导下，各类社会主体

---

① 唐皇凤：《数字利维坦的内在风险与数据治理》，《探索与争鸣》2018年第5期。

② 刘作翔：《关于社会治理法治化的几点思考》，《河北法学》2016年第5期。

参与社会治理的能力的建设也尤为重要，应予以鼓励和支持，加大对其放权、赋权力度，促进其自我成长发展。这也是生产和创造劳动财富的动力之源。二是共治以体制创新为重心，是人民安全感之基。在信息网络时代，社会的复杂性及风险性空前增强，任何单一主体都很难实现善治，多元合作治理是必然趋势；就治理体制而言，传统的垂直型管理体制需要向现代的扁平型、网络化治理体制转变，以使社会治理更具开放性、动态性、包容性。社会治理体制创新的要义，就在于改变“政强社弱”“政热社冷”的治理主体格局，实现党政主导下多元治理主体的协商合作共治。这也是降低和减少治理风险、增强和提升治理安全性的重要根基。三是共享以结构优化为中心，是人民幸福感之魂。利益结构优化和利益关系和谐是实现社会治理成果共享的关键所在。当前和今后一个时期，需要重点调整和完善城乡结构、区域结构、阶层结构、人口结构，着力解决其结构紧张和失衡问题，进而实现均衡化发展。区域均衡化发展或可率先实现突破。比如，把长三角、京津冀、珠三角等建设成为区域性社会治理共享典范，并逐步形成对广大地区的辐射带动作用。从这个角度而言，打造共建共治共享的社会治理格局，本质上就是要建设一个共享型社会，促进改革发展成果更公平惠及全体人民，实现人民群众对美好生活的向往和追求。

第四章　新中国 70 年社会治理变迁研究*

党的十八大报告提出，到 2020 年，我国将实现全面建成小康社会的宏伟目标。①全面建成小康社会，是我国实现社会主义现代化的一个重要阶段。社会治理现代化是社会现代化的一个重要方面，也是全面建成小康社会之后仍须继续为之努力奋斗的重要目标。从一个长时段的历史视野来看，中国社会治理经历了深刻变革，并在制度、体制和结构的多重交织中形塑和构造了自身的特色和品质。1949 年 10 月 1 日，中华人民共和国成立，开辟了中国社会治理的新纪元。1978 年 12 月 18 日，党的十一届三中全会胜利召开，实现了党和国家工作重心从“以阶级斗争为纲”转变为“以经济建设为中心”的伟大历史转折，也开辟了中国社会治理的新时期。党的十八大以来，中国特色社会主义进入新时代，由此也开辟了中国社会治理的新时代。社会治理是国家治理的重要方面，系统梳理和总结中国社会治理变迁的基本历程和经验启示，对于坚持和完善中国特色社会主义制度、推进国家治理体系和治理能力现代化具有重要意义。

一　社会治理的“组织命题”：“让社会组织起来”（1949～1977年）

1949 年 9 月 30 日，毛泽东在中国人民政治协商会议第一届全体会议

---

* 本章原以“全面建成小康社会背景下的中国社会治理变迁”为题刊发于《山西师大学报》（社会科学版）2020 年第 3 期，此次收入有修改。

① 胡锦涛：《坚定不移沿着中国特色社会主义道路前进　为全面建成小康社会而奋斗》，《人民日报》2012 年 11 月 18 日。

委托其起草的宣言中明确宣告："全国同胞们，我们应当进一步组织起来……克服旧中国散漫无组织的状态，用伟大的人民群众的集体力量……建设独立民主和平统一富强的新中国。"[①] 这表明"让社会组织起来"成为这一阶段社会治理的核心原则。围绕这一核心原则，这一阶段社会治理的中心任务是除旧布新、移风易俗，改造旧社会、建立新中国。从这个角度而言，此一阶段的社会治理主要是服务于巩固新生政权的需要。从中央到基层、从城市到农村，我国逐步建立了强大而广泛存在的组织系统，实现了从"一盘散沙"到"组织起来"的重大转变，一个高度组织化的社会逐步建立起来，由此实现了中国基层社会的高度整合。围绕让"社会组织起来"，这一阶段的社会治理变革主要包括以下方面。

一是城市社会的组织体系。通过单位制和街居制，建立"国家－单位－个人"的组织链条，形成了对城市社会的有效治理。相关数据显示，新中国成立初期，我国60%以上的城市居民都是没有"组织"的，他们散居在城市胡同和里弄之中。[②] 1953 年，"一五"计划开始实施，我国逐步建立高度集中的计划经济体制。所有的党政机关、企业和事业单位人员都被纳入一种被称作单位的组织之中，由此形成了一种独特的组织体制形态，即"单位制"。身处单位之中的人们获致了一种新的身份——职工，他们不仅在单位从事生产活动，而且通过单位分配获得一切生活必需品和教育、医疗、住房等社会福利服务，国家则通过单位实现了对社会的有效调控和管理。针对游离于单位之外的城市社会各类人员，则成立了城市街道办事处和居民委员会，实现人民群众的自我管理、自我服务、自我教育。1954 年，全国人大常委会审议通过《城市街道办事处组织条例》《城市居民委员会组织条例》，由此奠定和确立了街居制的法制基础。值得指出的是，受农村人民公社化运动的影响，在 1958～1963 年，我国进行过城市人民公社的短暂试验，最终因无法适应城市的特点而告终。

二是农村社会的组织体系。通过合作社制和人民公社制，建立"国

---

① 《建党以来重要文献选编（一九二一——一九四九）》（第二十六册），北京：中央文献出版社，2011，第 771～772 页。

② 卢汉龙等：《新中国社会管理体制研究》，上海：上海人民出版社，2009，第 37 页。

家-公社-个人”的组织链条，形成了对农村社会的有效治理。1950年，政务院印发《农民协会组织通则》，规定农民协会是农民自愿结合的群众组织，也是改革土地制度的合法执行机关。这使得农民协会成为组织农民生产、改善农民生活、保障农民权益的重要组织。1951年，中共中央印发《关于农业生产互助合作的决议（草案)》，引导农民走上互助合作的道路。1953年，成立中央农村工作部，负责指导互助合作运动的发展，把4亿农民组织起来，让他们在工业化的帮助下逐步走上集体化道路。同年，中共中央印发《关于发展农业生产合作社的决议》，推动农民走上从互助组、初级社到高级社的社会主义集体化道路。1955年，毛泽东做了题为“关于农业合作化问题”的报告，强调在我国条件下必须先有农业合作化，然后才能使用大机器。[①] 1958年，中共中央印发《关于在农村建立人民公社问题的决议》，随后不久全国农村基本实现人民公社化，由此形成了政社合一、工农商学兵合一的人民公社体制。农民成为公社的社员，在公社中付出劳动，获得相应的口粮。

三是城乡之间的户籍管理。在城乡之间，通过实行严格的户籍管理制度，实现对人口流动的有效调控和管理。1951年，公安部制定《城市户口管理暂行条例》，首次统一全国城市的户口登记管理。1953年，政务院印发《关于劝止农民盲目流入城市的指示》，劝止农民进城，对农村劳动力实行计划管理。1955年，国务院印发《关于建立经常户口登记制度的指示》，在全国城乡全面建立统一的户口登记制度；随后，印发《关于城乡划分标准的规定》，对“农业户口”与“非农业户口”进行划分和管理，由此开始形成二元户籍管理体制。1956年，国务院印发《关于防止农村人口盲目外流的指示》，明确规定工厂、矿山不应私自招用农村剩余劳动力。1957年，国务院连发三个文件，从“防止”到“制止”农村人口盲目流入城市。1958年，《户口登记条例》颁布，进一步从法律上确立了城乡二元隔离的户籍管理制度。这种严格的人口流动管控，使得广大农村人口被束缚在本地，客观上起到了就地实现治理的作用。

① 《毛泽东文集》（第六卷)，北京：人民出版社，1999，第432页。

四是社会各领域的组织体系。在单位、公社之外，我国社会各领域、各群体、各行业还存在一系列的社会团体和群众团体，其发挥了重要的社会组织化作用。在革命战争时代就成立的共青团、工会、妇联等组织在新中国成立前后进一步发展，《中华全国妇女民主联合会章程》《中国共产主义青年团章程》《工会法》先后得到制定和颁布。1950 年 4 月，中共中央印发《关于加强青年团及其他群众团体工作的指示》，赋予群众团体完成社会改革的任务，使之成为党可以依靠的力量。可以说，群众团体制度的建立，使群众团体构成了拱卫国家政权的重要社会支柱，并成为党联系广大人民群众的重要的桥梁和纽带。1950 年 9 月政务院印发《社会团体登记暂行办法》，1951 年 3 月内务部制定《社会团体登记暂行办法实施细则》，由此开始建立社会团体的分级管理和登记制度。这对稳定社会秩序、保障合法社会团体的正常活动起到了重要作用。

二　社会治理的“活跃命题”：“让社会活跃起来”（1978～2001年）

1978 年，随着改革开放的实行和拨乱反正的实施，中国社会治理进入一个新时期。正如改革开放的总设计师邓小平指出的，“中国真正活跃起来，真正集中力量做人民所希望做的事情，还是在 1978 年底党的十一届三中全会以后”①。“让社会活跃起来”成为这一阶段社会治理的核心原则。这一阶段社会治理的中心任务是服从和服务于经济建设，为经济建设提供优良的社会秩序和环境。围绕“让社会活跃起来”，这一阶段社会治理变革主要包括以下方面。

一是建立健全农业生产责任制。随着人民公社体制的逐步解体，家庭联产承包责任制在中国农村开始蓬勃兴起。1980 年，中共中央发布《关于进一步加强和完善农业生产责任制的几个问题》，提出坚持因地制宜、分类指导，建立和完善农业生产责任制。1982 年，中共中央批转《全国农村

① 《邓小平文选》（第三卷），北京：人民出版社，1993，第 232 页。

工作会议纪要》，进一步肯定“双包到户”是社会主义集体经济的生产责任制。到1982年8月，全国农村实行承包经营的生产队占到74%，家庭承包经营成为中国农业生产责任制的主要形式。[①] 在这个过程中，由乡村两级的社队企业发展而来的乡镇企业作为一种新型的经济组织形式异军突起，一度形成全国经济“三分天下有其一”的局面。这极大地解放和调动了农民的生产积极性，展现了中国农民智慧的伟大创造。可以说，这一时期农村发展涌现出的巨大活力，给整个中国社会发展带来了一股清新之风。

二是启动城市经济体制改革。改革开放之后，随着经济体制的转轨、城市单位制的逐步松动，大量原属公家的“单位人”逐渐转变为自谋职业的“社会人”。1984年，中共中央印发《关于经济体制改革的决定》，明确提出加快以城市为重点的整个经济体制改革。在城市“放权让利”改革的推动下，国有企业逐步扩大自主经营权，成为自主经营、自负盈亏的独立经济实体，其改革方向是建立产权明晰、权责明确、政企分开、管理科学的现代企业制度。1988年新修订的宪法对私营经济的性质进行了定位，即私营经济是社会主义公有制经济的补充；同年，国务院颁布《私营企业暂行条例》，这为私营经济获得合法身份提供了重要的法治保障。1992年，邓小平“南方谈话”之后，民营经济改革发展步伐明显加快。1997年，党的十五大报告进一步指出，非公有制经济是社会主义市场经济的重要组成部分，要求鼓励和引导私营经济健康发展。这是针对私营经济性质定位的一个重要理论发展，也对满足人们的多样化需求、促进多元灵活就业、激发市场活力起到了重要作用。

三是健全基层群众自治制度。改革开放之后，随着农村人民公社体制的瓦解，以村民委员会为载体的村民自治制度得到发展。1982年的宪法废除了人民公社体制，明确了村民委员会作为基层群众性自治组织的法律地位。1983年，中共中央、国务院印发《关于实行政社分开建立乡政府的通知》，明确要求按照村民居住状况设立村民委员会。1987年，《村民委员会

① 李文主编《中华人民共和国社会史（1949—2012）》，北京：当代中国出版社，2016，第148页。

组织法（试行）》颁布，用法律形式系统规定了村民自治制度的基本内容。1998年，新修订的《村民委员会组织法》施行，按照民主选举、民主决策、民主管理、民主监督的原则，村民委员会进入法治化稳定运行的阶段。与此同时，城市居民委员会制度也随之发展和完善。1986年，民政部开始倡导社区服务；2000年，中共中央办公厅、国务院办公厅转发《民政部关于在全国推进城市社区建设的意见》，有力推动了全国社区建设的开展，并形成了多元化的城市社区建设模式。由此，以城乡村委会、居委会为主体的基层群众自治制度，极大激发了基层社会的生机和活力。

四是废除农产品统购统销制度。在特定的历史条件下，农产品统购统销为保证供给、支持建设发挥了积极作用，但也导致了工农业产品剪刀差，影响了农民生产的积极性。改革开放之后，废除农产品统购统销制度成为经济体制改革的重要环节。在商品生产迅速发展的情形下，我国商品流通越来越活。1983年和1984年的中央一号文件对减少农产品统派购的品种和范围提出明确要求。到1984年底，统派购品种从1980年的183种减少到145种，统购统销制度开始瓦解。[①] 1985年，中共中央、国务院印发《关于进一步活跃农村经济的十项政策》，明确提出取消农产品统购统销政策，扩大农村经济市场调节范围，发展农村商品经济。1993年国务院印发《关于加快粮食流通体制改革的通知》，我国在全国范围内取消粮票、油票、布票、肉票，实行粮棉油肉等商品敞开供应，至此统购统销制度退出历史舞台，票证时代彻底结束。

五是实现城乡之间的自由流动。改革开放之后，城乡之间的人口流动逐渐频繁起来。1984年，国务院印发《关于农民进入集镇落户问题的通知》，提出对于进入集镇务工经商，或在乡镇企业长期务工的农民，应准予落常住户口，发给自理口粮户口簿和加价粮油供应证。这标志着国家对农村人口向城市流动的严格限制开始松动。1985年，公安部出台《关于城镇暂住人口管理的暂行规定》，提出实行暂住证制度，使农村居民在城镇中长期居住成为可能。在乡镇企业迅猛发展的背景下，大量农村人口流入

① 郭少雅、陈艺娇：《统购统销制度退出——放活市场供销旺》，《农民日报》2018年12月10日。

中小城镇务工经商，形成了农民工这一特殊身份群体。随着改革开放的不断深入、沿海经济开放区的快速发展，大量农村人口陆续流入珠三角、长三角、京津冀地区，形成了所谓的“民工潮”。第五次全国人口普查数据显示，截至2000年，全国的流动人口数量已经达到1.21亿人。[①] 这表明农民工群体日益成为中国城市社会结构中的重要力量，并在推动和促进城乡经济社会发展中发挥了重要作用。

三　社会治理的“和谐命题”：“让社会和谐起来”（2002～2011年）

市场经济的迅猛发展，推动了空前的社会变革，在带来巨大活力的同时，也带来各种矛盾和问题，我国逐步进入发展的战略机遇期和矛盾的凸显期。2002年，党的十六大报告第一次将“社会更加和谐”作为全面建设小康社会的重要奋斗目标。[②] 2004年，党的十六届四中全会明确将提高构建社会主义和谐社会的能力作为党的执政能力建设的重要内容。2006年，中共中央印发《关于构建社会主义和谐社会若干重大问题的决定》，这是党的历史上第一次用专门文件研究和部署社会主义和谐社会建设。这都表明，“让社会和谐起来”是这一阶段社会治理的核心原则。围绕这一核心原则，这一阶段社会治理的中心任务是化解社会矛盾、防范社会风险、维护社会安全、实现社会安定有序。从深层逻辑来讲，此一阶段的社会治理强调围绕更加注重社会公平正义而展开。围绕“让社会和谐起来”，这一阶段的社会治理变革主要包括以下方面。

一是建设服务型政府。随着市场经济的深入发展，转变政府职能，实现政社、政企分开就成为必然要求。这就使得构建服务型政府成为建设社会主义和谐社会的一个重要环节。2004年，温家宝在省部级主要领导干部

① 《全国跨省流动人口超过4000万》，2002年9月9日，https://www.stats.gov.cn/sj/zxfb/202303/t20230301_1919981.html。

② 江泽民：《全面建设小康社会　开创中国特色社会主义事业新局面》，《求是》2002年第22期。

“树立和落实科学发展观”专题研究班结业式上，首次提出“服务型政府”的概念。2006年，党的十六届六中全会提出，构建社会主义和谐社会，必须建设服务型政府，强化社会管理和公共服务职能，努力实现“在服务中实施管理，在管理中体现服务”。2008年，党的十七届二中全会通过《关于深化行政管理体制改革的意见》，提出按照精简统一效能的原则，优化政府组织结构，探索实行职能有机统一的大部门体制。这为探索社会建设的大部门体制提供了政策基础。在优化和改进政府职能的同时，加强公共财政建设是服务型政府的重要经济基础。这一阶段民生财政支出保持了一个相对较快的增长趋势，为构建社会主义和谐社会、统筹协调各方面利益关系提供了坚实的物质财力基础。

二是着力保障改善民生。保障改善民生是化解社会矛盾的治本之策，也是统筹协调各方面利益关系的重要举措。2007年，党的十七大报告提出，加快推进以改善民生为重点的社会建设。在这一阶段，我国社会建设各项民生建设指标获得明显改善和提高，主要体现在以下方面。实施教育优先发展战略，着力提高教育公平、教育普惠水平。实施积极的就业创业政策，2002~2011年实现就业新增人口超过1亿人；实施“新一轮医改”，初步建成全民医保体系，基本医保已覆盖96%的人群。[①] 高度重视城市低收入群体保障住房建设；建立健全城乡社会救助体系，实现最低生活保障制度全覆盖；城乡居民社会养老保险制度实现全覆盖；促进城乡居民收入普遍实现较快增长，城乡居民收入差距有所缩小；制定和颁布了一系列社会领域的重要法律，比如《就业促进法》（2007年）、《劳动合同法》（2007年）、《社会保险法》（2010年）等，为保障改善民生提供了法律支撑。

三是构建多元利益表达机制。和谐社会是一个利益格局相对均衡的社会，这就需要形成科学有效的利益协调机制、诉求表达机制、权益保障机制，从而有效统筹协调各方面利益关系。2005年，国务院颁布新的《信访条例》，使得信访作为一种利益表达方式被纳入法治化和规范化轨道。大

---

① 《从数据看十六大以来十年间的民生保障和改善情况》，2012年8月13日，https://www.gov.cn/jrzg/2012-08/13/content_2202773.htm。

力拓宽社情民意表达渠道，包括：积极推行领导干部接待群众制度，完善党政领导干部联系群众制度，完善党代表、人大代表、政协委员联系群众制度。积极推进社会政策制定中的民众参与机制建设，聚焦和关注农民工等群体的利益诉求表达，实现从“经济政策”到“社会政策”的历史性跨越。

四是构建社会矛盾调解体系。和谐社会的构建是一个不断化解社会矛盾的持续过程。2005 年，中央政法委、中央综治委印发《关于深入开展平安建设的意见》，提出“强化社会联动调处，将人民调解、行政调解和司法调解有机结合起来”。这是多元联动调解体系构建的起点。2008 年，最高人民法院将“调解优先、调判结合”确立为一项司法工作原则。2009 年，全国政法工作电视电话会议提出深入推进“社会矛盾化解、社会管理创新、公正廉洁执法”三项重点工作。2010 年 4 月，中央综治办出台《关于切实做好矛盾纠纷大排查大调解工作的意见》，正式提出在全国范围内推行大调解。2010 年 6 月，最高人民法院印发《关于进一步贯彻“调解优先、调判结合”工作原则的若干意见》，提出推动大调解工作体系建设，完善中国特色纠纷解决机制。一时间，大调解的地位被空前提高，上升成为一种国家特殊时期的社会治理策略。2010 年 8 月，《人民调解法》颁布，这为我国多元化纠纷调解机制建构奠定了法治根基。

四　社会治理的“共享命题”：“让社会共享起来”（2012年至今）

2012 年，党的十八大召开，中国特色社会主义进入新时代，由此开辟了中国社会治理的新时代。2013 年，党的十八届三中全会首次提出“社会治理”概念，这是中国特色社会治理理论的重要突破。共享是中国特色社会主义的本质要求，也是社会治理的题中应有之义。2015 年，党的十八届五中全会提出：“必须牢固树立创新、协调、绿色、开放、共享的发展理念。”2017 年，党的十九大报告提出打造共建共治共享的社会治理格局。坚持共享发展，就要坚持全民共享、全面共享、共建共享、渐进共享，这四个方面是相互贯通的，要从整体上理解和把握。[1] 这些都表明，“让社会共享起来”是这一阶段社会治理的核心原则。围绕这一核心原则，这一阶段社会治理的中心任务是，坚持以人民为中心，坚持社会政策托底，坚持城乡体制融合，坚持社会公平正义，构建共享型社会。围绕“让社会共享起来”，这一阶段的社会治理变革主要包括以下方面。

一是大力推进城乡统筹发展。党的十八大以来，加强城乡统筹、推进城乡融合发展进入新阶段。2014 年，国务院印发《关于进一步推进户籍制度改革的意见》，明确提出取消农业户口与非农业户口性质区分，建立城乡居民统一户口登记制度。这标志着我国长期以来实行的城乡二元户籍管理制度的终结，也是实现城乡一体化发展的关键一步。2015 年，国务院印发《居住证暂行条例》，提出实施居住证制度，保障流动人口在城市享受基本公共服务的权利，并使其与城镇居民待遇逐步接轨。2017 年，国务院印发《“十三五”推进基本公共服务均等化规划》，明确了国家基本公共服务制度框架，建立了国家基本公共服务清单制。2018 年，中共中央、国务院印发《乡村振兴战略规划（2018—2022 年）》，提出坚持城乡融合发展，加快形成新型工农城乡关系。2019 年，中共中央、国务院印发《关于建立健全城乡融合发展体制机制和政策体系的意见》，提出建立健全有利于城乡基本公共服务普惠共享的体制机制，推动公共服务和社会事业向农村延伸覆盖，实现城乡基本公共服务标准统一、制度并轨。可以说，全面实现城乡基本公共服务均等化和并轨化，是全体人民共享改革发展成果的生动体现。

二是实施精准脱贫攻坚战。扶贫治理是构建共享型社会的关键之举。党的十八大以来，我国扶贫工作进入崭新阶段，全面开展精准脱贫攻坚战。2013 年，习近平总书记在湖南湘西考察时首次提出精准扶贫思想。[2] 2015 年，中共中央、国务院印发《关于打赢脱贫攻坚战的决定》，其标志

① 习近平：《在省部级主要领导干部学习贯彻党的十八届五中全会精神专题研讨班上的讲话》，《人民日报》2016 年 5 月 10 日。

② 《历史性的跨越　新奋斗的起点——习近平总书记关于打赢脱贫攻坚战重要论述综述》，https://www.gov.cn/xinwen/2021-02/24/content_5588553.htm? eqid=9b1fe2f10001d77c00000006645e02a8，2021 年 2 月 24 日。

着精准扶贫、精准脱贫上升为国家重大战略，并提出稳定实现农村贫困人口“两不愁”“三保障”目标。2018年，中共中央、国务院印发《关于打赢脱贫攻坚战三年行动的指导意见》，这为打赢脱贫攻坚战提供了具体的行动指南。针对“三区三州”等深度贫困地区和特殊贫困群体，加大脱贫攻坚力度，建立健全解决相对贫困问题的长效机制，逐步实现从“脱贫攻坚战”向“持久战”的转变。相关数据显示，从2012年底到2018年底，我国农村贫困人口累计减少8239万人，贫困发生率从10.2%下降到1.7%，建档立卡贫困村从12.8万个减少到2.6万个。[①] 这表明我国减贫事业取得重大决定性成就，为全球减贫事业贡献了中国智慧和中国方案。

三是深化收入分配制度改革。收入分配是影响社会公平的重要因素，是构建共享型社会的关键环节，也是实现发展成果由人民共享最重要最直接的方式。2012年，党的十八大报告提出，收入分配制度改革要实现“两个同步”和“两个提高”的改革目标。2013年2月，国务院批转国家发改委等部门《关于深化收入分配制度改革的若干意见》，明确提出在改进初次分配机制的基础上，必须加快健全再分配调节机制，进而完善收入分配秩序。2013年11月，党的十八届三中全会提出，扩大中等收入者比重，逐步形成“橄榄型分配格局”。这成为新时代我国收入分配制度改革的重要目标。2016年，国务院印发《关于激发重点群体活力带动城乡居民增收的实施意见》，强调针对七类重点社会群体，实行差别化收入分配激励政策，并鼓励各类社会群体依靠自身努力，创造社会财富，共享发展红利。相关数据显示，党的十八大以来，我国收入差距呈现缩小趋势，主要表现在城乡居民收入差距收窄、地区经济差距进一步缩小、中等收入者比重显著上升、劳动报酬占国民收入比重开始回升等方面。[②] 这表明我国收入分配制度改革取得新进展。

四是深化社会保障制度并轨改革。社会保障是现代社会的一项基本制度，也是人民群众共享改革发展成果的制度依托。党的十八大以来，我国社保制度并轨改革取得新突破。2014年，人社部等印发《城乡养老保险制

① 吴啸浪：《中国连续六年完成减贫任务》，《人民日报》（海外版）2019年2月21日。

② 万海远：《我国收入差距呈缩小趋势》，《人民论坛》2017年第11期。

度衔接暂行办法》，着力解决城镇职工养老保险与城乡居民养老保险的制度衔接问题。2015 年，国务院印发《关于机关事业单位工作人员养老保险制度改革的决定》，提出机关事业单位与企业从业人员统一实行社会统筹和个人账户相结合的基本养老保险制度。这标志着我国长期实行的养老金双轨制的终结。2015 年，国务院办公厅印发《关于全面实施城乡居民大病保险的意见》，针对因病致贫、因病返贫问题，着力加快大病保险制度建设。2016 年，国务院印发《关于整合城乡居民基本医疗保险制度的意见》，这标志着长期以来城乡分隔的基本医保制度开始并轨整合，由此建立起统一的城乡居民基本医疗保险制度。相关数据显示，截至 2018 年底，我国城乡居民基本医保覆盖了 13.5 亿人，大病保险覆盖了 10.5 亿人，基本养老保险覆盖了 9.4 亿人。① 这表明我国社会保障制度的普惠性和公平性明显提高。

五是深化社会组织管理制度改革。党的十八大以来，加快形成现代社会组织体制成为我国社会治理和社会体制改革的重要方向。2013 年，《国务院机构改革和职能转变方案》提出，针对行业协会商会类、科技类、公益慈善类、城乡社区服务类社会组织，实行直接登记制度。这是对长期实行的社会组织双重管理制度的重要突破。2015 年，中共中央办公厅印发《关于加强社会组织党的建设工作的意见（试行）》，明确提出加强党对社会组织的领导，促进社会组织健康发展。2016 年，中共中央办公厅、国务院办公厅印发《关于改革社会组织管理制度促进社会组织健康有序发展的意见》，强调大力发展社区社会组织，完善社会组织发展政策环境，加强社会组织自身建设。值得指出的是，行业协会和群团组织在这一阶段的改革尤为突出。2015 年，中共中央办公厅、国务院办公厅印发《行业协会商会与行政机关脱钩总体方案》，2019 年，国家发展改革委等印发《关于全面推开行业协会商会与行政机关脱钩改革的实施意见》，这有力推动和加快了我国行业协会商会的去行政化改革。2015 年，中共中央印发《关于加强和改进党的群团工作的意见》，其成为群团组织去机关化、去行政化、

① 《国家发改委：截至 2018 年底，城乡居民基本医保覆盖 13.5 亿人》，2019 年 5 月 7 日，http://health.people.com.cn/n1/2019/0507/c14739-31071234.html。

去贵族化、去娱乐化，增强政治性、先进性、群众性的纲领性文件，为全面增强和提升群团组织活力效能提供了重要指引。

六是推进总体国家安全体制创新。党的十八大以来，“安全”日益成为加强和创新社会治理的重要维度。2012年，中共中央办公厅、国务院办公厅印发《关于建立健全重大决策社会稳定风险评估机制的指导意见（试行）》，要求针对涉及人民群众切身利益的重大决策事项，全面实施社会稳定风险评估。这就为从源头上充分吸收相关利益群体意见、有效预防和化解社会矛盾提供了基础。2013年，党的十八届三中全会提出，设立中央国家安全委员会，完善国家安全体制和国家安全战略。2014年，中央国家安全委员会召开第一次会议，提出坚持“总体国家安全观”，走出一条中国特色国家安全道路。2015年，中共中央办公厅、国务院办公厅印发《关于加强社会治安防控体系建设的意见》，为新时代构建立体化社会治安防控体系、全面推进平安中国建设指引了方向。2016年，《网络安全法》颁布，为我国网络安全治理提供了基础性的法律框架。2017年，党的十九大报告提出，加强有效预防和化解社会矛盾机制建设，健全公共安全体系。这表明我国在应对社会矛盾问题上实现了从着眼“事后化解”到强调“源头预防”的重要转变。2019年，新修订的《食品安全法实施条例》颁布，为建立健全食品安全管理制度、预防和控制食品安全风险提供了操作细则。可以说，在总体国家安全观下，社会治理创新，既拓宽了视野，又面临新的要求，即社会治理要努力回应社会转型和变迁的新趋势、人民群众的新期待新要求以及时代提出的新课题等三大方面的时代要求。①

五　社会治理变迁的经验图式

随着全面小康社会的建成，我国社会治理变革经历了四个主要阶段、形成了四大理论命题，围绕社会的“组织原则”“活跃原则”“和谐原则”“共享原则”，在历史与现实、体制与制度、结构与体系、宏观与微观、计

① 李培林：《总体国家安全观指导下的社会治理》，《社会治理》2017年第5期。

划与市场、城市与农村、虚拟与现实、国内与国外等多重交织关系中形塑和构造了自身的治理特色与品质。充分把握好社会治理变迁规律，有助于更好推进中国社会治理现代化进程。纵观四个阶段的社会治理变革，每个阶段既具有自身的相对独立性，又体现出较强的内在延续性，呈现出一种浪潮式的迈向社会治理现代化的探索历程。从治理的思维来看，第一阶段的社会治理变革，主要秉持"革命思维"，政治运动和群众动员成为社会治理的重要运作机制，崇尚理想信念、劳动光荣、大公无私、甘于奉献、勤俭节约的集体主义价值观，体现出高度的组织化、行政化特征。第二阶段的社会治理变革，主要遵循"市场思维"，通过市场机制重组和再造了社会治理的机理和效能，倡导物质文明和精神文明建设，强调两手都要抓、两手都要硬，体现出较强的服务和服从于经济发展的特征。第三阶段，主要遵循"民生思维"，从正面和反面共同诠释了社会和谐的本质内涵，弘扬社会主义荣辱观，体现出较强的维稳色彩。第四阶段，主要秉持"人民思维"，强调以人民为中心，实现改革发展成果的共建共享，培育和践行社会主义核心价值观，维护和实现社会公平正义，增强和提升人民群众的获得感、幸福感和安全感，高度重视"客观治态"与"主观治感"的有机统一。基于以上分析，可将我国社会治理变迁图式归纳如表 4 - 1。

表 4 - 1　社会治理变迁图式

阶段划分	治理原则	治理任务	治理思维	治理价值观
第一阶段：1949 ~ 1977 年	组织起来	巩固新生政权	革命思维	集体主义理想信念
第二阶段：1978 ~ 2001 年	活跃起来	服务经济发展	市场思维	社会主义精神文明
第三阶段：2002 ~ 2011 年	和谐起来	维护社会稳定	民生思维	社会主义荣辱观
第四阶段：2012 年至今	共享起来	实现社会公平	人民思维	社会主义核心价值观

根据党的十九大报告的战略部署，到 2035 年，我国现代社会治理格局将基本形成；到 2050 年，我国将实现国家治理体系和治理能力现代化。从 2020 年到 2035 年、2050 年，分别还有 15 年、30 年的时间，这也是着力加快推进我国社会治理现代化建设的关键阶段。站在 70 年的历史变革之端，回顾我国社会治理变迁历程，在党和政府的领导下，我国进行了社会治理的艰辛探索和不懈实践，逐步开辟和走出了一条中国特色社会主义社

会治理之路。在这条道路的探索中，有六点经验尤为宝贵。

一是坚持中国共产党的领导。中国共产党领导是中国特色社会主义社会治理的根本保证。新中国成立70年以来，坚持党的全面领导，不断加强和改善党的领导，充分发挥党总揽全局、协调各方的领导核心作用，是中国社会治理能够保持正确航向、取得重大成就的关键所在。新中国成立之后，不论是在城市还是在农村，党都在基层社会建立了自己的组织系统，各级政府机关和工厂、学校、医院等各种企事业单位普遍都建立起党委或党支部，其成为我国基层社会治理的坚强“战斗堡垒”。改革开放40年以来，伴随着市场经济的不断发展，党对社会领域的建设、管理和治理，经历了一个相对较长的探索和完善过程。通过坚持不断解放思想和推进理论创新，坚持按照“三个代表”重要思想加强党的先进性和纯洁性建设，勇于突破各方面的体制障碍和制度束缚，冲破利益固化的藩篱，以党的自我革命精神推动和实现中国社会治理的伟大变革。特别是党的十八大以来，坚持全面从严治党，严厉惩治腐败，就是最大的社会治理。[①] 这使得党的全面领导显著加强，成为贯穿于社会治理全领域、全过程、全环节的一条灵魂主线，有效释放和形成了可观的“治理红利”，充分彰显和体现了党的领导对社会治理变革的极端重要性。

二是坚持促进经济快速发展。解放和发展社会生产力，是社会主义的根本任务。经济基础决定上层建筑。在经济发展的基础上，促进社会全面进步，实现社会有效善治，是中国特色社会主义社会治理的核心要义。新中国成立以后，我国在效仿苏联模式的基础上，逐步探索和走出一条中国自己的发展路子。通过实施“五年计划”，开展劳动竞赛和生产技术创新，较快建立起独立完整的国民经济体系。1953～1976年，我国国内生产总值增长明显，年均增长5.9%，其中工业生产总值年均增长11.1%，还成功研制了“两弹一星”、核潜艇等。[②] 尽管在探索过程中出现了不少曲折，但在这一时期仍取得了社会主义建设的基础性成就，为后来的社会治理变革提供了宝贵经验、奠定了物质基础。改革开放40年以来，我国经济持续以

① 魏礼群：《党的十八大以来社会治理的新进展》，《光明日报》2017年8月7日。

② 中共中央党史研究室：《中国共产党的九十年》，北京：中共党史出版社，2016，第638页。

较快速度增长，工业化、城镇化、市场化、信息化、国际化进程快速推进，经济总量跃升至世界第二，制造业规模跃居世界第一，这为我国加强和创新社会治理创造了雄厚的物质基础。特别是党的十八大以来，我国经济建设逐步实现从“高速度增长”向“高质量发展”转变。这为社会治理质量的改善和提升奠定了坚实经济基础。

三是坚持维护社会和谐稳定。社会和谐是中国特色社会主义的本质属性，也是中国特色社会主义社会治理的基本目标。从70年社会治理实践来看，社会和谐稳定的内在维系机制发生两大重要转变。第一，从“社会平等”到“社会公正”。新中国成立后前30年，在高度集中的计划经济体制下，平均主义的“大锅饭”，体现了社会平等的基本形态；改革开放40年以来，在社会主义市场经济体制下，由“效率优先、兼顾公平”到“效率与公平并重”再到“更加注重公平”，体现了社会公正的形态升华。第二，从“社会利益”进入“社会心态”层面。无论是新中国成立后的前30年还是后40年，都需要正确处理“维权”和“维稳”的关系，坚持维权是维稳的基础、维稳的实质是维权，这是实现社会安定有序的永恒律。与此同时，随着社会结构变迁、社会利益分化、社会观念多元化、社会矛盾频发，积极健康的社会心理和社会心态对维系社会和谐稳定日益重要和关键。特别是党的十八大以来，我国高度重视社会治理的软性维度建设，切实加强心灵治理、价值治理，完善社会心理服务体系建设。

四是坚持尊重社会治理规律。社会治理具有自身的特点和规律。新中国成立70年以来，党和政府对社会治理问题进行了长期探索，逐步形成和实现了从“社会管理”到“社会治理”的理论自觉和认识升华。从70年社会治理实践来看，有四条治理规律尤为宝贵。第一，社会矛盾辩证律。社会矛盾是一种普遍存在的社会现象。社会矛盾具有两重性，既会带来负面影响，延滞社会发展，也具有正面的积极功能，能发挥倒逼社会发展的功效。第二，社会组织试错律。社会组织是现代社会治理不可或缺的基本力量，发挥着扩大社会参与、反映社会诉求、解决社会问题的桥梁纽带作用。社会组织在实践中通过不断试错走向自我治理，给予社会组织试错空间和权利是现代社会治理的内在要求。第三，群众工作法宝律。社会治理是对人的服务和治理，归根结底就是做群众工作。社会治理的根基在人民群众，血脉在人民群众，力量在人民群众。从这个意义上讲，做好群众工作，紧紧依靠和团结人民群众，是社会治理的最大法宝。第四，基层自治活力律。以居委会和村委会为载体的基层群众自治，是经过实践检验的中国社会治理的伟大创造，有利于发挥基层群众的积极性、主动性和创造性，是社会治理最大的活力源泉。

五是坚持调整优化社会结构。良好的现代社会结构是实现社会治理变革的基础性前提。如同市场是一只“看不见的手”，社会结构转型是既不同于市场调节也不同于国家干预的“另一只看不见的手”[①]，对经济社会发展起到潜移默化的重要作用。新中国成立后前30年，我国社会结构相对较为简单，主要表现为工人阶级和农民阶级以及知识分子阶层所构成的“两个阶级，一个阶层”，并形成了一种城乡二元社会结构。这种社会结构的高度分割性和封闭性，导致社会治理缺乏生机和活力。改革开放以后，市场经济的发展带来社会利益的分化和社会流动的加快，我国逐步形成一种多元化的社会阶层结构。在较长一个时期内，社会结构的发展严重滞后于经济结构[②]，这不仅导致了社会结构的紧张，而且影响和制约了社会治理的发展，其表现就是社会矛盾和冲突的多发频发。纵观70年的变革历程，社会建设和社会治理发展不足，社会结构调整就困难重重；社会建设和社会治理发展充分，社会结构调整就充满动能。特别是党的十八大以来，我国制定和实施一系列社会政策，成为调整和优化社会结构的重要推动力量。历史和现实表明，充分利用好社会结构这只“看不见的手”，对于实现经济健康发展、社会有效治理都具有十分重要的作用。

六是坚持完善社会治理制度。在社会治理现代化中，制度具有根本性、全局性、长期性、引领性作用。新中国成立70年以来，党和政府逐步探索出和建立了一套中国特色社会主义社会治理制度，为推进国家治理现代化奠定重要制度基础。第一，完善社会治理体系。党的十九大报告提出“完善党委领导、政府负责、社会协同、公众参与、法治保障的社会治理

---

① 李培林：《另一只看不见的手：社会结构转型》，《中国社会科学》1992年第5期。

② 陆学艺主编《当代中国社会结构》，北京：社会科学文献出版社，2010，第30页。

体制”[①]。党的十九届四中全会提出“完善党委领导、政府负责、民主协商、社会协同、公众参与、法治保障、科技支撑的社会治理体系”[②]。“民主协商”和“科技支撑”的纳入，进一步丰富和深化了社会治理体制的内涵，实现了从“社会治理体制”到“社会治理体系”的重要理论飞跃。第二，提高社会治理效能。社会治理制度的生命力，关键在于执行和落实，将制度优势转化为社会治理效能。坚持加强社会治理“四化建设”，全面提高社会治理制度化水平，推动和促进中国社会治理制度更加成熟定型。第三，坚持共建共治共享基本原则。秉持共建共治共享原则，不断坚持和完善社会治理制度。共建是制度建设之动力源泉，共治是制度建设之方向路径，共享是制度建设之目标依归。第四，构建新型社会治理共同体。按照“人人有责、人人尽责、人人享有”的基本原则，坚持党委、政府、企业、社会组织等多元主体的合作治理，团结和依靠最广大人民群众，凝聚社会治理最大共识，形成社会治理最大合力。

---

① 习近平：《决胜全面建成小康社会　夺取新时代中国特色社会主义伟大胜利》，《人民日报》2017年10月28日。

② 《中共中央关于坚持和完善中国特色社会主义制度　推进国家治理体系和治理能力现代化若干重大问题的决定》，《人民日报》2019年11月6日。

第五章　新中国70年社会结构变迁研究*

党的十八大报告提出，到2020年，我国将实现全面建成小康社会的宏伟目标。[①]全面建成小康社会，是我国实现社会主义现代化的一个重要阶段。社会结构现代化是社会现代化的一个核心方面，也是全面建成小康社会之后仍须继续为之努力的重要目标。1949年新中国成立以后，我国逐步建立社会主义基本制度，实现了从新民主主义社会向社会主义社会的历史性转变，社会制度、社会结构和社会体制随之发生了深刻重构，形塑和再造了中国社会的基本秩序。在全面建设社会主义的历史进程中，我国坚持走自己的路，逐步构建起比较完整的国民经济体系，建立健全了高度集中的计划经济体制，并形成了城乡分割的二元型社会结构。1978年，党的十一届三中全会胜利召开，实现了党和国家的工作重心从“以阶级斗争为纲”到“以经济建设为中心”的伟大转折，中国经济社会发展进入一个崭新的历史阶段。在市场经济的快速发展下，中国社会结构经历了剧烈而复杂的转型、分化、重组，现代化的社会结构逐渐显现出基本雏形。2012年党的十八大以来，随着中国特色社会主义进入新时代，中国社会结构变迁进入新阶段，社会事业和社会保障体系深度重构，城乡统筹和城乡一体化发展加快推进，共享型社会建设迈出实质性步伐。可以说，新中国在其成立以来70年的非凡历程中，不仅取得了举世瞩目的经济成就，而且社会发展和社会建设也成就斐然，实现了多重社会结构历史性巨变。

---

* 本章原以“全面建成小康社会背景下的中国社会结构变迁”为题刊发于《行政管理改革》2020年第2期，此次收入有修改。

① 胡锦涛：《坚定不移沿着中国特色社会主义道路前进　为全面建成小康社会而奋斗》，《人民日报》2012年11月18日。

一　中国社会结构变迁的基本历程

新中国70年的革命、建设和改革历程，是一部社会发展和社会进步的文明史，也是一个社会结构不断变革、逐步走向现代化的历史过程。从社会结构变迁的角度来看，大致而言，可以分为四个主要阶段。

（一）第一阶段：1949～1956年

这个阶段是我国的新民主主义社会阶段，在社会结构上的特征是形成“四大阶级”格局。1949年新中国成立之后，随着人民民主政权的建立，通过除旧布新，改造旧社会、建立新政权，我国社会阶级阶层结构得到了重构。旧社会下的官僚买办阶级、地主阶级被彻底消灭；对于小资产阶级、民族资产阶级，合理利用其积极建设的力量；工人阶级和农民阶级成为新社会的主人，成为国家的领导力量和社会基础，其经济社会地位有了极大提高。由此，在这个从新民主主义社会向社会主义社会过渡的特殊阶段，我国社会结构形成了工人阶级、农民阶级、小资产阶级、民族资产阶级四个基本阶级并存的格局。①

（二）第二阶段：1957～1977年

这个阶段是我国全面建设社会主义社会的阶段，在社会结构上的特征是形成了“两个阶级、一个阶层”的结构格局。这种社会结构模式的提出，受到当时苏联斯大林时期的提法的影响，过于简单，并不能完全反映当时复杂的社会现实情况，带有较强的政治和理想色彩。“两个阶级”是工人阶级和农民阶级，前者是各个单位中的职工，后者是各个公社中的社员；“一个阶层”是知识分子阶层。1956年，周恩来发表《关于知识分子问题的报告》，首次指出知识分子已经成为国家的各方面生活中的重要因素，他们中间的绝大部分已经是工人阶级的一部分，应充分动员和发挥他

① 陆学艺主编《当代中国社会结构》，北京：社会科学文献出版社，2010，第388页。

们的力量。[①]

（三）第三阶段：1978 ~2011 年

这个阶段是我国建设有中国特色社会主义的阶段，在社会结构上的特征是“多元化社会阶层”的形成。随着市场经济体制的逐步建立和深入发展，社会利益发生多元分化和冲突博弈，传统的单位制和人民公社制迅速瓦解，城乡分割的二元结构也开始逐步松动，整个社会的流动日益频繁和活跃，中国社会结构逐步过渡到以十大社会阶层为核心的现代化的阶层结构。[②] 这一阶段是我国社会结构分化与重组、变迁与再造的重要阶段。现代化社会结构的基本元素和特质已经蕴生，为构建一个现代化社会奠定了重要结构基础。

（四）第四阶段：2012 年至今

这个阶段是中国特色社会主义进入新时代的阶段，在社会结构上的突出特征是城乡结构进入融合发展的新阶段。在“创新、协调、绿色、开放、共享”的新发展理念的指引下，中国社会建设和社会治理呈现新局面，户籍制度改革取消了城市户口和农村户口之分，将农村和城镇的居民统一称为城乡居民，这是身份体制上的重要突破；基本公共服务均等化广泛实施和深入推进；城乡居民医保制度实现统筹并轨，机关事业单位养老金并轨改革进入突破攻坚阶段；在社会总体福利状况进一步改善的基础上，着力推进脱贫攻坚战，使得社会边缘贫困群体状况获得显著改观。在打造共建共治共享的社会治理新格局的过程中，共享型社会建设取得新进展，人民群众的获得感、幸福感和安全感普遍提升。

二　中国社会结构变迁的演变脉络

社会结构的变迁，从本质上讲，是社会资源和社会机会进行重新分配

① 《建国以来重要文献选编》（第八册），北京：中央文献出版社，1994，第 11 ~45 页。

② 陆学艺主编《当代中国社会结构》，北京：社会科学文献出版社，2010，第 43 页。

的博弈过程。一般而言，社会结构主要分为人口结构、家庭结构、就业结构、消费结构、城乡结构、区域结构、分配结构、阶层结构、组织结构等子结构。[①] 这些子结构从不同领域、不同层面、不同角度综合反映了社会结构的动态变迁状况。

（一）人口结构

人口结构是社会结构的基础结构。新中国成立 70 年来，我国人口结构的演变经历了一个从自然发展到政策驱动的转变过程。从人口总量来看，我国 1949 年人口数量是 5.4 亿人，到 2018 年已经达到 13.9 亿人[②]，1949 年以来一直是世界上人口最多的国家。从人口年龄结构来看，0～14 岁少儿人口比例从 1949 年的 35.79% 下降到 2019 年的 16.41%，65 岁及以上老年人口比例从 1949 年的 4.15% 上升到 2019 年的 12.63%[③]，实现了从“抚养少儿”占主导到“赡养老人”占主导的转变。从人口性别结构来看，新中国成立之后，高度重视男女平等，提高妇女地位，男女性别结构基本平衡。改革开放之后，我国出生人口性别比逐渐攀升，导致人口性别结构逐渐失衡，这容易引发婚姻挤压现象。纵观 70 年我国人口结构的变迁，20 世纪 70 年代实行的计划生育政策，是一个十分重要的影响因素。1971 年，我国把控制人口增长的指标首次纳入国民经济发展计划。1978 年，国家明确提出“提倡一对夫妇生育一个孩子”，并将“国家提倡和推行计划生育”首次写入宪法。长期严格实行的计划生育政策，从根本上改变了我国人口结构的形态，并实现了我国人口再生产从“高出生率、高死亡率、低增长率”到“低出生率、低死亡率、低增长率”的重要转变。从长期趋势来看，少子化趋势将不可避免。随着我国人口年龄结构老化加速，适龄劳动人口比例不断下降，2013 年我国启动实施一方是独生子女的夫妇可生育两个孩子的政策即“单独二孩政策”，到 2015 年决定全面实施一对夫妇可生

---

① 陆学艺主编《当代中国社会结构》，北京：社会科学文献出版社，2010，第 16～22 页。

② 王广州：《新中国 70 年：人口年龄结构变化与老龄化发展趋势》，《中国人口科学》2019 年第 3 期。

③ 郭晋晖：《从人口红利到人才红利，70 年人口嬗变破译经济增长密码》，2019 年 9 月 19 日，http://www.yicai.com/news/100337622.htm。

育两个孩子政策即“全面二孩政策”。

（二）家庭结构

家庭结构是社会结构的初级单位。新中国成立70年以来，我国家庭结构经历了“小型化”“核心化”的转变。新中国成立初期，我国家庭户保持较大规模。相关数据显示，1953～1978年我国家庭户平均规模始终在4人以上，最高峰为4.81人；改革开放之后，1979年，家庭户平均规模为4.65人，2000年下降到3.59人，2014年降低至2.97人。[①] 这表明我国家庭结构仍以核心家庭为主体，但小型化趋势明显加快。改革开放之后，随着工业化、城市化的发展以及人口的大规模流动，我国家庭结构发生了深刻变化，出现了各种新的家庭形态。在计划生育政策的严格执行下，“四二一”家庭结构成为典型的代际人口结构。晚婚晚育等政策制度的推行，使得家庭结构核心化迅速发展，单身家庭和丁克家庭明显增多，且其成员多为作为中产阶层的城市白领。农民工进城务工经商，导致分离家庭、漂泊家庭出现，农村留守老人和留守儿童现象普遍，农村空巢老人晚年生活堪忧。随着人们婚恋、家庭观念的多元化，婚姻家庭制度对两性关系的调节和约束作用减弱，婚外性行为增多。而家庭结构、家庭形态、家庭关系的变化，必然会影响和带来家庭功能的重构和变革。相较于传统的家庭，改革开放后家庭的养老功能逐步萎缩，根深蒂固的养儿防老观念逐渐淡化，养女防老的观念也日渐流行，甚至有人认为夫妻互助养老更为可靠。在市场经济的作用下，家庭的生产功能得以恢复，经济活力越来越强，其直接表现就是私营企业主和个体工商户迅速成长起来。

（三）就业结构

就业结构是社会结构的重要支柱。新中国成立70年以来，我国就业结构的演变经历了一个从“政府分配”到“市场配置”的转变过程。新中国成立后，我国逐步建立了一套计划经济体制，城市实行单位制，农村实行

① 汪建华：《小型化还是核心化？——新中国70年家庭结构变迁》，《中国社会科学评价》2019年第2期。

人民公社制，就业岗位由国家统一分配、高度稳定，被称为“铁饭碗”。改革开放后，随着市场经济的发展、劳动力的自由流动，人们可根据市场需求自由双向选择就业岗位。从就业岗位的产业属性来看，70 年来，我国逐步实现了从第一产业从业人数占最大比例到第三产业从业人数占最大比例的巨大转变。相关数据显示，新中国成立初期，1952 年，我国第一产业、第二产业、第三产业在 GDP 总量中的比例关系是 50∶21∶29；1978 年，三大产业占 GDP 总量的比例关系转变为 28∶48∶24，第二产业迅速发展；到 2018 年，三大产业的比例关系转变为 7∶41∶52，服务业增长迅速，第三产业占比已超过第一、第二产业之和，稳居第一位。① 另有一项调查数据显示，2015 年，我国 18～69 岁人口中 70.1% 为就业人口，实际人数为 7.1 亿人，其中 82.6% 为体制外就业人员，体制外就业人员中 12.4% 为白领职业从业者。② 这表明市场化改革使得体制外就业人数逐渐占据我国就业总量的绝大部分，且劳动力的白领化成为一种重要发展趋势。个体工商户、私营企业主、职业经理人、自由职业人员等各种新兴的就业岗位也随之大量涌现。由于我国城市化严重滞后于工业化，农民工作为一种独特的职业类别，成为我国产业工人的重要组成部分。

（四）城乡结构

城乡结构在社会结构中有着特殊的地位和作用，也最能体现中国社会结构的独特性。新中国成立 70 年来，我国城乡结构经历了一个从“城乡分割”到“城乡融合”的转变过程，这也是中国社会结构平权化的重要历史过程。新中国成立之后，我国确立了优先发展工业的发展战略，形成了农村支援城市的发展体制。城乡之间形成了“工农产品剪刀差”，通过实行严格的户籍管理制度，城乡之间难以自由流动。改革开放之后，随着户籍管理制度的逐步放开，农民可以自由流动，但依附在户籍之上的社会福

---

① 李培林：《新中国 70 年社会建设和社会巨变》，《北京工业大学学报》（社会科学版）2019 年第 4 期。

② 李春玲：《新社会阶层的规模和构成特征——基于体制内外新中产的比较》，《中央社会主义学院学报》2017 年第 4 期。

利却依然与城市居民之间存在巨大差距。随着农村税费改革和国家惠农政策的实施，特别是取消农业税之后，农业、农村、农民的状况出现较大改观。农村户籍的含金量及相应的福利待遇日益提高。“居住证”制度的普遍实施，有力解决了农民进城务工享受所在城市基本公共服务的问题。城乡社会结构在诸多结构要素方面逐渐实现对接和融合。相关数据显示，1949 年我国城镇化率为 10.6%，1978 年达到 19.7%，2019 年则首次突破 60%①。也就是说，1949～1978 年的 29 年时间里，我国城镇化率仅提高了大约 9 个百分点；1978～2019 年的 41 年时间里，则提高了约 40 个百分点。这表明改革开放后市场化、工业化的快速发展大大加快和推动了我国城镇化进程，从而也使得城乡社会结构发生深刻变革，实现了从“农村社会”到“城市社会”的巨大转变。

（五）区域结构

区域结构是社会结构的空间表征。新中国成立 70 年以来，因应我国经济社会发展的不同阶段和体制模式，我国区域结构逐步实现了从“区域相对平衡发展”到“区域不平衡发展”再到“区域协调发展”的总体性转变。我国幅员辽阔、人口众多，是一个具有悠久历史的多民族国家，自古就存在较大的区域差异和突出的区域特色。新中国成立后，出于政治、国防和工业发展等方面的考虑，我国在区域发展方面实施了全面推进的区域平衡发展战略，即平衡全国的工业布局，优先发展重工业，重点加强中西部地区的工业建设。② 这一战略的现实举措就是“三线”建设，把大量新建的项目部署在内地和“三线”地区。由此，在整个计划经济体制时期，全国的工业布局总体上实现了基本均衡。改革开放之后，我国开始实施东部沿海地区优先发展战略，其直接表现就是一批经济特区、沿海开放城市的建立，以及上海浦东新区和外高桥保税区的设立。在全方位对外开放的大格局下，充分利用国家给予的优惠政策，这些东部地区率先迅速发展起

① 李培林：《新中国 70 年社会建设和社会巨变》，《北京工业大学学报》（社会科学版）2019 年第 4 期。

② 陆学艺主编《当代中国社会结构》，北京：社会科学文献出版社，2010，第 296 页。

来。在这个过程中，东部、中部、西部以及南部、中部、北部之间的差距日益凸显并呈现不断扩大的趋势。在这种情形下，国家又相继提出推动西部大开发、振兴东北地区等老工业基地、促进中部地区崛起等区域发展战略。此后，“一带一路”建设、京津冀协同发展、长江经济带发展、粤港澳大湾区建设等成为新时代推进区域协调发展的重要战略。

（六）消费结构

消费结构是社会结构的重要维度。新中国成立70年以来，我国消费结构逐步实现了从“生活必需品”到“耐用消费品”、从“物质性消费”到“服务性消费”、从“生存性消费”到“发展性消费”的全面转型。新中国成立后，由于经济困难和物质短缺，我国居民消费实行严格的计划配给制，其直接表现就是粮票、油票、鱼票、肉票、布票等各种票证制度的广泛实施。由于政治身份、行政级别的差异，城乡居民会获得不同的消费待遇。改革开放后，自行车、手表、缝纫机这“三大件”成为城乡居民家庭的消费标志；进入20世纪80年代中后期，被称为新“三大件”的彩电、冰箱、洗衣机开始成为城乡家庭新的消费标志；20世纪90年代中期之后，随着市场经济的发展，人民生活水平普遍提高，“空调、录像机、电脑”成为又一批新的“三大件”消费标志。同时，随着人们收入差距的拉大，居民消费之间出现较大的分化，特别是消费的“阶层化”现象逐渐明显，一些高消费阶层向享受性和炫耀性消费转移。进入21世纪之后，随着社会事业和公共服务领域市场化改革的推进，住房、教育、医疗等方面的消费支出占据城乡居民家庭消费的相当高的比例，甚至成为沉重负担，挤压了其他领域的正常消费。“电商”作为一种新的消费模式，深刻影响和塑造了大众的消费习惯，并给实体店消费带来重大挑战。从恩格尔系数来看，新中国成立后的计划经济时期，人民的消费主要就是生活必需品支出；1978年改革开放后，我国城乡居民恩格尔系数长期保持在50%以上，直到2017年才首次下降到30%以下。① 这表明人民生活水平和质量不断提高。

---

① 李可愚、胡健：《小数字折射大变迁：中国恩格尔系数首破30%》，《每日经济新闻》2018年4月17日。

（七）分配结构

分配结构是社会结构的重要方面。新中国成立70年以来，我国收入分配结构实现了从“按劳分配”到“以按劳分配为主、按生产要素分配为辅”的重大转变。新中国成立后，我国逐步建立起一套与计划经济体制相配套的平均主义分配制度。这种分配制度的基本表现就是，按照“一平二调”的“大锅饭”模式，采取实物配给制和福利补贴制。这虽然“抹平”了社会不平等，但也挫伤了人民群众的积极性。[①] 这种分配结构固定化，使得全国基尼系数长期停留在较低水平。相关数据显示，改革开放前，城市、农村基尼系数分别为0.16和0.22，全国基尼系数据推算在0.3以下。[②] 这表明在整个计划经济时期，居民之间的收入差距较小。改革开放之后，随着市场经济的发展、利益结构的分化，特别是在分配制度上把按劳分配和按生产要素分配结合起来，允许和鼓励资本、技术、管理等参与收益分配，人们的收入分配差距不断扩大，城乡之间、行业之间、群体之间、阶层之间等收入分配的结构性问题日益显露。1993年，我国基尼系数首次突破0.4的国际警戒线，此后又下降到0.3~0.4的区间，直到2000年又升到0.4以上。[③] 随着收入差距的持续扩大，特别是城乡收入差距长期在高位徘徊，社会的贫富分化问题日益严重。相关数据显示，城乡收入差距在2000~2009年出现明显扩大，城乡居民收入比值从2.78上升到3.33，2009年为历史上最高水平。[④] 收入分配结构失调是市场化和行政化因素共同作用的结果，这也是导致社会不公平的关键症结所在。此后，我国收入差距也有过小幅度缩小。随着加强社会建设、保障改善民生政策的持续施行，以及脱贫攻坚战略的全面实施，更加重视社会公平正义和人民群众共

① 陆学艺主编《当代中国社会结构》，北京：社会科学文献出版社，2010，第176~182页。

② 赵人伟、李实、卡尔·李思勤主编《中国居民收入分配再研究》，北京：中国财政经济出版社，1999，第130~133页。

③ “促进形成合理的居民收入分配机制研究”课题组：《促进形成合理的居民收入分配机制》，《经济研究参考》2010年第25期。

④ 李婷、李实：《中国收入分配改革：难题、挑战与出路》，《经济社会体制比较》2013年第5期。

享改革发展成果，我国收入差距持续扩大的趋势有所放缓。

（八）阶层结构

阶层结构是社会结构的核心构成。新中国成立70年以来，我国社会阶层结构发生了深刻变化，实现了从"两个阶级、一个阶层"到"多元化社会阶层"的历史性转变，逐步建立起一个现代化的社会结构雏形。新中国成立初期，短暂存在过由工人阶级、农民阶级、小资产阶级和民族资产阶级组成的新民主主义社会四大阶级结构。1956年，社会主义改造完成后，我国形成了工人阶级、农民阶级和知识分子阶层组成的"两大阶级、一个阶层"的结构模式。改革开放之后，在计划经济向市场经济体制转轨的背景下，在工业化、城镇化、市场化和全球化的多重作用下，我国社会阶级阶层结构实现不断分化、重组和再造，逐步形成了一个包括国家与社会管理者阶层、私营企业主阶层、经理人员阶层、专业技术人员阶层、办事人员阶层、个体工商户阶层、商业服务业从业人员阶层、产业工人阶层、农业劳动者阶层和无业失业半失业人员阶层等十大社会阶层的新的社会阶层结构。[①] 中产阶层逐渐发展壮大，新社会阶层日益崛起，成为中国社会发展的重要主体力量。从社会整体结构类型来看，改革开放之后我国经历了从倒"丁"字型社会结构向"土"字型社会结构的转变，但离橄榄型社会结构的形成仍有较大距离。[②]

（九）组织结构

组织结构是社会结构的根本基础。现代社会的健康发展和有序运行，需要一种科学的组织结构和组织关系模式。新中国成立70年以来，我国组织结构实现了从"总体性组织结构"到"分化性组织结构"的重大转变。新中国成立初期，我国逐步建立起高度集中的中央计划管理体制，城市通过单位组织起来，农村通过人民公社组织起来，从而形成一种总体性的组

---

① 陆学艺主编《当代中国社会阶层研究报告》，北京：社会科学文献出版社，2002，第10～23页。

② 李强：《我国社会结构、社会分层的新特征新趋势》，《北京日报》2016年5月30日。

织结构。改革开放之后，为适应市场经济发展的需要，通过精简机构、转变职能，逐步实现了从“全能型政府”向“有限政府”“法治政府”“服务型政府”的转变。在这个过程中，中央与地方的关系得到调整，不断激发和调动地方政府的积极性、主动性和创造性。新中国成立后前30年，经济组织主要是以国有企业和集体企业为代表的公有制经济组织，其在三大改造后获得绝对支配地位。这种经济组织类似行政化公共功能单位，承担了大量社会性职能，形成了“企业办社会”的格局。改革开放之后，在市场经济条件下，国企改革的基本方向是建立现代企业法人治理制度，私营和民营经济也快速发展起来，逐步成长为真正的市场主体。社会组织在计划经济时期缺少基本的生存和发展空间，群团组织被纳入政治体制之内。改革开放之后，市场经济释放出的社会资源和空间，使社会组织获得快速发展，社会组织的类型不断丰富、体量不断增加、质量不断提升，社会生活领域的自主性显著增强。

三 中国社会结构变迁的经验启示

从某种意义上讲，社会结构现代化最能深刻地从本质上反映一个国家的整体现代化水平。一般认为，现代化的社会结构，是一种橄榄型社会结构；现代化的社会，也是一种中等收入群体不断扩大的橄榄型社会。相关研究表明，到2050年，我国中等收入群体比重将达到60%，中国社会将形成现代化的社会结构，完成橄榄型社会的建设。[①] 按照这个预测，我国仍有30年的时间来实现这一目标，需要为之努力奋斗。纵观新中国成立70年以来的社会结构变迁，在全面建成小康社会的历史征程中，我国中等收入群体不断扩大，社会结构正朝着现代化的橄榄型社会结构不断迈进。通过对70年社会结构变迁的系统观照和反思，可以获得一些规律性认识和启示，这将有助于我们遵循客观规律来调整优化社会结构、推进社会结构现代化进程。这些认识和启示主要体现在如下方面。

① 李强：《中国离橄榄型社会还有多远——对于中产阶层发展的社会学分析》，《探索与争鸣》2016年第8期。

（一）社会结构变迁具有自身客观规律

社会结构变迁和转型是一个长期的历史积累过程，具有自身的特点和规律。如同市场是一只“看不见的手”，社会结构转型实际上是既不同于市场调节也不同于国家干预的“另一只看不见的手”①，在潜移默化中对经济社会发展和资源配置起到重要作用。这就要求尊重和承认社会结构的客观作用，正确处理好政府、市场和社会之间的关系。新中国成立70年来的社会发展历程表明，一个良好的现代社会结构，应具有高度的开放性、包容性、协调性。改革开放前的30年，社会结构的高度封闭性和垄断性，严重抑制了社会发展的生机和活力；改革开放后的40年，在全方位对外开放的格局下，社会结构急剧分化，释放出前所未有的活力和创造能量。当然，社会结构中的紧张，也导致了一个时期社会矛盾、社会冲突的多发频发。历史和实践表明，充分利用好社会结构这只“看不见的手”，对于实现产业转型升级、经济高质量发展、社会和谐稳定都具有十分重要的作用。

（二）社会结构必须与经济结构相协调

经济结构和社会结构是一个国家和地区的两个最基本的结构，两者在功能上相互依存、互为基础，为社会整体服务，两者之间应保持合理位差，实现协调发展，才能有效支撑整个社会的和谐运行。② 改革开放前，在计划经济体制下，社会作为一个主体领域并未形成自主结构，主要依附于政治和经济而存在。改革开放之后，国家在向市场分权的同时，逐步实现了向社会的分权。政府和市场成为社会结构转型的双重推动力量，两者的巧妙结合既带来了经济发展的奇迹，也导致了社会生长和社会发育的艰难。社会的自我组织化和能力建设的不足，直接导致了社会结构失衡且发展长期滞后于经济结构。纵观70年的变革历程，改革开放前的30年，经济结构占据绝对支配地位，社会结构尚未形成自主体系，两者之间无法实

① 李培林：《另一只看不见的手：社会结构转型》，《中国社会科学》1992年第5期。

② 陆学艺主编《当代中国社会结构》，北京：社会科学文献出版社，2010，第30页。

现互动，也使得经济发展和经济结构单一化。改革开放后的40年，虽然在较长一个时期内，社会结构的发展严重滞后于经济结构，但两者之间的互动意识和互动机制逐步发展起来，为推动经济社会协调可持续发展奠定了观念基础。

（三）中产化是社会阶层结构发展趋势

现代化的社会结构是一个国家和地区实现经济社会发展最为稳固的基础支撑。通常认为，现代化的社会结构一般呈现为一种“两头小、中间大”的橄榄型、纺锤型结构模式。一般认为，当一个国家或地区的城镇化率达到75%、第三产业人员比重达到65%、高等教育毛入学率在60%以上，社会结构就会逐步稳定下来。① 目前，针对我国社会结构的状况虽有多种不同描述，但总体上普遍认为中国社会结构仍具有较强的弹性和韧性，仍保持着较强的社会流动性。中国社会结构转型的基本方向，就是加快提高中产阶层比例，促成社会中间层的快速成长，培育和建成中产社会，中产阶层也是社会稳定的支柱性力量。相关研究显示，目前我国中等收入群体或者中产阶层的比例在35%左右，培育和发展中产阶层，促进中产阶层比例提升，主要有正式教育渠道、专业技术渠道、市场渠道三种渠道。② 当前和未来一个时期，需要发挥和强化高等教育作为社会地位上升渠道的重要作用；高度重视专业技术人才队伍建设，特别是要注重培育和转化农民工群体中的专业技术人员；着力挖掘和培育市场各类销售群体，使之成为中产阶层的重要“潜力群体”。

（四）调整社会结构必须创新社会治理

社会结构的调整和优化，既有自我演化和变革的过程，也有制度政策推动和建构的过程。纵观70年的变革历程，改革开放前的30年，社会建设和社会治理发展不足，社会结构调整就困难重重；改革开放后的40年，社会建设和社会治理快速发展，就会给社会结构优化提供力量源泉，特别

---

① 李培林：《社会结构弹性仍相当大》，《北京日报》2017年3月6日。

② 李强：《中国中产社会形成的三条重要渠道》，《学习与探索》2015年第2期。

是在 20 世纪 90 年代中后期，我国逐步实现从经济政策到社会政策的历史性跨越之后，制定和实施一系列社会政策，其成为调整和优化社会结构的重要推动力量。同时，必须正确认识和处理社会结构调整与社会体制改革之间的关系。如果社会体制改革不到位、不彻底，社会结构的各种问题就会接踵而至、复杂交织、难以根本解决。应当看到，当前我国社会结构的一些领域已显现一定的问题，社会向上流动的渠道也有所收缩，底层群体和精英阶层之间的边界日益明晰，城乡二元社会结构仍具有较强的惯性。破除这些利益固化的藩篱，必须大力深化社会体制改革，并在户籍制度、档案制度、职称制度、社保制度等方面进行相配套的综合改革，为各类社会群体实现阶层流动、地位上升提供强有力的体制保障。

（五）发展生产力是优化社会结构之本

产业结构是经济结构的核心，也是对社会结构影响最大的要素。一般而言，产业结构的变化，会直接引发人们工作方式的变化和职业结构的变化。纵观 70 年的变革历程，正是随着我国产业结构的不断变革和转型升级，社会结构才实现了不断的分化、重组和优化。改革开放前的 30 年，我国产业结构比较单一，城市着力发展重工业，农村主要是发展传统农业，并形成和确立了农村支援城市的产业发展体制。在单位福利的作用下，第三产业没能获得有效发展。由于农业占据最高比例，此阶段我国为典型的农业大国。改革开放后的 40 年，在市场经济条件下，我国产业结构调整进入新阶段，电子科技、信息技术、生物医药、人工智能等各种新兴产业不断涌现，各种新兴职业岗位也大量涌现，经济发展方式逐步实现从粗放型向集约型转变。科技创新成为产业结构转型升级的重要驱动力。第三产业受到高度重视，并实现快速发展，在其发展极大改善和提高人民群众的生活条件和水平的同时，也成为经济社会发展的核心增长点。此一阶段，实现了我国产业结构的根本性变革，在新的产业结构中，第三产业、第二产业、第一产业比例依次降低。这为社会结构的变革和调整提供了强有力的产业基础。

中　篇
社会治理的理论探索

第六章　社会体制：概念谱系与分析进路*

一　引论

自从现代性出现之后，经济、政治、社会成为三个相对独立的领域以来，“社会体制”就作为一个问题而存在。[①] 新中国成立之后，我国逐步建立起高度集中的计划经济体制，当“经济体制”成为人们熟悉的用语，“社会体制”概念却长期不被重视，常被内置和混同于经济体制或政治体制[②]，因而也缺乏相应的独立研究。改革开放之后，随着市场经济的不断发展，“社会”本身作为一个相对独立的领域日益得到彰显，我国逐渐进入一个以社会建设为重的新阶段，由此社会体制问题开始引起党和政府的高度关注与重视。中央提出社会体制改革这一重要课题，尤其是一系列高规格、高层次的相关政策文件接连颁布和出台后，在全国范围内引起极大反响，也赋予了学术界广阔的理论探索和研究空间。[③] 某种意义上，社会体制及其改革问题的提出，深度凝结和积淀了我国社会建设和社会治理的宝贵经验，也是对中国式现代化建设规律认识不断深化的产物。

从社会学的分析范式来看，相较于社会结构分析，社会体制分析作为一种新的研究范式逐步显现。1992 年，李培林在《另一只看不见的手：社

* 本章原刊发于《求索》2023 年第 6 期。

① 李友梅：《关于社会体制基本问题的若干思考》，《探索与争鸣》2008 年第 8 期。

② 徐永祥：《社会体制改革与和谐社会构建》，《学习与探索》2005 年第 6 期。

③ 陈鹏：《社会体制改革论纲》，《北京师范大学学报》（社会科学版）2017 年第 2 期。

会结构转型》一文中提出，社会结构转型是既不同于市场调节也不同于国家干预的“另一只看不见的手”，它所形成的变革和创新力量会深刻影响资源的配置状况和社会的发展方向。[①] 自此以后，社会结构转型日益发展成为中国社会学独具特色的研究范式。[②] 2002 年，中国社会科学院社会学研究所当代中国社会结构变迁研究课题组发布《当代中国社会阶层研究报告》，提出中国社会呈现出以十大社会阶层为主体的现代化社会结构的雏形。[③] 应当说，中国社会学界对社会转型的理解和运用在相当长一段时期内主要聚焦在社会结构转型上。实际上，在中国，社会转型最早也是最典型的含义就是体制转型[④]，只不过人们通常将其理解为从计划经济体制到市场经济体制的转变，而忽视了在经济体制转型的同时，以市场化为轴心的社会体制也随之逐渐实现了自身的生成和转换。正如陆学艺主编的《当代中国社会建设》所指出的，影响社会发展进程的因素有“社会结构”这条明线和“社会体制”这条暗线，两者相互制约、相互影响。[⑤] 随着中国改革逐渐进入“深水区”和“攻坚期”，在阶层结构变动、贫富分化加剧的背景下，如何突破利益固化的藩篱、重塑社会公正的机制成为中国社会学亟待破解的重要课题。这就需要一种新的分析范式。伴随着“政府行为研究”的兴起[⑥]，社会体制分析成为一种重要的学术取向。2012 年，渠敬东在《项目制：一种新的国家治理体制》一文中提出，相较于“单位制”而言，“项目制”代表了一种新的国家治理体制，两者都共同体现了体制分析中体制的一个重要特点，即更加强调和突出社会总体性的结构关系及各要素相互转化的机制，并具有制度枢纽、运行机制、社会风习、时代精神、思维模式五个关键要点。[⑦]

对于当代中国社会而言，加强社会体制问题研究，不仅具有重要的理

---

① 李培林：《另一只看不见的手：社会结构转型》，《中国社会科学》1992 年第 5 期。

② 孙立平等：《改革以来中国社会结构的变迁》，《中国社会科学》1994 年第 2 期。

③ 陆学艺主编《当代中国社会阶层研究报告》，北京：社会科学文献出版社，2002，第 9 ~ 21、43 ~ 61 页。

④ 宋林飞：《中国社会转型的趋势、代价及其度量》，《江苏社会科学》2002 年第 6 期。

⑤ 陆学艺主编《当代中国社会建设》，北京：社会科学文献出版社，2013，第 251 页。

⑥ 周飞舟：《政府行为与中国社会发展》，《中国社会科学》2019 年第 3 期。

⑦ 渠敬东：《项目制：一种新的国家治理体制》，《中国社会科学》2012 年第 5 期。

论意义，而且具有重大的现实意义。从理论层面来看，社会体制是社会理论的新发展。[①] 社会体制在构建社会主义和谐社会中具有相对独立的理论地位。通过赋予社会体制独立的理论地位和价值，从认识社会体制入手来解释中国社会领域的若干重大问题，不失为研究当代中国社会发展的重要视角，对丰富中国社会学理论具有重要的学术价值。[②] 因此，本土化的中国社会科学特别是社会学，应高度关注“社会体制”这个概念及其对我国社会主义现代化和社会转型的重要意义。[③] 从现实层面来看，社会体制是社会实践的新课题。社会结构的转型、人民生活需求层次的提高、利益格局的深刻变动都推动和倒逼着加快推进社会体制改革。[④] 长期以来，人们常把社会体制改革创新看作一个单纯的实践问题，对其理论逻辑关注不够，这直接影响到人们对社会体制改革长期性和复杂性的理解。[⑤] 当前，全国各地的社会治理创新实践方兴未艾，一些重点领域的改革创新经验上升为政策法规，升华成为社会体制的制度结晶。因此，加强社会体制研究，能够有效指导和促进我国社会治理改革创新的全面深入开展。

近些年来，学术界围绕社会体制问题的讨论呈现日趋增多的局面，且体现出较为鲜明的特点和趋势。一是“政策主导性”和“社会响应性”的特点。社会体制问题的研究紧贴中央最新政策精神，并突出体现在其问题意识和框架建构上；各类新闻媒体报道很多，开展社会体制改革的呼声甚高。二是从“哲学思辨”走向“实证研究”的趋势。在 20 世纪 80 年代中后期到 90 年代中期前后，一些学者从哲学思辨的层面对社会体制问题进行了辨析和思考，其经验现实针对性并不强，并没有引起热烈的讨论和关注；随着社会建设和社会治理问题成为社会体制研究的核心内容，社会体制研究理论性、经验性和实践性紧密结合的特征更加凸显。与此同时，针对社会体制的研究，也凸显出一些问题，主要体现在：无论是在理论研究

① 龚维斌主编《社会体制蓝皮书：中国社会体制改革报告（2013）No. 1》，北京：社会科学文献出版社，2013，第 6 页。

② 丁元竹：《当代中国社会体制的改革与创新》，《开放导报》2012 年第 3 期。

③ 徐永祥：《社会体制改革与和谐社会构建》，《学习与探索》2005 年第 6 期。

④ 李培林：《转型背景下的社会体制变革》，《求是》2013 年第 15 期。

⑤ 田毅鹏：《社会管理体制改革的理论逻辑》，《江苏社会科学》2011 年第 4 期。

领域，还是在实际工作中，由于回避或忽视对社会体制本体性问题的正面探讨，较少关注社会体制的学理逻辑和长远规划，人们对社会体制这个概念仍较为陌生，对社会体制问题的认识和理解存在较大的随意性和偏差，这也导致社会体制知识积累的困难。① 基于此种考虑，本章尝试探讨社会体制的本体性问题，解析对社会体制概念的累积性发展，揭示社会体制演变的历史脉络、目标取向及基本规律，即探寻社会体制的基础原理。

二　社会体制的概念谱系

“社会体制”是一个颇具中国特色的社会学概念。理解“社会体制”的内涵和外延，就不能脱离这一概念产生的特定背景和特定语境，不能将其与西方学术话语体系中的某个概念简单地对应，而且实际上也无法对应。② 从概念溯源来看，“体制”概念较早就出现在党和政府一些重要文件中。1940 年，毛泽东在《新民主主义论》一文中曾使用过“国家体制”一词。③ 新中国成立以后，国务院于 1956 年 5～8 月召开“全国体制会议”。改革开放以后，“体制”概念的流行和广泛使用，是与经济体制改革紧密相连的。1977 年，邓小平提出：“体制搞得合理，就可以调动积极性。”④ 1980 年，邓小平在《坚持党的路线，改进工作方法》一文中指出：“克服官僚主义，首先还是要着重研究体制的改革。”⑤ 1982 年，他进一步指出：“精简机构是一场革命。”⑥ 搞好社会主义现代化建设，首先就需要体制改革的保证。这引发了人们对体制改革问题的热烈讨论。相较于经济体制和政治体制而言，社会体制概念出现的时间要稍晚，最早出现于 20 世纪 80 年代中后期。一般认为，社会体制是一个区别于政府、市场的“第三部

---

① 参见秦德君《中国社会体制问题研究》，《上海行政学院学报》2010 年第 4 期；李友梅《深刻认识当前中国社会体制改革的战略意义》，《探索与争鸣》2013 年第 3 期。

② 龚维斌：《社会体制的溯源及其内涵》，《中国行政管理》2013 年第 10 期。

③ 《毛泽东选集》（第二卷），北京：人民出版社，1991，第 675 页。

④ 《邓小平文选》（第二卷），北京：人民出版社，1994，第 54 页。

⑤ 《邓小平文选》（第二卷），北京：人民出版社，1994，第 282 页。

⑥ 《邓小平文选》（第二卷），北京：人民出版社，1994，第 396 页。

门”范畴，包含了政府社会职能、社会政策、社会治理、社会保障、社会福利、社会服务、非政府组织、非营利组织及国家与社会关系①，以及利益格局、公共利益、公共空间、社会空间和社会关系模式等基本要素②。随着中央对社会体制问题的高度重视，特别是新闻媒体的广泛报道，“社会体制”逐渐从一个“陌生词”变成“热词”，人们对社会体制的认识也在不断加强和深入，社会体制日益成为一个学术与政策交融语境下的概念范畴。主要有如下五种代表性的概念认知模式。

（一）社会管理论

社会体制概念的出现，与社会管理体制具有紧密关系。社会管理论观点认为，从狭义上来讲，所谓社会体制，实际上就是社会管理体制，即将“社会体制”与“社会管理体制”基本等同。这种观点在一段时间内成为政府部门较为普遍的一种看法，许多学者有意无意也持这种观点。有论者指出，“社会体制”通常也被称为“社会管理体制”，是政府依以行使社会管理职能的制度和体制的总称③，其本质上体现的是国家与社会之间的现实关系架构，形式上反映的则是一个国家、地区或城市的民众组织化与社会服务社会化的程度④。也有论者认为，社会体制改革，实际上是政府的社会管理体制改革，就是通过创新社会管理体制，建设服务型政府，强化政府的社会管理和公共服务职能。⑤ 人们之所以自然而然地就把“社会体制”当作“社会管理体制”，某种程度上是受到“经济体制”与“经济管理体制”这对概念使用方式的影响。在党和政府的一些重要文件中，起先最早使用的就是“经济管理体制”，后来才又改为用“经济体制”，如1984 年的《中共中央关于经济体制改革的决定》等。因而，在较长的一个

① 徐永祥：《社会体制改革与和谐社会构建》，《学习与探索》2005 年第 6 期。

② 丁元竹：《社会关系模式建构：社区、主权国家与全球化视角》，《学术月刊》2019 年第 7 期。

③ 王名：《改革现行社会体制，大力发展社会组织》，“构建社会主义和谐社会与老教授、老专家”研讨会书面发言，2007 年 3 月。

④ 徐永祥：《社会体制改革与和谐社会构建》，《学习与探索》2005 年第 6 期。

⑤ 李培林：《积极稳妥地推进社会体制改革和创新》，《人民日报》2007 年 1 月 15 日。

时期内，“社会体制”概念与“社会管理体制”概念常相互替代使用。

（二）社会事业论

在较早时期党的一些文件中，在论及社会领域体制改革时，其所用概念常常是“社会事业体制”，因而人们有时也会把“社会体制”大致等同于“社会事业体制”。同时，在经济体制改革过程中所推行的社会福利社会化政策，使得人们在单位制逐步解体之后，有时也会将“社会体制”主要看作“社会保障体制”。一些学者在研究中也侧重探讨以社会福利和社会保障为核心的社会体制，并认为中国目前正在建设的社会体制更像西方的社会福利和社会保障体系。[①] 随着中央大力推动基本公共服务均等化，一些学者也开始将社会体制与公共服务连接起来进行分析。譬如，有论者认为，如果将“社会”具体化为保障人们的基本生存机会、条件和权利的领域，即公共产品配置领域，那么所谓的“社会体制”就是围绕公共产品的公平正义配置而进行的一系列制度安排。[②] 围绕社会事业和公共服务体制，存在两个方面的重要内容：一是事业单位体制问题，涉及教育、医疗、住房、就业、社保等基本公共领域的体制改革；二是服务型政府建设问题，政府的角色与职能在从传统的社会管理到新型的社会治理的转变中发生深刻变化，要求实现从管理型政府到服务型政府的转变。

（三）社会系统论

理解社会体制，离不开系统论的基本背景。从系统论的角度来看，作为科学术语的“体制”一词，源于英文的“system”，其含有系统、体系之意；事实上，也只有从系统的含义入手来理解体制概念，才会存在不同的体制模式及其选择的问题，也才会有所谓转型的问题。[③] 把握住体制概念的系统论背景后，体制实际上就是决策的机制，凡是有决策的地方就有

---

① 丁元竹：《社会体制改革的切入点：公共领域的投资体制》，《社会保障研究》2008 年第 1 期。

② 李友梅：《关于社会体制基本问题的若干思考》，《探索与争鸣》2008 年第 8 期。

③ 周冰：《论体制概念及其与制度的区别》，《中国经济问题》2013 年第 1 期。

体制问题。[①] 从这个角度而言，所谓的社会体制就是社会领域的决策机制。同时，按照系统科学的观点，体制的承载者都是某一特定的系统[②]，包括经济系统、社会系统、政治系统等子系统。相较于经济系统或政治系统而言，社会系统负责提供那些无法或不宜通过市场或政府提供且与人民生活密切相关的产品或者服务，社会体制则是保障社会系统平稳有效运行的法律和制度的总称[③]，代表了社会关系、社会组织、社会规范的稳定模式[④]。质言之，社会体制是以人们的狭义的社会生活为核心而形成的民众之间、社会组织之间、民众与社会组织之间的社会关系体系及其运行的基本机制，这种体制的治理包括社会系统内部的治理和社会系统外部的治理两大方面。[⑤]

（四）社会制度论

理解体制概念的关键是要对其与制度概念做出有效区分。[⑥] 在早期的社会哲学研究中，一般认为，社会体制是社会制度在一定时期内的具体表现，又称“具体制度”[⑦]；而某一领域、方面的所有具体制度的总和，即构成社会制度[⑧]。不过，社会体制虽是一种制度，但并不是那种以意识形态原则为前提并反映国家政权、阶级性质的制度，而是一种具有操作性的规则系统和社会软系统[⑨]，属于“社会中性领域”[⑩]。所谓社会体制是指在不同社会主体之间配置社会资源、机会以及规范社会主体行为和权利义务的一系列体系化规制，其中“社会主体”与“资源、机会”分别构成社会体

① 俞可平：《“体制”与“政治体制”小议》，《政治学研究》1987年第5期。

② 马维野：《体制论》，《科学学研究》1997年第2期。

③ 董克用：《从国家发展的角度界定社会系统和社会体制》，《中国机构改革与管理》2015年第1期。

④ 李强：《怎样理解社会体制改革?》，《中国机构改革与管理》2015年第2期。

⑤ 王思斌：《社会体制改革创新的含义及切入点》，《中国机构改革与管理》2015年第2期。

⑥ 周冰：《论体制概念及其与制度的区别》，《中国经济问题》2013年第1期。

⑦ 王伟光：《社会制度、社会体制和组织机构的涵义及其相互关系》，《哲学动态》1989年第6期。

⑧ 王孝哲：《试论社会制度及其基本制度与社会体制》，《安徽大学学报》1995年第4期。

⑨ 杨彬：《社会体制初论》，《学习与探索》1995年第4期。

⑩ 何关银：《社会中性领域之我见》，《探索》1988年第5期。

制的纵横两条坐标轴，并形成相应的“主体性体制”和“资源性体制”，前者厘清社会主体的构成、行为和权限，后者规范社会资源与机会的配置。① 概言之，社会体制就是指一个国家为实现社会领域发展目标而建立起来的一整套关涉人的发展需求、利益诉求和社会秩序的制度。②

（五）社会治理论

党的十八届三中全会首次提出“社会治理”概念，实现了从“社会管理”到“社会治理”的历史性飞跃，并使得创新社会治理体制成为推进国家治理现代化的重要战略任务。这意味着对社会体制的理解需要在社会治理的概念下进行思考。这是因为社会体制不仅与体制有关，还包含着大量的治理行为以及治理主体之间的关系。所谓社会体制是一种社会治理的方式和制度安排，也是一种社会行为的规范，决定着人的社会关系、行为准则和社会的运行。③ 从社会治理与社会体制的关系来看，社会治理是社会体制运行的基本方式，而完善的社会体制依赖于多元的社会治理。从社会治理的角度来理解社会体制，有三个关键点。一是利益格局下的“参与－决策”。针对社会利益格局失衡，强调社会体制的本质在于以利益格局和参与方式为边界条件，以平等为价值基础，合理分配社会财富，鼓励和引导公众参与社会事务决策和社会生活，通过社会自治实现社会善治，充分发挥社会成员的积极性和创造性。④ 二是公共性下的“交往－协商”。针对公共性发育不足、公共精神缺损，强调社会体制的本质是围绕公共产品的公平正义分配而构建的不同利益主体之间的交往和协商制度，并需要有效实现党委领导、政府负责与社会协同、公众参与的有机结合，这涉及权力边界和权力关系的重构。⑤ 三是党建引领下的“多元共治”。强调地方社会

---

① 陆学艺主编《当代中国社会建设》，北京：社会科学文献出版社，2013，第224~226页。

② 转引自赵梦瑶《建党百年与新时代中国特色社会学学科建设》，《社会学研究》2021年第4期。

③ 魏礼群：《改革社会体制 推进科学发展》，《全球化》2012年第9期。

④ 丁元竹、江汛清：《社会体制的历史和逻辑轨迹考察》，《经济社会体制比较》2012年第3期。

⑤ 李友梅、肖瑛、黄晓春：《当代中国社会建设的公共性困境及其超越》，《中国社会科学》2012年第4期。

治理创新的积极价值和意义，注重推动和促进社会多元主体的发展和参与，逐步生发和形成社会自主运行的良性机制。[①] 因而，在新型社会体制建立的过程中，党建引领下的社会治理创新成为重心和突破口，并要适应和顺应以社会结构为特征的社会的重大变化和发展趋势。[②]

基于以上分析可见，学术界对社会体制概念的认知和理解经历了一个不断演进和逐步深化的过程，并反映和体现了经济社会发展不同阶段所赋予社会体制的时代意涵和鲜明特质。早期阶段的学术讨论的一个重要贡献是，明确提出社会体制是一个有别于社会制度的相对独立的概念和领域，两者既相互区别，又紧密相连。这一阶段对社会体制内涵的理解主要偏重社会管理体制方面。随着市场经济体制改革的不断推进和深入，建立与之相适应的新型社会体制成为改革的重要内容。针对社会体制内涵的理解，在深化对社会管理体制的认知的基础上，进一步强调了社会事业和社会保障体制方面的意涵，凸显了社会生活和社会参与之于社会体制的重要意义。在加强社会建设的背景下，"社会"作为一个建设领域日益获得重视，对社会体制内涵的理解，进一步凸显了社会组织体制的重要性，这也是从社会治理角度阐释和理解社会体制内涵的核心要义。在这个演变过程中，晚近和新近的社会体制讨论，既从早期阶段的研究中汲取灵感，又生发和形成新的要素与线索，从而丰富和深化了对社会体制内涵的认识和理解，推动和促进了社会体制概念的累积性发展。

三　社会体制演变的历史脉络

（一）社会体制的历史演变

社会体制的演变，植根于中国经济社会发展的历史脉络和实践过程。社会体制问题是伴随改革开放和在于科学发展背景下推进社会建设的过程

① 王春光：《中国地方社会治理实践的理论透视》，《中共中央党校学报》2017 年第 5 期。

② 参见李友梅《当代中国社会治理转型的经验逻辑》，《中国社会科学》2018 年第 11 期；张翼《社会转型与社会治理格局的创新》，《中国社会科学评价》2019 年第 1 期。

中逐渐凸显的[①]，与中国特色社会主义事业总体布局逐步拓展紧密相连，并成为推进和实现中国式现代化的重要问题之一。总体来看，改革开放后我国社会体制演变可以分为三个阶段。

1. 第一阶段：1978～2003年

相较于经济体制而言，“社会体制”提出的时间较晚，其相关的理论、政策都还在形成的过程中。[②] 经济体制改革是我国体制改革的“牛鼻子”，发挥了重要的牵引作用。1978年党的十一届三中全会首次正式使用“经济管理体制”这一概念。[③] 1982年党的十二大报告明确提出“经济体制改革”的任务[④]，1984年，中共中央出台了《关于经济体制改革的决定》。1992年，党的十四大报告正式提出建立社会主义市场经济体制。[⑤] 1993年，党的十四届三中全会明确提出建立现代企业制度。[⑥] 由此，经济体制改革基本框架体系逐渐成形并不断走向深入，同时对社会体制改革提出日益迫切的要求。针对社会体制改革，1982年国家“六五”计划首次专门增设“社会发展”内容，这表明国家开始重视社会领域的改革和发展。进入20世纪90年代以后，社会管理成为政府基本职能，提出加强社会管理职能部门建设；确立和形成社会组织双重管理体制；社会保障和社会事业社会化改革加快；从“单位制”向“社区制”转型成为基层管理体制改革趋势。由此，社会体制作为一个相对独立的领域逐渐获得释放和成长。总体而言，这一阶段我国社会体制改革政策议程设置相对滞后，整体性和系统性严重不足，也使得经济体制与社会体制之间的不相协调、不相适应日渐凸显。市场化原则的全面扩展，使其成为组织社会生活、提供公共服务的一个重要原则，也使得“社会市场化”成为我国社会体制发展的一个重要

---

① 秦德君：《社会体制与社会管理：一种社会学规范分析》，《中国浦东干部学院学报》2010年第2期。

② 宋晓梧主编《中国社会体制改革30年回顾与展望》，北京：人民出版社，2008，第2页。

③ 参见《中国共产党第十一届中央委员会第三次全体会议公报》，北京：人民出版社，1978，第6页。

④ 参见《十二大以来重要文献选编》（上），北京：人民出版社，1986，第23页。

⑤ 参见《中国共产党第十四次全国代表大会文件汇编》，北京：人民出版社，1992，第13页。

⑥ 参见《中共中央关于建立社会主义市场经济体制若干问题的决定》，北京：人民出版社，1993，第5页。

取向，在促进社会财富迅速增加的同时，也使得社会问题大量增长。[①]

2. 第二阶段：2004～2011年

在构建社会主义和谐社会中，社会体制具有相对独立的重要地位，并经历了一个概念内涵不断丰富和完善的过程。2004年党的十六届四中全会首次提出“社会管理体制”[②]，到2006年党的十六届六中全会进一步将其发展为“社会体制”[③]，与“经济管理体制”和“经济体制”概念的演变相似。2007年，党的十七大报告突出了社会体制改革之保障和改善民生的要义。[④] 2008年，国家发改委在年度改革工作中把“社会体制改革”问题单列出来，明确提出四大重点改革任务。2011年，《中华人民共和国国民经济和社会发展第十二个五年规划纲要》针对加快社会体制改革，要求在重要领域和关键环节取得突破性进展。这些都表明，大力保障和改善民生、维护社会公平正义、实现社会安定有序，成为这一阶段社会体制改革的重要政策取向。从社会体制改革的主要领域来看，主要体现在如下方面。（1）在保障改善民生方面，2006年，《农业税条例》被废止，这是全面建设小康社会的重大举措；2009年，新一轮医改启动，围绕教育、住房、就业、社保等领域的改革也同步推进。（2）在社会矛盾化解方面，2005年，在加强平安建设背景下，强调建立人民、行政、司法调解相结合的多元联动调解体系。2010年，进一步加强建设社会矛盾纠纷联排联调的“大调解”体系，并注重“调解优先、调判结合”工作机制建设。（3）在社会利益表达方面，2005年，国务院颁布新修订的《信访条例》，进一步完善人民群众的利益表达渠道。2006年，首次提出加强社会政策建设，提高协调利益关系能力。2012年，提出实施社会稳定风险评估，多方听取群众意见，实行源头治理，维护社会稳定。（4）在社会管理创新方面，2007年以后，北京、上海、广东等在全国率先设立社会建设部门，为

① 李友梅：《关于社会体制基本问题的若干思考》，《探索与争鸣》2008年第8期。

② 参见《中共中央关于加强党的执政能力建设的决定》，《人民日报》2004年9月27日。

③ 参见《中国共产党第十六届中央委员会第六次全体会议文件汇编》，北京：人民出版社，2006，第44页。

④ 胡锦涛：《高举中国特色社会主义伟大旗帜　为夺取全面建设小康社会新胜利而奋斗——在中国共产党第十七次全国代表大会上的报告》，北京：人民出版社，2007，第37页。

社会建设和社会管理提供组织体制保障。在基层管理体制方面，“网格化管理”在于北京东城区诞生之后，逐渐发展成为一种全国普遍采用的基层管理模式。随着“全国社会管理创新综合试点”的设立，加强和创新社会管理逐渐成为一项国家战略任务。

3. 第三阶段：2012 年至今

党的十八大之后，加快社会体制改革逐渐成为一种普遍性共识。党的十八大报告明确提出，加快社会体制改革，必须“加快形成党委领导、政府负责、社会协同、公众参与、法治保障的社会管理体制，加快形成政府主导、覆盖城乡、可持续的基本公共服务体系，加快形成政社分开、权责明确、依法自治的现代社会组织体制，加快形成源头治理、动态管理、应急处置相结合的社会管理机制”①。“四个加快形成”的提出具有重大的理论意义，成为新时代社会体制改革的基本框架和行动指引。2013 年，党的十八届三中全会针对深化社会体制改革提出，既要更好保障和改善民生，又要促进社会公平正义。② 2017 年，党的十九大报告深化了完善社会治理体制的重要制度内涵。③ 2019 年，党的十九届四中全会从建设社会治理共同体的角度提出完善社会治理体系的任务。④ 2020 年，党的十九届五中全会提出坚持和完善共建共治共享的社会治理制度。⑤ 2022 年，党的二十大报告从中国式现代化的战略高度，进一步提出了完善社会治理体系、健全社会治理制度、提升社会治理效能的重大任务。⑥ 2023 年，中央社会工作部的组建，标志着新的全国性社会工作领导体制的确立。这些都表明，加

---

① 胡锦涛：《坚定不移沿着中国特色社会主义道路前进　为全面建成小康社会而奋斗——在中国共产党第十八次全国代表大会上的报告》，北京：人民出版社，2012，第 34 页。

② 参见《中共中央关于全面深化改革若干重大问题的决定》，北京：人民出版社，2013，第 4 页。

③ 参见习近平《决胜全面建成小康社会　夺取新时代中国特色社会主义伟大胜利——在中国共产党第十九次全国代表大会上的报告》，北京：人民出版社，2017，第 49 页。

④ 参见《中共中央关于坚持和完善中国特色社会主义制度　推进国家治理体系和治理能力现代化若干重大问题的决定》，《人民日报》2019 年 11 月 6 日。

⑤ 参见《中共中央关于制定国民经济和社会发展第十四个五年规划和二〇三五年远景目标的建议》，《人民日报》2020 年 11 月 4 日。

⑥ 参见习近平《高举中国特色社会主义伟大旗帜　为全面建设社会主义现代化国家而团结奋斗——在中国共产党第二十次全国代表大会上的报告》，北京：人民出版社，2022，第 54 页。

快推进社会治理现代化，全面建成小康社会，实现全体人民共同富裕，促进人的全面发展和社会全面进步，成为这一阶段社会体制改革重要的宏观政策目标。从社会体制改革的重点领域来看，这一阶段的政策设计和供给出现较为明显的突破性进展，主要表现在如下方面。(1) 在城乡体制改革方面，新一轮户籍制度改革成为重要突破口，建立全国城乡居民统一户口登记制度，为重塑新型城乡关系、促进城乡融合发展奠定重要制度基础。(2) 在社会保障体制方面，出台了一系列重要的政策规定，涉及养老保险的制度衔接，基本养老保险制度、基本医疗保险制度等方面的统筹改革。(3) 在公共服务体制方面，全面实施居住证制度，建立国家基本公共服务清单制和国家基本公共服务标准体系，更好保障流动人口在城市享有基本公共服务权利。(4) 在社会组织体制方面，四类社会组织实行直接登记制度，深化行业协会商会与行政机关脱钩改革；群团组织"强三性、去四化"改革全面推进；将建立健全现代社会组织法人治理结构作为重要方向。(5) 在社区治理体制方面，从基层治理现代化的战略高度，加强社区治理顶层政策设计，深化社区居委会减负增效，加强业委会治理结构建设，全面推进城乡社区协商。总体而言，这一阶段围绕社会体制的主要领域，体现出"制度并轨与社会平权""制度赋能与社会自治"的系统性改革效应。

(二) 社会体制演变的实践逻辑

从历史脉络来看，改革开放以来我国社会体制呈现出从"总体性体制"向"分化性体制"、从"管控型体制"向"治理型体制"、从"分割型体制"向"融合型体制"演变的趋势。在这个转型过程中，社会体制经由市场力量、行政力量、党建力量的三重塑造，实现了自身的再造和升华，反映和体现了国家－市场－社会互动关系的变换。从整个演变过程来看，社会体制的政策建构和实践发展，推动和促进了社会领域政策法规的制定和供给以及党和政府的社会领域职能部门的设置和发展，从而推动和促进了我国从"经济政策"到"社会政策"的历史性转变，由此围绕社会体制改革的整体性制度安排逐步完善和成形。

1. 市场社会的逻辑

改革开放以后，随着市场经济的发展、社会多元利益主体的分化，社会体制逐渐从国家体制中分化出来，并形成不同种类的社会体制子系统。在从计划经济到市场经济的体制转轨过程中，社会体制主要含混于经济体制之中，社会体制改革主要为经济体制改革服务，且带有较为明显的计划经济体制色彩。在 20 世纪 90 年代之后，随着社会主义市场经济体制的建立和发展，市场化原则日益成为经济社会发展的支配性逻辑。在极端市场化之下，当劳动力、土地、货币成为虚拟商品，就会形成一个市场社会，自律性市场的扩张与社会的自我保护构成“双重运动”。[①] 市场化原则应用范围的迅猛扩张，导致市场脱嵌于社会，带来了双重后果：一方面，在以经济建设为中心的背景下，地方政府大力发展经济、追求 GDP 增长，呈现“公司化”趋势；另一方面，政府在社会领域的放权和退出、市场原则在社会领域的渗透和扩张，使得公益事业和公共服务领域出现“产业化”趋势，教育、医疗、住房等民生问题凸显，社会利益结构失衡、贫富两极分化问题备受关注。由于国家与市场的联袂推进，社会本身受到了严重的贬损和挤压，使得“社会的生产”成为基本的转型问题。[②] 这就意味着社会的生产需要在与国家、市场的持续互动中实现。总体而言，这一阶段市场经济的发展刺激了社会自身的发育和成长，社会结构的多元分化为社会体制建设奠定前提基础，社会结构的失衡与定型[③]对社会体制变革提出新要求。

2. 和谐社会的逻辑

党的十六大之后，随着我国发展进入“战略机遇期”和“矛盾凸显期”，社会矛盾冲突多发频发，使得“社会更加和谐”成为中国社会发展的重要目标。在这一阶段，“保障改善民生”和“创新社会管理”成为社会体制改革创新的两条主线，建立健全与社会主义市场经济体制相适应的

---

① 卡尔·波兰尼：《大转型：我们时代的政治与经济起源》，冯钢、刘阳译，杭州：浙江人民出版社，2007，第 66 页。

② 沈原：《社会的生产》，《社会》2007 年第 2 期。

③ 孙立平：《中国社会结构的变迁及其分析模式的转换》，《南京社会科学》2009 年第 5 期。

现代社会体制成为基本目标。这一过程体现出双重效应。一方面，在大力保障和改善民生的背景下，政府对社会领域过度市场化进行纠偏，强化政府在公益事业和公共服务中的基本职责。政府民生投入显著增加，使得我国逐步建成世界最大的社会保障网，民众的社会权利获得广泛保障。另一方面，随着公众的权利意识和法治观念的不断增强，在房屋拆迁、物业管理、劳资关系、环境保护等领域，人们的利益诉求和表达更为多元复杂，各种社会群体的维权行动涌现，由此也使得政府着力通过创新社会管理来维护社会稳定，体现出较强的“维稳”色彩。在行政权力对社会领域进行深度介入之后，呈现出一种存在悖论的情形：政府既“造福”社会，又“深陷”社会，导致了“行政社会”的形成。[①] 故而，保障改善民生和创新社会管理，有效促进了社会权利的发展，共同构造和拓展了社会体制的权利面向。

3. 共享社会的逻辑

党的十八大之后，坚持和加强党的全面领导成为治国理政的根本原则。随着我国社会主要矛盾变化、经济发展进入“新常态”，着力实现从高速度增长到高质量发展的转变成为重要任务。这些都对社会体制建设提出新要求。在新发展理念的指引下，创新、协调、绿色、开放、共享成为中国社会发展的重要原则，党建引领成为贯穿中国社会治理创新的制度机制。[②] 在这一阶段，我国社会体制建设存在三条重要主线。一是创新社会治理，激发社会活力。作为一种“社会新政”[③]，创新社会治理需要正确处理维权与维稳的辩证关系，强调维稳的实质是维权。按照共建、共治、共享的基本原则，培育多元治理结构，建设社会治理共同体，健全社会治理制度。二是增进民生福祉，促进共同富裕。通过实施精准扶贫战略，实现全面建成小康社会。全面实施户籍身份的统一登记，促进城乡的互动和融合、区域的协调与平衡，重视发挥第三次分配的作用。坚持以人为核心的

① 王春光：《城市化中的“撤并村庄”与行政社会的实践逻辑》，《社会学研究》2013 年第 3 期。

② 黄晓春：《党建引领下的当代中国社会治理创新》，《中国社会科学》2021 年第 6 期。

③ 王名、蓝煜昕：《社会新政：从管理到治理》，《前线》2014 年第 6 期。

新型城镇化，实施基本公共服务均等化，加快农业转移人口市民化。三是建设平安中国，维护总体安全。在总体国家安全观下，建设更高水平的平安中国，重视民众的安身、安居、安业、安康、安心，不断增强和提高民众的获得感、安全感和幸福感。这体现出我国社会体制建设迈向全面推进社会的高质量发展、高效能治理，推动形成高品质生活的阶段，并致力于创造中国式现代化的社会文明新形态。

四　社会体制建设的目标取向

透过社会体制演变的历史脉络，可以发现其所蕴含的目标取向。社会体制的核心价值和目标诉求，关涉到社会体制存在的合法性基础及其变革的逻辑起点。相较于具有明确的目标和共识且有他人的成功模式可借鉴的经济发展，社会发展具有多重目标取向，并受多种综合条件的约束，难以复制他人成功经验或找到参考系。[①] 那么，社会体制的核心价值是什么，其目标诉求又是什么呢？这需要我们从理论上予以回答。围绕实现社会公平正义、促进社会文明进步，社会体制建设需要注重社会自身的思维和逻辑，其主要目标在于优化社会结构、维护社会权利、提高社会质量。

（一）社会结构取向（Social Structure Approach）

优化社会结构是现代社会体制建设的第一个目标维度。所谓“社会结构”是指社会体系各组成部分或诸要素之间较为持久、稳定的相互联系模式。[②] 从理论流派来看，帕森斯的结构－功能主义理论，从功能需求的角度来阐释社会结构，强调了社会系统的自我调节和均衡性，体现出一种社会结构的“系统观”[③]；吉登斯的结构化理论，试图超越行动与结构的二元对立，强调了社会结构的约束性和能动性的二重性特征，体现出一种社会

① 周雪光：《社会建设之我见：趋势、挑战与契机》，《社会》2013 年第 3 期。

② 杜玉华：《社会结构：一个概念的再考评》，《社会科学》2013 年第 8 期。

③ T. Parsons, *The Social System* (New York: Free Press, 1991), p. 351.

结构的“形构观”[①]。从构成维度来看，社会结构包括人口结构、家庭结构、就业结构、收入结构、消费结构、城乡结构、阶层结构等多个方面，其中最为核心、最为重要的当属社会阶层结构。[②] 而中国社会建设的一个核心任务就是，通过社会体制改革创新推动社会结构的调整和优化，进而建立与社会主义市场经济相适应、与经济结构相协调的现代化的橄榄型社会结构，这也是实现社会现代化的核心要义所在。[③] 从社会结构的角度而言，现代社会体制建设需要注重其自身的秩序性和公正性。

（二）社会权利取向（Social Right Approach）

维护社会权利是现代社会体制建设的第二个目标维度。“社会权利”是英国著名社会学家 T. H. 马歇尔在《公民身份与社会阶级》一书中首次正式提出的。按照马歇尔的观点，公民身份包括三个基本要素或维度：民事权、政治权、社会权。所谓社会权利是指“从享受少量的经济和安全的福利到充分分享社会遗产并按照社会通行标准享受文明生活的权利等一系列权利”[④]。社会福利权和社会保障权是社会权利的核心。这种权利的出现，实际上造就了一种新的平等观念，即平等社会价值（equal social worth）的观念，意味着人们基于其成员身份而非市场价值，对某种标准之文明拥有一种绝对的无条件应得的权利。[⑤] 而社会体制的本质就是围绕社会成员的社会性权利形成的一套制度体系，体现着一个社会的伦理观、权利观和价值观。[⑥] 这就意味着保障改善民生、增进民生福祉，成为现代社会体制建设的重要内容。而消除阻碍社会权利公平实现的体制机制，建立有利于社会权利发展的制度环境，实现社会的再组织化则是中国社会体制建设的

---

① 安东尼·吉登斯：《社会的构成：结构化理论纲要》，李康、李猛译，北京：中国人民大学出版社，2016，第 23 页。

② 陆学艺主编《当代中国社会结构》，北京：社会科学文献出版社，2010，第 15 ~ 22 页。

③ 陆学艺：《社会建设就是建设社会现代化》，《社会学研究》2011 年第 4 期。

④ T. H. Marshall, "Citizenship and Social Class," in T. H. Marshall and Tom Bottomore (eds.), *Citizenship and Social Class* (London: Pluto Press, 1992), p. 8.

⑤ 拉尔夫·达仁道夫：《现代社会冲突》，林荣远译，北京：中国社会科学出版社，2000，第 44 页。

⑥ 龚维斌：《社会体制的溯源及其内涵》，《中国行政管理》2013 年第 10 期。

重点。[1] 从现代社会角度来讲，在宏观的基本社会体制当中最重要的是社会权利，社会权利是建构现代社会体制的根本所在。[2] 从社会权利的角度而言，现代社会体制建设必须重视其自身的平等性和福祉性。

（三）社会质量取向（Social Quality Approach）

提高社会质量是现代社会体制建设的第三个目标维度。“社会质量”是一个源于欧洲，后在亚洲社会得到广泛应用的概念，并成为研究中国和谐社会建设的新视角。[3] 所谓社会质量是指人们能够在多大程度上参与其所属共同体的社会与经济生活，以及这种生活能够提升其自身福祉和潜能的程度。[4] 一个社会的社会质量状况的衡量和评判，可以从四个基本维度入手：一是社会经济保障（socio-economic security），二是社会凝聚（social cohesion），三是社会融合（social inclusion），四是社会赋权（social empowerment）。[5] 社会质量理论的提出，意味着需要转变和确立一种新的思维方式，即既要坚持经济高质量发展，又要高度重视社会高质量发展；而且，针对社会体制发展的研究，需要实现从关注“发展道路”到关注“社会的质量”的重要转变，更加强调从整体上提高社会的福祉性和团结性。[6] 从社会质量的角度而言，现代社会体制建设必须高度重视其自身的包容性和认同度，不断增强和提高人民的获得感和幸福感，促进社会文明的全面进步。

五　结论与讨论

改革开放以来，中国经济社会发展取得了举世瞩目的伟大成就，并创造

① 杨雪冬：《走向社会权利导向的社会管理体制》，《华中师范大学学报》（人文社会科学版）2010 年第 1 期。

② 陈光金：《社会体制改革与社会管理创新的学理辨析》，《大问题》2012 年第 6 期。

③ 林卡：《社会质量理论：研究和谐社会建设的新视角》，《中国人民大学学报》2010 年第 2 期。

④ 张海东：《社会质量：社会发展研究的新视野》，《光明日报》2010 年 2 月 16 日。

⑤ 艾伦·沃克：《社会质量取向：连接亚洲与欧洲的桥梁》，《江海学刊》2010 年第 4 期。

⑥ 张海东：《从发展道路到社会质量：社会发展研究的范式转换》，《江海学刊》2010 年第 3 期。

了“经济快速发展”和“社会长期稳定”两大奇迹。相较于对经济成功的解释，针对社会成功的解释还处在探索伊始阶段，许多问题还需要更多的历史积淀和理论积累。[①] 社会体制作为一种社会学认知方式，则提供了一种可能的解释视角。这是因为，一个社会的体制决定了这个社会的构成性原则，并从本源上影响和制约了一个社会的发展限度与绩效。[②] 从某种意义上讲，中国社会奇迹的创造，正是得益于一种独特的社会体制及其治理效能。

（一）社会体制的有机耦合

社会体制的生成与转换，是人类文明演进的重要内容，它既是一个客观的历史过程，又具有自身内在的规律性。一个社会之所以和谐有序，表面看是因为权力、经济、交换的力量，其背后深层的原因则是社会体制的力量。[③] 从总体上来看，当代中国社会体制具有“刚性”与“韧性”交融互通、“活力”与“秩序”有机兼具的鲜明特点，进而构造了新型举国体制、枢纽型社会组织体制、基层群众自治体制与共建共治共享制度之间的有机耦合。

第一，宏观层面。在经济转轨和社会转型的过程中，我国逐步发展和完善新型举国体制，体现出较强的社会动员和社会控制能力，具有集中力量办大事的体制优势，特别是在应对重大突发事件时表现出相当高的效率。[④] 就常态的日常治理而言，新型举国体制的一个重要方面就是，全面建成小康社会，提升民生福祉，实现共同富裕，建设更加公平共享的社会。中产阶层是维持社会稳定最重要的结构性因素[⑤]，也是体现分享社会遗产程度的重要指标。稳定有韧性的社会体制，需要培育和形成强大的社会中间力量。在发展社会主义市场经济的过程中，我国逐步培育出一个规模庞大的中等收入群体，其成为社会长期稳定的重要基础，也是社会体制

① 丁元竹：《推进社会治理现代化的基本思路》，《北京师范大学学报》（社会科学版）2016年第2期。

② 周晓虹：《社会建设：西方理论与中国经验》，《学术月刊》2012年第9期。

③ 杨彬：《社会体制的生成与转换》，《吉林大学社会科学学报》1996年第4期。

④ 龚维斌：《应急管理的中国模式：基于结构、过程与功能的视角》，《社会学研究》2020年第3期。

⑤ 郑永年、游海洪：《重启社会改革：改革关键期的三个群体》，《文化纵横》2019年第6期。

改革的一个重要成果。

第二，中观层面。在建构现代社会组织体制过程中，我国探索和构建了事业单位/群团组织与民间社会组织之间“以社管社”的枢纽型社会组织体制模式。作为一种中国特色的社会组织，事业单位和群团组织具有自身鲜明的特色优势，是充当枢纽型社会组织、实现社会协同治理的主要力量。事业单位是承载和调节多元社会利益的平衡器，在维护人民利益、让人民追求美好生活方面发挥了重要保障作用。群团组织具有优良的组织系统和传统，在联系和团结各类社会组织时，在党和政府与人民群众之间发挥了不可或缺的桥梁纽带作用。

第三，微观层面。在我国广大城乡基层社会，以居民委员会和村民委员会为核心载体的基层群众自治制度在满足群众需求、协调社会关系、化解社会矛盾、维护社会稳定方面发挥了重要的基层稳定器作用。在城市社区，业主委员会和物业服务企业成为住宅小区自我治理的基本载体；在农村社区，农民集体经济组织及各类专业合作社成为村庄经济互助合作的重要载体。在打造共建共治共享的社会治理格局下，基层党组织充分发挥总揽全局、协调各方的领导核心作用，通过广泛动员和联系多元社会力量，坚持自治法治德治相融合，构建一种“党领共治”的治理合力。

（二）社会体制的生成机理

社会体制的生成和转换，来源于历史的继承、横向的吸收和自身的积淀，并受到人类社会自身特点的影响和制约。社会体制生成与转换进程的核心主线，是国家-市场-社会三角关系的变动与重组，并体现出一些规律性特征。

第一，嵌入性。社会体制的呈现，取决于政府、市场、社会三者之间的动态互动关系。相对于政治的权力运行机制和市场的资源配置机制的刚性存在，社会生活的主体和运作机制总是弥散的、模糊的和软弱的，并总是受到政府和市场的牵引。① 这就使得社会体制的要素和形态，常常或者

① 李友梅：《关于社会体制基本问题的若干思考》，《探索与争鸣》2008 年第 8 期。

被包含在经济体制之中，或者被包含在政治体制之中，社会体制自身的存在因此会显得有些隐而不彰。同时，社会体制的构成及其运作机制常会以复杂的方式嵌入经济、政治等其他体制的运作之中。[①] 这涉及经济、政治、社会三者之间的关系构型。如处于失衡状态，社会体制就容易被吞没；如处于平衡状态，社会体制就会得到凸显。这意味着社会体制的生成需要在嵌入性存在中实现自身的独立性，遵循和彰显社会自身的内在逻辑和目标。

第二，建构性。社会体制的生成与转换，既具有自然演进的一面，也具有主动建构的一面，两者同时发展、交互促进。相较于具有相对稳定性的社会制度，社会体制则经常处于变化、变革之中。社会体制的建构和完善，既要与特定的经济体制模式相适应，也要与特定的政治体制原则和结构相契合。从实操层面而言，社会体制建构需要有效处理“主体－资源”“参与－决策”“交往－协商”“权利－义务”等多重关系要素，搭建社会管理体制、社会事业体制、社会保障体制、社会组织体制、基层社区体制等社会体制基本支柱和核心骨架。由于社会体制具有极强的能动建构和学习借鉴的特性，社会领域的政策设计、制度安排和立法供给，会直接影响与塑造社会体制的生成、构型和转换。这就需要国家具有明确的社会建设和社会政策的观念意识与认知思维。

第三，历史性。社会体制的生成与转换，既是一个漫长的历史过程，又必须借助某些客观的契机，而文明的冲突与融合则是社会体制得以生成转换最为重要的契机。[②] 良好的社会体制的形成，需要时间积淀和文化孕育。从西方发达国家的历史经验来看，现代社会体制的形成，实质上就是一个国家实现社会现代化的过程，通常需要经历一个较长的时期。在社会体制的历史发展中，在不同的阶段它的内容和方式是不一样的。一个国家在不同的历史阶段，会形成不同的社会体制；不同的国家，即使政体不同，也有可能会形成相似的社会体制。由于路径依赖和制度惯性，新旧体制之间的复杂联结使得社会体制的生成与转换既具有渐进性

① 黄晓春：《社会体制建设与中国社会转型》，《中国社会科学报》2013 年 1 月 9 日。

② 杨彬、邓福庆：《社会体制论》，哈尔滨：黑龙江人民出版社，1999，第 44 页。

又具有连续性，既具有平滑性又具有突生性，并需要充分考虑“时间变量的重要性”。[①]

第四，治理性。社会利益关系是社会体制的核心内容，并以社会事业、公共服务和社会保障为主要载体形式呈现。社会治理是社会体制运行的基本方式。社会体制的运行过程，常常会包含大量的治理行为和机制，涉及多方主体之间利益关系的协调、博弈和平衡。社会体制具有两大基本功能：一是生产社会秩序，二是创造社会活力。从这个角度而言，社会体制实质上是生产社会秩序、激发社会活力的核心制度。社会体制一旦生成和稳固，就会逐渐孕育和涵化出一种体制性思维和精神，并成为调节社会关系、规范社会行为、解决社会问题、满足社会需求的一种无形的治理力量。因此，从社会善治的角度而言，社会体制的科学构建和有效运行，需要营造一种相对轻松和舒展的体制和社会氛围[②]，从而实现秩序与活力的有机统一。

党的二十大报告提出：“高质量发展是全面建设社会主义现代化国家的首要任务。”[③] 这为中国式现代化视野下的社会体制改革创新指明了方向。世界百年未有之大变局下，信息科学技术的发展日新月异，各类社会风险和社会矛盾错综交织，使得当代中国社会体制改革创新仍面临不少严峻挑战。与经济体制改革在理论和实践上不断取得重大进展相比，社会体制改革显得相对滞后。[④] 这就使得进一步加强社会体制研究、不断深化社会体制规律认识成为一项重要的战略任务，也成为完善和发展中国特色社会学、推进中国式社会现代化建设的重要内容。作为当今世界的一个“超大型社会体”，中国社会体制改革创新的丰富实践，为社会学研究构建本土化理论体系提供了天然的实验室。特别是党的十八大以来，我国社会体制改革步伐大大加快，社会领域的基本制度框架和“四梁八柱”逐渐成

---

① 田毅鹏：《社会管理体制改革的理论逻辑》，《江苏社会科学》2011 年第 4 期。

② 孙立平：《走出体制性拘谨》，《学习月刊》2008 年第 7 期。

③ 习近平：《高举中国特色社会主义伟大旗帜　为全面建设社会主义现代化国家而团结奋斗》，《人民日报》2022 年 10 月 26 日。

④ 黄文平主编《社会体制改革构想》，北京：人民出版社，2017，前言：第 1 页。

形，新的社会治理体制基本形成。[①] 站在新的历史起点，努力实现社会的高质量发展，坚定不移走共同富裕之路，着力构建人人有责、人人尽责、人人共享的“共享型社会”，成为全面建设社会主义现代化国家新征程中社会体制改革创新的重要使命。

① 李培林：《用新思想指导新时代的社会治理创新》，《人民日报》2018 年 2 月 6 日。

第七章　社会体制改革：核心议题与理论模式*

一　社会体制改革的历史方位

作为人类文明演进的重要内容，社会体制的生成与转换成为现代社会建设的核心议题。然而，对于我国而言，“社会体制”作为一个问题真正进入政府决策议程和学术研究领域只不过是近些年来的事情。在中央提出构建和谐社会、推进科学发展的重大战略背景下，加强社会建设、创新社会管理成为“新的国家治理共识”。① 而所谓的“社会体制问题”正是随着我国现代化进程中政府、市场、社会的逐步分离，随着加强社会建设和创新社会管理而提出来的。② 对于当代中国社会而言，社会体制改革问题，既具有理论的重要性，又具有实践的紧迫性。长期以来，在我国，无论是理论研究领域，还是实际工作部门，对于社会体制改革问题都存在认识不充分、准备不足的问题。而理论和实践的双重滞后，使得针对社会体制改革问题的研究尤为迫切。③

相较于经济体制、政治体制具有相对确定、规范的社会含义而言，“社会体制”提出的时间较晚，其内涵、外延以及相关的理论、政策都还在形

* 本章原以“社会体制改革论纲”为题刊发于《北京师范大学学报》（社会科学版）2017年第2期，此次收入有修改。

① 周晓虹：《社会建设：西方理论与中国经验》，《学术月刊》2012年第9期。

② 龚维斌：《社会体制的溯源及其内涵》，《中国行政管理》2013年第10期。

③ 陈鹏：《试析社会体制改革的基本框架》，《中国机构改革与管理》2015年第4期。

成的过程中，至今仍未有一个相对确定、准确的含义。[①] 2006 年，党的十六届六中全会首次提出“社会体制”，要求坚持社会主义市场经济的改革方向，推进社会体制改革和创新。2007 年，党的十七大报告提出，“必须在经济发展的基础上，更加注重社会建设，着力保障和改善民生，推进社会体制改革”。2012 年，党的十八大报告提出“加强社会建设，必须加快推进社会体制改革”，特别是“四个加快形成”的提出，使其成为指导我国社会体制改革的纲领性文件。2013 年，党的十八届三中全会进一步指出：“紧紧围绕更好保障和改善民生，促进社会公平正义，深化社会体制改革，推进社会领域制度创新。”随着中央提出社会体制改革这一重要课题，尤其是一系列高规格、高层次的相关政策文件接连颁布和出台，其在全国范围内引起极大反响。

社会体制改革是全面深化改革的基本内容。我国社会体制改革的总体背景是，改革进入攻坚期和深水区，发展进入新常态。从体制改革的构成来看，社会体制改革与经济体制、政治体制、文化体制、生态文明体制改革共同构成一个完整的序列。社会结构的急剧转型、人民生活需求层次的不断提高、利益格局的深刻变动都迫切要求推进社会体制改革。[②] 而社会体制改革的长期滞后不仅严重制约了社会建设发展，而且影响了经济体制改革的进一步深化和拓展。这是因为完善的社会体制对于应对经济发展带来的种种社会问题至关重要。[③] 经济体制改革的成果需要通过社会体制改革来巩固，其意义最终也体现在社会体制中，而且社会体制改革滞后甚至还会导致严重的腐败。[④]

社会体制改革是中国社会建设的核心问题。从历史脉络来看，我国现行社会体制主要形成于计划经济时期，已经严重滞后于经济社会发展的现

---

① 参见宋晓梧主编《中国社会体制改革 30 年：回顾与展望》，北京：人民出版社，2008；秦德君《社会体制与社会管理：一种社会学规范分析》，《中国浦东干部学院学报》2010 年第 2 期；陈光金《社会体制改革与社会管理创新的学理辨析》，《大问题》2012 年第 6 期。

② 李培林：《转型背景下的社会体制变革》，《求是》2013 年第 15 期。

③ 丁元竹：《当前社会体制改革的意义与重点》，《行政管理改革》2011 年第 1 期。

④ 郑永年：《中国改革的路径及其走向》，《炎黄春秋》2010 年第 11 期。

实需要。[①] 现阶段社会建设的核心就是要聚焦和突破深层次的“体制性”瓶颈，否则社会建设中的许多问题就难以从根本上解决。[②] 在实际工作中，人们也常把社会体制改革创新简单地看作一个单纯的实践问题，对其理论逻辑关注不够，这直接影响到人们对社会体制改革长期性和复杂性的认识与理解。[③] 从改革进程和阶段来看，如果说前30年改革的主体性内容是经济体制改革，那么社会体制改革则是当前和今后一个时期我国体制改革的主体性内容。[④] 社会体制改革将发挥承上启下的重要作用，既为经济体制改革凝聚力量、注入活力，又为政治体制改革奠定坚实社会基础。从改革全局来看，社会体制改革是全面深化改革的“短板”。而当前改革最大的空间、未来改革的“金矿”最可能在社会领域。[⑤] 因此可以说，社会体制改革创新肩负着重要的时代使命，并承载着深远的历史意义。

二　社会体制改革的核心议题

党的十八届三中全会提出，经济体制改革的核心问题是正确处理好政府与市场的关系，必须更加尊重市场规律，更好发挥政府作用。以此为参照，社会体制改革的核心问题是正确处理好政府与社会的关系，必须更加尊重社会运行规律，更好利用社会力量。相较于经济领域而言，政府在社会领域的情况要更为复杂，且政府对社会领域的认知、理解和把握相对而言也更加谨慎。在中央加强社会建设、创新社会治理的背景下，政府越发倾向于表现出较强的治理取向和提供复杂的制度环境。[⑥] 就社会体制改革而言，政府与社会的关系主要存在两个方面的基本问题：一方面是政府在社会领域的越位、错位、缺位问题，另一方面是政府向社会还权、放权、

① 陆学艺：《当代中国社会结构变动中的社会建设》，《甘肃社会科学》2010年第6期。

② 秦德君：《从社会体制上推进社会建设》，《探索与争鸣》2011年第2期。

③ 田毅鹏：《社会管理体制改革的理论逻辑》，《江苏社会科学》2011年第4期。

④ 参见周瑞金《论全面改革“三步走”路线图》，《湖南社会科学》2010年第3期；郑永年《中国改革的路径及其走向》，《炎黄春秋》2010年第11期。

⑤ 张树华：《中国未来改革的金矿在社会领域》，《环球时报》2013年11月18日。

⑥ 纪莺莺：《治理取向与制度环境：近期社会组织研究的国家中心转向》，《浙江学刊》2016年第3期。

赋权的问题。

（一）政府职能：越位、错位、缺位

针对我国政府职能的审视，需要纳入两个基本视角：一个是我国政府所正在经历的从计划经济体制下的“全能型、管制型政府”到市场经济体制下的“有限型、服务型政府”的转变①；另一个是将政府本身不仅看作具有自身利益偏好的自主行动主体，而且看作一个具有纵向权力关系的多层级治理体系②。

所谓“越位”是指政府干了不该干、管了不该管的事情，甚至直接包揽了本来可以由社会自身处理的社会事务。这突出体现在基层政府在“社会组织”“基层社区”两个领域的行为表现中。比如，一些地方政府通过业务主管等方式直接介入各种社团、协会内部管理与事务运作，使这些组织直接或间接处于政府的附属地位；一些基层政府则采用相对更为隐秘的嵌入式控制手段，将社团运作纳入政府体制内进行管理，实现可控发展。③ 一些社区内利益纠纷问题，本可以通过自治组织自行协商解决，而一些街道政府片面维稳、强行介入，反倒激化了矛盾和冲突。类似这种政府在微观社会领域过度介入的情况较为普遍。

所谓“错位”是指政府内部发生的职能混乱现象。从我国政府管理体制来看，政府职能错位主要发生和表现在三个维度。从纵向上看，在“职责同构”的行政架构下，不同层级的政府之间有时会出现职能混同和错位的现象。从横向上看，主要表现为社会治理各个部门之间的职能交叉、重叠，比如一些地方民政部门、政法部门、社工委部门出现较多的职能交叉和摩擦问题。④ 从条块关系上看，特别是在项目制运作情形下，在涉及部

---

① 石建国：《我国全能型政府职能的历史成因与改革方向》，《中国井冈山干部学院学报》2015 年第 3 期。

② 汪锦军：《纵向政府权力结构与社会治理：中国“政府与社会”关系的一个分析路径》，《浙江社会科学》2014 年第 9 期。

③ 吴月：《嵌入式控制：对社团行政化现象的一种阐释——基于 A 机构的个案研究》，《公共行政评论》2013 年第 6 期。

④ 陈鹏：《中国社会管理创新体制模式研究——基于四种模式的案例分析》，《北京师范大学学报》（社会科学版）2015 年第 4 期。

门利益和基层稳定时，既有条对块的，也有块对条的错位干预和介入。[①]

所谓“缺位”是指一些公共服务本应由政府提供，政府却没有充分尽职尽责，甚至在某些职能领域出现了缺位。比如，在教育、医疗、卫生、养老、失业救济、住房保障等领域，在有些边远贫困落后地区，由于当地政府财力有限或地方领导观念意识滞后等多种原因，政府在保障弱势贫困群体的民生需求方面出现不同程度的缺位。同时，相对于物质性公共产品而言，制度性公共产品供给短缺问题的解决更为紧要。譬如，针对社会建设和社会治理的基本法律法规较为滞后，立法位阶偏低，还不能满足和适应现实发展的迫切需要。

（二）社会权利：还权、放权、赋权

政府职能的行使形塑和构造了社会的权利状况。政府职能的越位、错位、缺位实际上反映了政府职能不到位的问题，这就需要进一步加快政府职能转变，深化简政放权，真正实现政府职能“归位”。从历史发展规律来看，政府职能转变是一个动态变化的过程，这一变化的基础要视市场和社会的能力建设情况而调整。[②] 就社会体制改革而言，在政府职能转变和归位的过程中，其面临和肩负三个面向“社会”本身的重点任务：根据社会自身的内源性需求，实现政府向社会的放权、还权、赋权，从而加强社会自身的能力建设。

所谓“放权”是指政府要在充分信任社会的基础上向社会释放各种权利和空间。政府向社会放权关键是要信任社会，建立对社会的“建设性”观念，走社会内源性需求回应建设之路，不断释放社会能量和激发社会活力。[③] 政府一方面要把社会可以自我管理的领域开放给社会，另一方面也应当把那些自己管理不好的领域让渡给社会。要实现社会善治，国家就必

① 陈家建、张琼文、胡俞：《项目制与政府间权责关系演变：机制及其影响》，《社会》2015年第5期。

② 薛澜、李宇环：《走向国家治理现代化的政府职能转变：系统思维与改革取向》，《政治学研究》2014年第5期。

③ 参见王君琦《释放改革红利要对行政权力“拆、分、限”》，《学习时报》2013年7月8日；黄建洪《自主性管理：创新社会管理的引导性议题》，《社会科学》2012年第10期。

须释放社会，腾出一些社会空间领域，包括赢利空间、自组织空间、公益活动空间等。[①] 在放权过程中，应逐步明确和扩大社会自治的范围和领域，尤其是在政策层面的适用范围。值得注意的是，这种放权并不意味着对社会的放任自由，政府对涉及公共利益的社会领域仍需要进行必要的规制。[②]

所谓“还权”是指政府把本应由社会行使的权利还给社会自身。这里的“还”，关键在于“退出”和“让渡”。在长期高度集权的计划经济体制下，国家通过单位体制实现了对社会的严密控制和管理，单位之外几乎没有什么自由的社会空间和资源，从而使得社会缺乏活力。[③] 改革开放以后，虽然市场经济的发展导致单位制逐步松动和解体，但一些领域和行业仍带有较强的单位制惯性和痕迹，仍未能将社会本应占有和分享的空间释放出来。这就需要政府有序退出自己所挤占的社会空间，促使社会养成追求自身利益、利益合理分流和凸显社会公益的健康习性。[④] 在这个过程中，政府需要根据社会自身的成长状况把握好“退出”的节奏和分寸。

所谓“赋权”主要是指政府要通过有效的制度设计和供给增强与提升社会自身的治理权能。在现代社会，政府对社会的介入和支持，主要是通过法律法规和社会政策来实现的。作为一种现代国家建构范畴，社会自治则是伴随现代国家建构过程呈现的新的社会身份。[⑤] 这就意味着社会自治的建构和确立，离不开政府持续不断提供法制支撑、政策保障和资源供给。除了政府对社会的赋权之外，社会的自我赋权同样不可缺少。政府与社会的边界和权限并不是一成不变的，而是随着社会环境和条件的变化而变化，处于一种动态建构的过程中。社会应根据自身的内源性需求，适时调整和赋予社会组织恰切的治理范围、领域和事项，并通过科学有效的法人治理结构设计，不断增强和提高自身适应与服务社会公众、承接政府转移职能的能力和水平。

---

① 任剑涛：《国家释放社会是社会善治前提》，《中国社会科学报》2014 年 6 月 13 日。

② 郑永年：《强政府、强社会当是中国社会管理的方向》，《联合早报》2011 年 5 月 24 日。

③ 孙立平：《自由流动资源与自由活动空间——论改革过程中中国社会结构的变迁》，《探索》1993 年第 1 期。

④ 任剑涛：《国家释放社会是社会善治前提》，《中国社会科学报》2014 年 6 月 13 日。

⑤ 周庆智：《基层社会自治与社会治理现代转型》，《政治学研究》2016 年第 4 期。

三　社会体制改革的目标模式

经济体制改革引发了社会体制的改革、变迁和转型。相对于已形成较为成形的目标模式的经济体制改革而言，我国社会体制改革的目标模式还不够明晰、亟待建立。在针对社会体制改革核心问题研究的基础上，本章将进一步重点围绕社会体制改革的理念思维、目标导向和路径模式进行分析和探讨，以期在宏观层面勾勒一个初步轮廓。

（一）理念思维：迈向“社会本位”

正确的理念思维是推进社会体制改革的基础前提。总体来看，我国社会体制改革首先需要从理念思维模式上实现从“政府本位”向“社会本位”转变。所谓“政府本位”，强调政府的绝对权力和权威，且以统治的方式运行；所谓“社会本位”，强调多元主体的平等合作、社会组织的主体性作用，且以治理的方式运行。具体来讲，相对于“政府本位”模式，“社会本位”的社会体制改革模式具有四个鲜明特征。

第一，强调和凸显社会自身逻辑。相较于“行政思维”和“经济思维”，社会本位的社会体制建设更加强调“社会思维”，需要尊重社会自身的目标取向和运作逻辑。改革开放以来，随着市场经济的发展，“社会”逐渐从国家中分离出来，其独立性和自主性不断提高。承认社会的主体地位和价值是理解社会自身逻辑的基本前提。这就要求在推进社会体制建设中，要更加尊重社会的理念选择、制度设计和管理政策来凸显社会之于国家、公民之于社会的主体地位，发展社会公共利益。① 而公平正义就是社会自身的首要价值和目标诉求。诚如古典社会学大师涂尔干所指出的，“社会有引以为荣的地方，这并不是因为它们最伟大，最富庶，而是因为它们最公平，具有最合理的道德结构”②。同时，社会具有自身的运作方

① 黄建洪：《自主性管理：创新社会管理的引导性议题》，《社会科学》2012 年第 10 期。

② 爱弥尔·涂尔干：《职业伦理与公民道德》，渠东、付德根译，上海：上海人民出版社，2006，第 61 页。

式，包括自治机制、志愿机制、信任机制等。[①] 特别是要矫正社会不足以自治的思维定式，应看到社会的运行总是在不断试错的基础上逐渐摸索出自治的门径，并在试错中逐渐走向理性和成熟的，国家应对成长中的社会给予充分的耐心。[②]

第二，强调和凸显多元合作共治。相较于以政府为单一主体的传统社会管理模式，现代社会治理更加强调培育和形成一个具有包容性的多元主体治理结构，在发挥党委领导、政府主导作用的同时，进一步发挥社会协同、公众参与的作用。合作治理的关键就在于，明确了政府与社会组织之间是平等、互利、合作、协商的关系。[③] 每个治理主体都有权利、有责任去关心、参与公共事务，这种结构体系更具开放性和灵活性，也更具活力和效率，更加有助于构建一个自主、自治、能动的社会，形成多元共存的良性社会生态。此外，社会利益诉求的复杂多元，也迫切需要实现从刚性治理向柔性治理转变。这是因为，制度的有效运行有赖于其所嵌入和依存的诸如人情、道德、面子、习俗等非制度性因素。刚性治理过于强调制度规范的约束力及其背后的行政强制力，因而显得比较僵化、生硬；而所谓的柔性治理则更加强调通过对制度规范的认同和内化使规范转化成人们自觉的守规、守信行动。究其本质，柔性治理是一种“以人为中心”的“人性化治理”。

第三，强调和凸显社会法治保障。社会本位的社会体制建设，强调运用法治思维和法治方式来治理社会，提高运用法治思维和法治方式协调社会关系、化解社会矛盾、解决社会问题的能力。所谓法治思维和法治方式，关键在于注重“讲理”和遵循“程序之治”，并要有坚定的法治信仰、法治意志和法治定力，维护和实现司法正义。这就要求加强社会领域立法、执法工作，使各项社会治理工作有法可依、有法必依、执法必严。同

---

① 参见俞可平《社会自治与社会治理现代化》，《社会政策研究》2016 年第 1 期；丁元竹《为什么志愿机制是可能的》，《学术研究》2012 年第 10 期；福山《信任：社会美德与创造经济繁荣》，郭华译，桂林：广西师范大学出版社，2016，第 26 页。

② 任剑涛：《政治秩序与社会规则：基于国家 - 社会关系的视角》，《人民论坛 · 学术前沿》2012 年第 4 期。

③ 蔡岚：《合作治理：现状与前景》，《武汉大学学报》（哲学社会科学版）2013 年第 3 期。

时，随着中央大力构建社会主义和谐社会，我国逐渐实现“从经济政策到社会政策的历史性跨越”①，进入一个“社会政策时代”②。这就要求更好地尊重和维护社会政策的独立地位，加快构建相对完备的发展型社会政策体系。同时，社会法治保障高度重视制度治理的中坚作用。随着中国行政体系和治理机制理性化程度的不断提高，“运动式治理”被重塑成更为精密的目标责任制和绩效考核等表现形式，并最终走向“内卷化”的困境。③这就要求从传统的命令式、运动式、动员式的治理策略向法治化、互动式、合作型的制度化常规治理路径转变。

第四，强调和凸显公民权利价值。权利是社会的导师。在现代社会，权利主要是指公民身份权利（citizenship rights）。某种意义上讲，社会体制改革实质上是一场社会平权运动，其核心价值指向就是构建现代公民身份制度（citizenship institution）。正如英国社会政策大师 T. H. 马歇尔所言：“公民身份在所处的社会中是一种不断发展的制度，沿着用这种方式设计的道路奋勇前进，就是要努力实现更加充分的平等，构成公民身份地位之要素的不断丰富，以及被授予这种地位的人数的不断增加。”④这种权利价值取向要求坚持“以人为本”，即以人的价值为核心，把人的生存和发展作为最高价值目标，尊重人的尊严、价值、差异、需求、自由和全面发展，使每个人都有机会和权利共享社会发展文明成果。这也正是现代社会权利的核心要旨之所在。对于这种日渐提高和增强的社会权利价值和意识，应予以尊重，并对其进行合理的引导和规范。这是因为，放纵权利的肆意妄为和狂放泛滥，势必会释放出破坏性的社会力量，它与不受制约的政治权力一样，都会是“恶魔”。⑤

---

① 王绍光：《从经济政策到社会政策的历史性转变》，《中国经济时报》2007 年 4 月 6 日。

② 王思斌：《社会政策时代：中国社会发展的选择》，《中国社会科学报》2010 年 3 月 23 日。

③ 倪星、原超：《地方政府的运动式治理是如何走向“常规化”的?》，《公共行政评论》2014 年第 2 期。

④ T. H. Marshall, “Citizenship and Social Class,” in T. H. Marshall and Tom Bottomore (eds.), *Citizenship and Social Class* (London: Pluto Press), p. 18.

⑤ 黄建洪：《自主性管理：创新社会管理的引导性议题》，《社会科学》2012 年第 10 期。

（二）目标导向：建设“三个社会”

从根本上讲，社会本位的社会体制建设，无论是社会自身的目标诉求、社会主体价值的彰显，还是社会法治的保障、公民权利价值的实现，其最终落脚点都在于“回到社会本身”，“做大”“做强”“做好”社会，即所谓的“大社会”“强社会”“好社会”的建设问题。

第一，大社会（big society）。“大社会”这个概念成为热词，得益于2010年英国首相卡梅伦在竞选中提出了“大社会运动”改革理念。所谓“大社会运动”是指政府把更多的权力和资金下放给社区、慈善机构和公众，从而转变政府的管理方式，进一步提高公共服务效率和水平，即通过实行“大社会”计划，让人们重新学习如何承担社会责任。[①] 目前，英国政府已确定四个城市和地区为“大社会”改革实验区。“大社会”改革内容主要包括：政府把权力下放给社会和志愿者，强调志愿精神和个人责任感，鼓励市民参与小区活动及支持合作社、社会企业和慈善事业的发展，慈善、非营利组织可以接管部分公共服务，等等。[②] 通过英国“大社会”改革计划可以发现，“大社会”关键“大”在社会自身的体量、空间和资源上，即政府赋予各类慈善组织、社区组织、社会企业、志愿者组织广阔的社会治理权利和空间。这对于当下的中国社会具有重要启示意义：一方面，要从制度设置上为社会组织登记注册提供便利，促使社会组织迅速成长和发展起来；另一方面，要给予各类社会组织，包括庞大的草根社会组织以自主的发展空间和必要的发展资源。

第二，强社会（strong society）。“国家能力”是衡量国家与社会关系的一个重要指标。美国著名学者乔尔·S. 米格代尔在其名作《强社会与弱国家》一书中提出国家具有四大核心能力：渗入社会的能力、调节社会关系的能力、提取资源的能力以及以特定方式配置或运用资源的能力。[③] 根

---

① 殷翔、赵纪周：《卡梅伦“大社会”成就华裔小青年》，《世界知识》2010年第15期。

② 成晓叶、凌宁：《英国保守党语境中“大社会小政府”的特点、困局及与我国的对比》，《天津行政学院学报》2013年第5期。

③ 乔尔·S. 米格代尔：《强社会与弱国家》，张长东等译，南京：江苏人民出版社，2009。

据国家与社会的能力强弱，一般可以划分出四种基本类型的国家与社会关系模式："强国家、强社会"模式、"强国家、弱社会"模式、"弱国家、强社会"模式和"弱国家、弱社会"模式。根据我国现实情况和长远发展的需要，相对于"强国家"来说，"强社会"更为基础，意义更为深远。[①]一个"强社会"，应当是社会组织化程度较高、社会团结和社会凝聚力较强、社会自我管理能力较高、公众法律意识和法治观念较强、对政府权力具有较强监督能力、民众普遍较为富裕的社会。

第三，好社会（good society）。自古典先哲们以来，对于"好社会"的各种描绘和憧憬，构成了人类历史上一幅幅绚烂多彩的"乌托邦"（utopia）图景。然而，现代性产生之后，"好社会"开始具有重要的经验和现实指涉，即立足于现实的经验基础而不是根据信仰来憧憬可以实现的美好未来，这是"好社会"主张的一个根本前提。[②]对于晚近的社群主义者而言，"好社会"的建设更多指向道德的培育和重建，并依归于家庭、学校、社区和多社群构成的联合体。[③]从"好社会"建设的核心内容来看，最关键的是培育社会资本；特别是在全球化背景下，所谓的"好社会"在更广泛和更普遍的意义上日益恢复到"社会"的本来含义，即"好伙伴"（good companionship）。[④]同时，"好社会"的构建，也需要避免"不良公共性"（bad public）问题[⑤]，譬如贫富两极分化、强势群体与弱势群体之间的分野和裂痕问题[⑥]。这就表明，一个"好社会"必是以公平正义为基础并能保持底线公平的社会。[⑦]而且，"好社会"的大厦具有两大支柱：一

① 白则平：《论我国国家与社会关系改革的目标模式："强社会、强国家"》，《科学社会主义》2011年第3期。

② 成伯清：《从乌托邦到好社会：西方现代社会建设理念的演变》，《江苏社会科学》2007年第6期。

③ Amitai Etzioni, *Next: The Road to the Good Society* (Basic Books, 2001), pp. 11 - 13.

④ 成伯清：《从乌托邦到好社会：西方现代社会建设理念的演变》，《江苏社会科学》2007年第6期。

⑤ Peter Stamatov, "The Making of a Bad Public: Ethnonational Mobilization in Post-Communist Bulgaria," *Theory and Society* 29 (2000): 549 - 572.

⑥ 孙立平：《权利失衡、两极社会与合作主义宪政体制》，《战略与管理》2004年第1期。

⑦ 郭于华：《社会生态自救与重建之道》，《人民论坛·学术前沿》2012年第17期。

是作为首要条件和保障的民主政治，二是足以保障充分就业的经济繁荣。[①]换句话说，没有一个廉洁、公正和高效的好政府，没有一个持续稳定增长的好经济，就不会有一个“好社会”。

（三）路径模式：坚持“四个结合”

相较于经济体制改革而言，社会体制改革很难找到一个明确的参考系。[②] 如果说市场经济体制具有较多共享的国际通行惯例和规律的话，与之相适应的社会体制则受到本国历史文化传统、经济发展阶段、社会结构转型、全球一体化进程等多重因素和条件的影响。各国都需要根据自己的国情来设计和创新社会体制。[③] 从这个角度来看，社会体制改革实际上也是一个世界性的难题。即使是欧美等西方发达国家，也普遍面临着诸如医疗卫生、教育、养老、社会保障等方面的问题。当然，对于发展中国家而言，社会体制改革方面的问题可能更加棘手、复杂而艰难。对于中国这样一个仍处于社会主义初级阶段，但在经济发展上已迈入中上等收入国家行列的发展中大国而言，其社会体制改革又应当采取什么样的路径模式？解决这一问题，需要把握好四个关键环节。

第一，理论先导与实践探索相结合。经济体制改革的一个基本成功经验就是，重视率先实现理论上的突破，提出了建立“社会主义市场经济体制”的改革目标。[④] 对于社会体制改革目标的设定，无论是政策文件，还是学术文献，都尚处于探索之中。一些研究者的探索，提供了重要线索和启示。这就需要从理论和政策上切实加强对社会体制问题的深入系统研究，特别是要进一步深刻认识和把握全球化背景下我国体制转轨和社会转型过程中政府、市场和社会的关系，在此基础上提炼和明确一个符合普遍共识的理论提法。改革开放以来的历史和经验表明，对政府、市场和社会

① 约翰·肯尼斯·加尔布雷思：《好社会：人道的记事本》，胡利平译，南京：译林出版社，1999。

② 李强：《怎样理解“创新社会治理体制”》，《毛泽东邓小平理论研究》2014 年第 7 期。

③ 丁元竹：《推进社会治理现代化的基本思路》，《北京师范大学学报》（社会科学版）2016 年第 2 期。

④ 魏礼群：《中国经济体制改革回顾与前瞻》，《国家行政学院学报》2008 年第 5 期。

三者之间关系的认识越清晰、越深刻，改革的举措就越有力，成效就越显著。社会体制改革亟待科学的理论指导，社会体制理论也将在实践探索中不断得到丰富和发展。

第二，顶层设计与底层设计相结合。改革和创新社会体制，既要重视顶层设计，又要重视底层设计。社会体制顶层设计的核心在于社会结构，要充分发挥党委领导、政府主导的作用；而社会体制底层设计的重心则在于基层自治，要充分发挥人民群众的主动性和能动性。① 只有顶层设计和底层设计相结合，经过“自上而下”“自下而上”几个回合的调整，才能形成一个合情合理的改革系统，进而实现合规运行。② 特别是在顶层设计中应确定中央政府在社会改革中的主体地位，这种基本社会治理制度的确立，不仅是执政党长期执政的社会基础，更是国家真正发展起来的制度基础。③ 而且，社会建设和社会体制改革的基本政策取向应该允许和鼓励不同城市、区域在民众参与、权力制衡等领域中不同方向上的探索和尝试，以便寻找政府与民众良性互动的机制和经验。④ 在这个过程中，一方面政府可以逐步积累在社会领域中进行宏观政策调控的能力和经验，另一方面社会自身和公民个人也能够逐步培育和提升自我服务、自我管理、自我教育、自我监督的能力。

第三，整体推进与重点突破相结合。从改革全局来看，社会体制改革属于我国整体改革的一部分，既需要独立设计，又需要协同推进。社会建设和社会治理是一个整体，必须有总体设计。在社会治理领域中，把问题分隔开来的改革，从整体上来说是没法推动的。社会体制改革必须把跟社会发展有关的各种体制、各类机构、各种问题统一起来考虑，整体推进问题的解决。诚如有论者所言：“社会体制改革不能总是修补式地亡羊补牢，零敲碎打的社会体制改革应该结束了，现在到了系统推进社会体制改革的时候，必须总体上设计好既与经济体制改革、政治体制改革和文化体制改

① 赵蓬奇：《创新社会治理体制需加强顶层与底层设计》，《中国经济时报》2014 年 9 月 24 日。

② 蔡德聪：《“顶层设计”也要注重“底层”》，《学习时报》2012 年 12 月 10 日。

③ 郑永年：《中国改革的路径及其走向》，《炎黄春秋》2010 年第 11 期。

④ 周雪光：《社会建设之我见：趋势、挑战与契机》，《社会》2013 年第 3 期。

革相配套，又自成体系的社会体制改革。”[①]同时，社会体制改革也需要找准突破口，抓住“牛鼻子”。特别是针对社会体制改革中的“硬骨头”，需要的“不再是披荆斩棘的大斧头，而是手术刀和螺丝刀，需要更加精准地分清病灶或车况，操作时有切有缝，有松有紧”[②]。无论是整体性改革，还是专项改革，社会体制改革都要切实处理好“增量”和“存量”的关系。不仅要“用好增量”，更要“盘活存量”。增量改革遵循帕累托改进的路径，时至今日改进的空间基本触顶；存量改革则需要直面既得利益集团，需要更多的顶层推动。增量改革和存量改革，两手都要硬。

第四，中国特色与国际视野相结合。社会体制是人类社会演进过程中现代制度文明的结晶。我国社会治理文明源远流长、博大精深，既要继承和弘扬我国传统的社会治理优秀文明成果，发挥道德教化和重视家庭的作用，又要继承和发扬我们党在推动社会建设中形成的鲜明的政治优势、制度优势、组织优势以及群众工作优势。[③] 社会体制与一个国家、一个民族的文化价值积淀，以及先前留存的制度遗产关联至深。从一个长时段来看，这既涉及中国传统封建社会“以家为本位”的社会体制（宗族制），又涉及新中国成立后“以单位为本位”的社会体制（单位制），还涉及改革以来逐渐转向“以社区为本位”的社会体制（社区制）。从这个角度而言，当前我国社会体制改革涉及家庭、单位、社区这三种体制要素的重新组合和优化。同时，随着经济全球化进程的日益推进，我国的改革发展越来越与世界紧密相连。社会体制改革是当今世界发展的趋势，世界各国都高度重视，且提供了宝贵的经验和深刻的教训。不仅要充分学习和借鉴一些国家成功的经验做法，如美国历史上实行的“罗斯福新政”“进步运动”等[④]，更要深刻汲取和反思一些国家失败的教训，如拉美国家遭遇的“中等收入陷阱”等[⑤]。这就需要具备一种贯通古今、中西的通透性智慧和眼光。

---

① 杨宜勇：《中国社会体制改革的战略与路径》，《人民论坛》2013 年第 20 期。

② 张树华：《中国未来改革的金矿在社会领域》，《环球时报》2013 年 11 月 18 日。

③ 魏礼群：《加快构建中国特色社会主义社会体制》，《人民日报》2013 年 7 月 8 日。

④ 朱涛：《美国经验对当前中国社会建设的启示》，《国家行政学院学报》2012 年第 3 期。

⑤ 陈文学：《拉美国家对治理模式的探索及其经验教训》，《当代世界与社会主义》2015 年第 2 期。

四　社会体制改革的政策图式

社会体制改革是一项艰巨、复杂、长期的系统工程。在某种意义上，社会体制改革比其他体制改革的复杂性和困难程度更高，是一场更为广泛、更为深刻的社会变革。[①] 改革是当代中国最大的红利，而其中的社会红利占据相当重的分量，并亟待通过深化社会体制改革来释放。只有加快社会体制改革，充分激发社会主体的创造活力，建立和完善与市场经济体制相适应的社会体制，才能够推动我国社会经济更加可持续、健康地发展，才能使我国的整体改革事业真正取得新进展、新成就和进入新境界。这就要求我们从理论和实践上把社会体制问题研究不断推向深入。社会体制改革具有四个基本维度：一是社会管理体制[②]，二是社会事业体制，三是社会组织体制，四是街道社区体制。四者之间紧密相连、相互影响，共同围绕“公民身份制度”这个核心要素进行运作。由此，构成社会体制改革“一核四维”的政策图式。

（一）社会管理体制

社会体制改革的第一个维度是以社会建设机构设置为载体，建立健全社会领域改革的领导体制，即党委领导、政府主导、社会协同、公众参与、法治保障的社会管理体制。从某种程度上讲，社会体制改革关键是改革引领社会、组织社会、治理社会、服务社会的领导体制和管理体制。党的十八大以来，“领导小组”逐渐成为党治国理政的一种重要机制。早在20世纪80年代就成立的“中央财经领导小组”在新的历史条件下得到进一步完善。相对于较为完备的党在经济领域的领导体制而言，党在社会领域的领导体制相对还较为薄弱。特别是随着我国社会建设和社会改革的日益深入，组建专门负责全国层面的社会建设和社会治理的

① 魏礼群：《加快构建中国特色社会主义社会体制》，《人民日报》2013年7月8日。

② 这里的“社会管理体制”基本等同于“政府社会治理体制”。

机构已经成为一种迫切需要。[①] 社会管理体制改革的重点内容包括以下几方面。

第一，加强党的统一领导。从议事协调机构设置来看，应更好发挥党对社会建设和社会治理总揽全局、协调各方的核心作用。或可设立“中央社会建设工作领导小组”，负责社会领域改革发展的顶层设计和顶层协调。[②] 领导小组下设办公室作为日常工作机构。同时，充分借鉴我国经济体制改革的成功经验，尽快制定和出台《中共中央关于深化社会体制改革的意见》，从顶层设计层面进一步明确社会建设和社会体制改革的时间表、路线图与目标模式。每年召开一次“中央社会建设工作会议”，对该年度的全国社会建设工作进行系统总结，并部署下一年度社会建设工作的主要目标和重点任务。

第二，优化政府职能体系。从职能部门设置来看，在新型社会治理格局中，需要切实发挥政府的主导作用。就政府本身来说，现行行政框架内分管社会建设和社会治理的政府机构很多，涉及民政、综治、科技、教育、文化、体育、卫生、发改等部门。显然，分部门的改革不利于从整体上来完善社会治理体制。或可结合即将到来的新一轮政府机构改革，探索建立职能有机统一的社会建设大部制，并在大民生、大社保、大就业、大安全等领域率先实现突破、取得成效。建立健全政府社会建设和社会治理的职能清单，明确中央层面社会建设和社会治理的主责部门，有效提高社会建设和社会治理的制度化、规范化和法治化水平。借鉴国际通行标准，研发和编制权威、科学、统一的民生支出清单，实现民生财政支出保障的

① 参见陆学艺《关于社会建设的理论和实践》，《国家行政学院学报》2008年第2期；李友梅《深刻认识当前中国社会体制改革的战略意义》，《探索与争鸣》2013年第3期；连玉明主编《社会管理蓝皮书：中国社会管理创新报告 No. 2》，北京：社会科学文献出版社，2013，第1～20页；张林江《社会治理的政府之维：现状、挑战与转型》，《中国党政干部论坛》2014年第4期；谢立中《应有专门机构协调社会建设和社会发展》，《中国党政干部论坛》2015年第12期。

② 2011年，中央社会治安综合治理委员会更名为“中央社会管理综合治理委员会”，被赋予协调和指导社会管理工作的重要职能。2014年，中央又恢复其原来名称，以便于集中精力搞平安建设。因此，中央负责社会建设和社会治理工作的组织机构亟待进一步明确。

"硬约束"；调整和优化社会建设与社会治理的财权和事权在中央与地方之间的配置结构和作用效果。

第三，加快社会领域立法。从社会发展的基本规律来看，社会建设和社会治理最根本动力的强弱，主要取决于政府对社会的制度供给和保障程度。[①] 在全面推进依法治国、建设法治社会的背景下，我国社会建设和社会治理事业正步入一个"社会立法"的新时代，迫切需要加快、加大、加强社会领域的立法供给。主要措施如下。一是制定和出台《社会建设条例》，大大提升社会建设的法律地位和社会认知度。深圳、珠海等地在这方面的实践探索和经验值得总结借鉴。二是加快推进社会重点领域改革发展的专项立法。当前，迫切需要重点加快推进《公益性事业单位法》《社会组织法》《志愿服务法》等的制定和出台。三是完善社会领域配套政策和规划的制定与实施。根据《中华人民共和国国民经济和社会发展第十三个五年规划纲要》，制定和出台与之相配套的社会组织、社会工作、城乡社区、社会保障、社会服务、应急管理等方面的国家专项规划。

（二）社会事业体制

社会体制改革的第二个维度是以社会事业改革创新为主线，调整和理顺各种社会利益关系，建立相对均衡的社会利益格局。社会事业是满足人们生存和发展需要的重要内容，既是社会生活的重要内容，又是社会利益的具体表现和主要方面，构成了社会体制发挥作用的主要范围，是社会体制调整和运行的独特领域。[②] 在体制转轨和社会转型背景下，社会事业的内涵逐渐发生了深刻变化，除包括科技、教育、文化、卫生、体育等传统社会事业领域外，还包括劳动就业、收入分配、社会保障、住房等民生事业领域。[③] 社会事业体制改革重点内容包括以下几方面。

第一，事业单位体制改革。一是破除行政事业一体化体制，推进事业单位去行政化，建立中国特色现代事业制度。改革的基本原则和方向是实

---

① 陈鹏：《社会治理创新的地方实践》，《中国党政干部论坛》2015 年第 10 期。

② 龚维斌：《社会体制的溯源及其内涵》，《中国行政管理》2013 年第 10 期。

③ 陆学艺：《社会建设论》，北京：社会科学文献出版社，2012，第 36 页。

现政事分开、管办分离，将主管部门与事业单位之间传统的“行政隶属关系”真正转变为“契约关系”，政府责任的承担方式也将由“行政干预”为主转换为“监督评价”为主。[①] 二是建立健全事业单位法人治理结构，真正落实事业单位的法人自主权，实现“部门所有”向“独立法人”的转变。要特别注重强化理事会的作用，创新理事会的决策方式，完善和优化“决策层”、“管理层”和“监督层”之间的职责权限安排和运行机制。[②] 三是加快事业单位分类改革，纯化和优化事业单位的构成，确立事业单位公益法人地位，使其成为基本公共服务均等化的主体力量。四是巩固事业单位人事管理改革成果，完善公开招聘，规范聘用合同。

第二，收入分配体制改革。一是着重规范初次分配。有效发挥工会在推动职工工资增长方面的作用，建立健全工资谈判集体协商机制；提高劳动者报酬占 GDP 比重，增强人民群众的获得感。二是改革和完善税收、社会保障、转移支付制度，强化它们的再分配功能。特别是在经济新常态下，政府财政收入会受到影响，但应始终坚持不挤压民生支出的原则。[③] 三是建立财产公开和申报制度。加快建立法治化的财产申报制度，形成透明有序的收入分配秩序；建立财产实名登记制度，公民的所有财产都应以真实姓名持有。[④] 四是重视社会财富积累方式的变化给收入分配秩序带来的影响。特别是近些年来，通过“炒股”“炒房”速富的投机心理在社会蔓延，对经济社会发展和人民群众生活造成较大冲击，也使得一些传统的调节和规范收入分配的方式可能面临失灵。

第三，社会保障体制改革。一是确立先进的社会保障建制理念。为“福利”正名，承认“福利是个好东西”，走出“福寿膏”“福利病”“高福利陷阱”的认识误区，回归福利的本源之义。[⑤] 二是加快社会保障体系

---

① 朱光明：《试论事业单位“去行政化”改革的实现途径》，《北京行政学院学报》2014 年第 1 期。

② 牛占华：《关于事业单位法人治理结构的几点认识》，《中国机构改革与管理》2012 年第 3 期。

③ 李实：《经济新常态：收入分配改革的重大机遇》，《光明日报》2015 年 3 月 23 日。

④ 井琪：《财产公示制度的历史考察和经验分析》，《科学社会主义》2016 年第 3 期。

⑤ 郑功成：《中国社会保障：“十二五”回顾与“十三五”展望》，《社会政策研究》2016 年第 1 期。

的顶层设计。从国家治理现代化的战略高度来科学界定和理解社会保障体系的完整内涵，妥善处理好内部诸系统、诸层次之间的关系，特别是要明确划分中央政府和地方政府的社会保障职责，确保财权与事权的统一。① 三是增强社会保障制度的公平性。破除社会保障制度的“多元分割”，包括城乡分割、身份分割、部门分割和地域分割等②，重点加快推进和实现流动人口（新生代农民工）基本公共服务均等化；做好养老金并轨改革的衔接，建立全国统一的养老金制度；警惕社会保障再分配功能弱化并产生“逆向转移”问题。③ 四是促进社会保障的可持续性发展。稳步实现社会保障全国统筹，基本养老保险和基本医疗保险可率先实施，其他社会保险项目先实现省级统筹；完善社保基金多元投资机制，强化其保障效能。④

（三）社会组织体制

社会体制改革的第三个维度是以社会组织改革创新为突破口，释放社会活力和社会创造力，凝聚和形成强大、健康、有序的社会力量，加快形成政社分开、权责明确、依法自治的现代社会组织体制。社会组织体制改革重点内容包括以下几方面。

第一，实施社会组织“双轨驱动”⑤ 战略。一是改革体制内存量社会组织。改革以工会、共青团、妇联等为代表的群团组织，消除“机关化、行政化、贵族化、娱乐化”风气，回归“政治性、先进性和群众性”⑥，使其紧扣时代脉搏，更具有活力，更加贴近群众生活，更好反映群众诉求。同时，加快推进行业协会商会与行政主管部门脱钩，鼓励和倡导“一业多会”，真正实现机构、职能、资产财务、人员管理、党建外事等事项分离。二是发展体制外增量社会组织。针对社团、民办非企业单位、基金会，重

---

① 郑功成：《中国社会保障改革：机遇、挑战与取向》，《国家行政学院学报》2014 年第 6 期。

② 孙淑云：《社会保障体系“分化”与“整合”的逻辑》，《理论探索》2015 年第 1 期。

③ 宋晓梧：《新常态下完善社会保障体系的六大问题》，《社会科学报》2016 年 8 月 25 日。

④ 谭永生等：《“十三五”时期建立更加公平可持续的社会保障制度》，《宏观经济管理》2014 年第 8 期。

⑤ 李培林：《我国社会组织体制的改革和未来》，《社会》2013 年第 3 期。

⑥ 郑彬：《坚决去除“机关化、行政化、贵族化、娱乐化”现象》，《经济日报》2015 年 11 月 25 日。

点是强化自身能力建设，建立健全法人治理结构，构建良好的社会组织生态系统。三是正确处理社会组织存量和增量的关系。以群团组织和行业协会的改革为契机，为新生社会组织发展释放空间和资源；同时，群团组织应以普通社会组织身份参与社会竞争，以平等竞争的心态联系和团结人民群众，进而产生与赢得广泛影响和认同。

第二，改革社会组织登记管理制度。一是加快推进直接登记制度的实行。逐步破除双重管理体制，在降低社会组织登记门槛的基础上，重点强化对各类社会组织事中、事后的依法监管。按照 2013 年《国务院机构改革和职能转变方案》，切实推进行业协会商会类、科技类、公益慈善类、城乡社区服务类社会组织实行直接登记，并对实施落实情况进行严格督查。二是推行社区社会组织备案登记双轨制。针对城乡社区普遍成立的各类志愿组织、趣缘组织、慈善组织可实行备案制；对于其中的一些发展相对成熟且达到登记注册条件的，可申请进行登记。[①] 三是改进枢纽型服务管理体系。坚持“以社管社”和“以民管民”，使枢纽型社会组织回归支持性社会组织的本质定位，防止其蜕变成一个科层管理层级；在继续以群团组织和行业协会商会为枢纽型组织载体的同时，重点加快推进以居委会、村委会为组织载体的基层枢纽型服务管理体系建设。

第三，完善政府购买社会组织服务制度。一是确立社会本位的政府购买服务理念。政府购买服务是一项重要的社会治理机制创新，应更好地发挥扶持和促进社会组织发展的作用，而不是抑制和控制社会组织发展。[②] 二是加强政府购买服务公共信息平台建设。从中央到地方建立统一的政府购买服务公共信息平台，提升购买服务流程的效率、透明度和公平性。三是加强政府购买服务的法律支撑。目前，政府购买服务的相关规定以部委和地方政府的规章与规范性文件为主，权威性不够。在系统总结上海、北京、广州、深圳、杭州、南京、成都等地实践经验的基础上，由国务院制定和颁布《政府购买公共服务管理条例》，针对政府购买公共服务的内涵、

---

① 陈鹏：《建构现代社会组织体制：理论、问题与对策》，《学会》2014 年第 10 期。

② 宋国恺：《政府购买服务：一项社会治理机制创新》，《北京工业大学学报》（社会科学版）2013 年第 6 期。

方式、资金、过程、目录、定价、评估等系列问题进行全面规范。四是加强政府购买服务领导体制建设。建议从中央到地方成立统一的“政府购买公共服务办公室”，确保政府购买服务的制度化、规范化和法治化。[①]

（四）街道社区体制

社会体制改革的第四个维度是以社区治理创新为支撑点，培育和营造良好社会公共空间。街道社区体制改革的重点内容包括以下几方面。

第一，重塑“社区”的概念内涵。一是社区的界定。2000 年颁布的《民政部关于在全国推进城市社区建设的意见》界定了“社区”概念，即“社区在城市是指居委会辖区，在农村是指行政村或自然村”。行政区划意义上的“社区”与物业管理区域意义上的“小区”、新农村建设背景下的“新型农村社区”在边界上既有交叉又有不同，使得社区的所指变得日益模糊，不利于进行有效管理，应予以调整。[②] 二是社区自治的基本单位。围绕村民自治和居民自治的有效实现形式问题，传统的以村委会、居委会辖区为基本单元的自治体系受到挑战，建立多层次、多样式、多类型的基层群众自治体系成为一个基本发展方向。[③] 三是社区的本质精神。回归社区的共同体本质，凸显和强化其“社会性”意涵，包括社区认同、社会交往和社会关系、社区组织，培育公民精神和社会资本[④]，实现从“行政社区”到“公民社区”的转型。

第二，有效推进社区减负增效。一是理顺街道和社区的关系。推进社区居委会减负增效关键在于合理定位街道和社区的关系。不论是撤销街道模式，还是建立街道大部制模式，其核心在于让居委会真正回归基层自治组织的法律定位。二是改革和完善居委会体制。现行的“议行分设”机制

---

① 徐家良：《政府购买社会组织公共服务制度化建设若干问题研究》，《国家行政学院学报》2016 年第 1 期。

② 王颖：《“社区”危机：合法组织身份的缺失》，《南京社会科学》2012 年第 10 期。

③ 参见徐勇、赵德健《找回自治：对村民自治有效实现形式的探索》，《华中师范大学学报》（人文社会科学版）2014 年第 4 期；徐勇、贺磊《培育自治：居民自治有效实现形式探索》，《东南学术》2014 年第 5 期。

④ 孙立平：《社区、社会资本与社区发育》，《学海》2001 年第 4 期。

在实践中遭遇政策扭曲，居委会陷入内卷化、边缘化的发展困境。[①] 激活居委会自治机制的关键可能在于竞争机制的搭建，特别是与业委会的竞争合作机制。[②] 三是深入推进协商民主制度的完善。2015 年中共中央办公厅、国务院办公厅《关于加强城乡社区协商的意见》的颁布，标志着我国社区建设和社区发展进入一个新阶段，“协商民主”作为一种制度嵌入和扎根基层社区成为未来的一个基本发展方向。四是加强社区立法。现行的《城市居民委员会组织法》已经不适应社会治理的形势需要，应尽快予以修订；同时，应加强针对业委会的专项立法。

第三，积极探索和建立“社会特区”。一是确立“社会特区”的方法论。从学术传统来看，“社会特区”的建设秉承一种社会实验和社会学干预的方法[③]，包括“都市实验”[④] 和“乡村实验”[⑤] 两个向度，且需要建立相应的容错和纠错机制。二是“社会特区”的范围选择。既包括经济发达地区，或可优先考虑既有的“经济特区”；也包括经济相对落后地区，特别是致力于脱贫攻坚的地区。民政部认定的“全国社区治理和服务创新实验区”或可成为重要基础。三是“社会特区”的内容建设。如同经济特区对经济建设有重大意义，“社会特区”将在社会建设和社会治理领域（社会组织、社会企业、城乡社区、公益慈善、就业和社会保障等）先行先试、大胆探索、勇于创新，为我国社会发展和社会改革探索道路、积累经验。

（五）“一核四维”理论图式

“制度创新”是体制改革的核心内容。对于社会体制改革而言，其制

---

① 姚华、王亚南：《社区自治：自主性空间的缺失与居民参与的困境——以上海市 J 居委会“议行分设”的实践过程为个案》，《社会科学战线》2010 年第 8 期。

② 陈鹏：《城市社区治理：基本模式及其治理绩效——以四个商品房社区为例》，《社会学研究》2016 年第 3 期。

③ 沈原：《强干预与弱干预：社会学干预方法的两条途径》，《社会学研究》2006 年第 5 期。

④ 帕克等：《城市社会学——芝加哥学派城市研究文集》，宋俊岭、吴建华、王登斌译，北京：华夏出版社，1987。

⑤ 晏阳初：《平民教育与乡村建设运动》，北京：商务印书馆，2014；梁漱溟：《乡村建设理论》，北京：商务印书馆，2015。

度内核就是公民身份制度，其核心价值诉求就是实现社会公平正义。围绕社会公平正义，社会体制分化和形成四个专门领域：社会管理体制、社会事业体制、社会组织体制、街道社区体制（见图7－1）。社会管理体制的轴心原则是“社会稳定”，其实践目标是维护和实现社会安定有序；社会事业体制的轴心原则是“社会质量”①，其实践目标是增进和提升人民群众生活福祉和幸福感；社会组织体制的轴心原则是“社会活力”，其实践目标是确立和增进社会的主体性地位和价值；街道社区体制的轴心原则是“社会自治”，其实践目标是培育和营造良好的社会公共空间。四个领域相对独立，既相互区分又相互关联，各自分别围绕着其自身的轴心原则，以不同节律交错运转，甚至会发生逆向摩擦、相互碰撞，由此形成一个动态的、富有张力的互动结构体系。

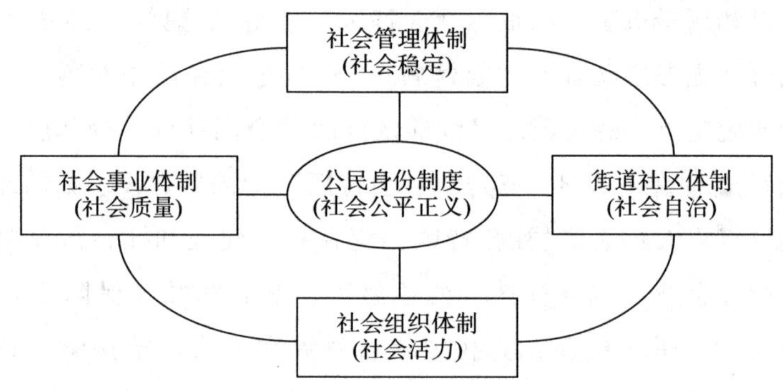

图7－1　社会体制“一核四维”理论图式

就社会管理体制而言，主要涉及政府社会管理职能的履行，实现和维护社会的安定有序。而这一目标的实现程度，则取决于它与其他三者的互动关联程度和水平。当社会事业体制不够健全完善，民众的基本民生和福利需求得不到有效满足和公平对待的时候，民众势必会产生不满，进而出现利益诉求的表达和抗争，从而也就会导致社会的失序和不稳定。当社会组织体制还较为滞后时，社会组织的发展就会受到严重影响，其应有的社会自我管理功能就难以有效、充分发挥，从而致使政府社会管理的成本大

① 韩克庆：《社会质量理论：检视中国福利改革的新视角》，《教学与研究》2011年第1期。

大提高；而且，社会组织的缺乏，也会造成政府社会管理的单一、迟钝和僵化，社会被管得很死，就缺乏生机和活力。当街道社区体制还不够完善的时候，社区的自治功效就难以充分发挥，特别是当政府社会管理走向社会控制和管制模式的时候，社区就会蜕变为基层国家权力的末梢，成为政府的“脚”和“腿”。同理，当社会管理体制与其他三个体制处于良性协调发展的状态时，可以想见，社会体制的整体活力、效益和能量将会获得最大限度的激发和展现。

就社会事业体制而言，主要涉及民生事业和公共服务的生产、分配和提供，确保人人都能共享改革发展成果，每个人的合法权益诉求都能得到公平对待。当社会管理体制还处于传统的管制型模式的时候，社会事业的举办主体和项目实施主体常常被混为一谈，事业单位提供公共服务的效率和质量都比较低。特别是当社会管理体制仍遵循城乡二元结构原则时，公众被人为地区分为两类：拥有本地城镇户籍的和没有本地城镇户籍的。这两类人在享有各类基本公共服务方面存在显著差异，从而也会让人产生严重的不公平感。这是社会不稳定的根源所在。当社会组织体制还较为滞后、不够灵活的时候，社会组织不仅难以发展，而且很难真正繁荣起来。社会组织自身能力不足，也就很难承接政府转移的职能和参与公共服务提供。当街道社区体制过于行政化时，公共服务的提供和递送可能会导致的情况是，政府提供的服务并不是居民所需要的，或者不能满足社区居民多样性、个性化的服务需求，由此不能真正实现“服务”和“需求”的有效对接。同理，当社会事业体制与其他三个体制都处于协调发展状态时，公共服务不仅质量会显著提高，而且也能最大限度地满足居民的需求。

就社会组织体制而言，主要涉及公众参与和社会活力的激发。当社会管理体制处于管制型阶段，政府对社会组织的发展持防范、怀疑态度时，社会组织就会被严格限制发展，不仅数量增长缓慢，而且自身能力孱弱。这些社会组织常常会处于政府的附属机构地位，从而缺乏应有的独立性和自主性。当社会事业体制较为滞后时，各类资源、机会和服务的流转就会不够顺畅，也缺乏足够的开放包容性和自由转换性，这就会导致社会资源被政府部门所掌控，而民间资源严重匮乏；同时，事业单位垄断各种资源机会和公共服务，也势必会压缩和挤占社会组织的发育和成长空间。当街道社区体制未被理顺，社区无法真正成为一种自治共同体时，社区就会成为“国家治理单元”①，很难培育和生长出广阔的公共空间，而这正是社会组织生存和发展所需要的重要土壤。同理，当社会组织体制与其他三个体制都处于协调发展状态时，社会组织就会获得较快发展、繁荣起来，进而构建和形成强大的社会力量，并充分彰显社会的主体性地位和价值。

就街道社区体制而言，主要涉及社会自治的实现和维护。当社会管理体制被单位体制所笼罩时，社区也就无从发育和成长起来，而只能成为单位之外拾遗补阙的剩余物。即使存在所谓的“单位社区”，也多半是业缘关系在生活领域的延伸。当社会事业体制仍处于国有事业单位一枝独秀、政事不分、管办不分的状态时，各类事业单位本身就成为民众的“衣食住行父母”，并构成社会资源和机会分配的主要渠道和载体。单位之外几乎无社会资源可用，社会自治系统因而很难存在和发展。当社会组织体制的发展无法取得重要突破时，社会自治系统就会如同“空荡的躯壳”，没有了灵魂般的主体力量。同理，当街道社区体制与其他三个体制处于协同发展状态时，社区的潜能就会获得充分激发，居民的自我管理、自我服务、自我教育和自我监督就会有序展开，进而使得生活在社区中的居民对社区产生归属感、认同感，形成凝聚力，实现基层社会的善治。

值得指出的是，在社会体制实际运行中，四个领域的轴心原则可能很难同时完全协调发展，或者完全断裂冲突。现实中可能更多的情况是，既有协调发展的，也有冲突摩擦的。由此，现代社会体制充满内部张力，并处于动态建构之中。或许，这也正是现代性本身的复杂之处。

---

① 杨敏：《作为国家治理单元的社区》，《社会学研究》2007年第4期。

第八章　社会治理共同体：概念界定与政策思考*

一　“社会治理共同体”的概念界定

“社会治理共同体”概念的提出，构成了理解中国社会治理的一个新视角，不仅丰富了中国社会治理的新思想，而且开拓了中国社会治理现代化建设的新语境。从概念构成来看，“社会治理共同体”由“社会治理”和“共同体”两个概念交汇合成。从概念溯源来看，“社会治理”和“共同体”作为两个相对独立的概念，在学术研究文献中都较早出现，但各自作为一个政策术语进入党和政府的文件里则是较为新近的事，两个概念融合而成的“社会治理共同体”这个新概念则首次出现于2019年。2019年1月，习近平总书记在中央政法工作会议上的重要讲话中指出：“要完善基层群众自治机制，调动城乡群众、企事业单位、社会组织自主自治的积极性，打造人人有责、人人尽责的社会治理共同体。”[①] 2019年10月，党的十九届四中全会提出：“建设人人有责、人人尽责、人人享有的社会治理共同体，确保人民安居乐业、社会安定有序，建设更高水平的平安中国。”[②] “社会治理共同体”概念的提出，意味着我们需要回答下列问题：

---

* 本章原载魏礼群主编《中国改革与发展热点问题研究（2020）》，北京：商务印书馆，2020。

① 《习近平出席中央政法工作会议并发表重要讲话》，2019年1月16日，http://www.xinhuanet.com//politics/2019－01/16/c_1123999899.htm。

② 《中共中央关于坚持和完善中国特色社会主义制度　推进国家治理体系和治理能力现代化若干重大问题的决定》，《人民日报》2019年11月6日。

如何从共同体的角度来认识和理解社会治理？“社会治理共同体”的提出，对共同体理论的内涵和发展又具有怎样的意义？

“社会治理”作为一个政策概念，代表了一种新的治国理政理念和方略。从党和政府的文献脉络来看，一般认为“社会治理”是“社会管理”的升级和发展。[①]“社会治理”并非完全取代了“社会管理”，二者在使用上各有侧重。“社会管理”主要是作为政府履行的基本职能，“加强和创新社会治理”则是党的基本工作任务。党的十六届四中全会首次提出“健全党委领导、政府负责、社会协同、公众参与的社会管理格局”[②]。此后，“社会管理格局”在党的十八大报告中发展为“社会管理体制”，在党的十八届三中全会进一步发展为“社会治理体制”，在党的十九届四中全会又发展为“社会治理体系”。值得注意的是，党的十八届五中全会提出，构建全民共建共享的社会治理格局；党的十九大报告进一步提出，打造共建共治共享的社会治理格局；党的十九届四中全会提出，坚持和完善共建共治共享的社会治理制度。由此，实现了从“社会管理格局”到“社会治理格局”再到“社会治理制度”的演变。“社会治理共同体”的提出，可以说是对社会治理格局的理论继承和升华发展，并要求以一种制度化的方式予以加强和巩固。

“共同体”这个概念出自德国古典社会学家斐迪南·滕尼斯的《共同体与社会——纯粹社会学的基本概念》（*Gemeinschaft und Gesellschaft: Grundbegriffe der Reinen Soziologie*）这本著作。“共同体”从德文的“gemeinschaft”到英文的“community”再到中文的“共同体”经历了一个较为艰难而漫长的语言翻译转换的历程。[③]“共同体”成为一个社会学专业概念，并与“社会”相对而立，得益于滕尼斯的奠基性贡献。滕尼斯将共同体分为三种基本类型：血缘共同体、地缘共同体和精神共同体。滕尼斯指出：“共同体是持久的和真正的共同生活，社会只不过是一种暂时的和表

① 龚维斌：《社会治理是社会管理的升级版》，《理论视野》2014 年第 1 期。

② 《中共中央关于加强党的执政能力建设的决定》，《人民日报》2004 年 9 月 27 日。

③ 胡鸿保、姜振华：《从“社区”的语词历程看一个社会学概念内涵的演化》，《学术论坛》2002 年第 5 期。

面的共同生活。共同体本身应该被理解为一种生机勃勃的有机体，而社会应该被理解为一种机械的聚合和人工制品。"[①] 从"共同体"到"社会"，意味着从传统社会向现代社会的转变。滕尼斯也指出："共同体的力量在社会的时代内，尽管日益缩小，也还是保留着，而且依然是社会生活的现实。"[②]这就表明存在一种"社会中的共同体"。滕尼斯的这部《共同体与社会——纯粹社会学的基本概念》刚出版之时，并未引起学界的注意，直到20世纪10~20年代，其重要性才获得广泛的高度关注。德文的gemeinschaft翻译成英文的community，在语词转换之间，其内涵也发生了变化，烙下了语言背后这个国家的文化烙印。以罗伯特·帕克为主帅的美国社会学芝加哥学派基于对芝加哥都市社会的大量研究，赋予了community新的内涵和视野。20世纪30年代，燕京大学社会学系吴文藻邀请帕克来华讲学，将community的概念和相关方法带给了中国社会学界，当时以费孝通为代表的一批燕大学生将英文的"community"翻译成了中文的"社区"。如果说，滕尼斯的共同体概念主要强调共同生活的关系类型，那么帕克等则更重视将社区视为一种地域性社会。透过滕尼斯和帕克对共同体的界定可以发现，"共同体"的概念语境实现了从"关系性"到"地域性"、从"乡村共同体"到"城市共同体"的重要转变。"社会治理共同体"的提出，则是对共同体思想的重要继承和发展。

透过对"社会治理"和"共同体"两个概念内涵的检视，针对"社会治理共同体"这个概念，可以获得以下三点启示：首先，社会治理共同体的存在源于社会共同生活，其基本纽带包括血缘性、地缘性、精神性纽带，其背后通常有特定的价值、习俗、文化作为支撑；其次，社会治理共同体的存续和发展，需要成员基于共同的利益或价值，以合作的方式，形成共同的行动和规则，生发共通的情感和友爱；最后，维持社会治理共同体的生机和活力，需要各类社会治理主体参与其中，并在参与的过程中培

① 斐迪南·滕尼斯：《共同体与社会——纯粹社会学的基本概念》，林荣远译，北京：商务印书馆，1999，第53~54页。

② 斐迪南·滕尼斯：《共同体与社会——纯粹社会学的基本概念》，林荣远译，北京：商务印书馆，1999，第341页。

育和形成对所属共同体的认同感和归属感，进而增强社会治理共同体的凝聚力和团结力。

二　社会治理共同体：基本原则与政策目标

社会治理共同体的建设，是新时代坚持和完善共建共治共享的社会治理制度的内在要求，也是完善党委领导、政府负责、民主协商、社会协同、公众参与、法治保障、科技支撑的社会治理体系的必然选择。应按照“共建共治共享”的基本原则，着力推进社会治理共同体建设，进而实现“人人有责、人人尽责、人人享有”。

从“共建”原则来看，就是要实现“人人有责”。社会治理的各方主体在共同体中都肩负责任和使命。党委是社会治理的领导核心，发挥总揽全局、协调各方的作用；政府是社会治理的负责主体，充分履行社会治理责任并提供条件保障；企事业单位和各类社会组织则是社会治理共同体中重要的主体力量；公众中的每个个体也都是社会治理共同体中不可或缺的建设者、参与者和贡献者，负有不可推卸的责任和义务。从“共治”原则来看，就是要实现“人人尽责”。社会治理的各方主体，虽在观念上认识到有责，但并不一定都会在行动上尽责。这就需要在共同体的凝聚和感召下，实现有责者都尽责。在尽责的过程中，社会治理各个主体之间通过协商、合作的方式，针对各类公共生活和公共事务议题与问题，逐步形成治理共识和合意。在尽责过程中，特别需要避免两种倾向：一种是“尽责过度”，形成越位；另一种是“尽责不够”，形成缺位。从“共享”原则来看，就是要实现“人人享有”。社会治理的各方主体，在有责、尽责之后，自然会涉及与之相应的享有问题，这就是权利与责任的对等问题。由于社会治理各方主体的力量强弱不同，治理成果在不同主体间的分配分布会不均衡。而共同体建设的要义就在于，人人共享改革发展的成果，实现各有所得、各有所获，人人都有出彩的机会。

社会治理共同体建设所秉持的“共建共治共享”与“人人有责、人人尽责、人人享有”原则实际上是一脉相承、相互贯通的。无论是共建、共治、共享，还是人人有责、人人尽责、人人享有，三者之间都环环相扣、相互联系、相互依存，形成一个完整的社会治理系统链条。在这种原则和精神的指引下，社会治理共同体建设在政策目标设计上，至少包括以下三个方面。一是社会治理结构。在共同体的情境下，社会治理结构的内涵变得更加丰富，也更加强调结构多元化、扁平化、网络化的重要性。社会治理共同体一方面需要面对和处理国家、市场、社会三者之间的关系结构，这是一个最基本的结构；另一方面也涉及国家、市场、社会三者各自内部的结构分化和组合状态。比如，就涉及社会治理的职能部门而言，不能将社会治理仅仅简单看作政法部门的工作，实际上其也涉及民政部门、人社部门等其他众多部门。二是社会治理方式。滕尼斯对共同体的描述中有个十分形象的表述，就是“守望相助、休戚与共”，人与人之间是充满友爱和感情的。这就意味着在共同体语境下，社会治理的方式也应是充满人情味且是团结友爱的。这种治理方式就是民主协商、合作共赢。三是社会治理效能。共同体不仅构造了社会治理的场域，而且指明了社会治理的前景。作为一种新型共同体，社会治理共同体的建设不仅需要追求社会治理的客观治态，还要追求人民群众的主观治感。① 换言之，就是社会治理共同体的建设，既要实现社会充满活力且安定有序，也要更好满足人民群众对美好生活的需要，切实最大限度增强人民群众的获得感、安全感和幸福感。

三　社会治理共同体建设的对策思考

党的十九届四中全会从国家制度和国家治理体系的高度，提出建设“人人有责、人人尽责、人人享有的社会治理共同体”的重大课题。这深刻表明，加强和创新社会治理，必须从制度、体制、体系、政策等多个方面予以深入推进。从当前和今后一个时期来看，贯彻和落实社会治理共同体的建设要求，需要把握好以下几个关键环节和重点任务。

---

① 江必新：《把新时代社会治理提升到更高水平》，《人民日报》2018 年 8 月 6 日。

一是培育社会资本。社会资本是社会治理的润滑剂和连接轴。信任、规范和网络是社会资本的核心要素。优化社会资本结构，提升社会资本存量，大大有助于破解社会治理中合作与协商时的搭便车、邻避等诸多治理困境。从这个角度而言，培育社会资本，就要高度重视增进和强化社会治理多元主体之间的相互信任和相互合作，主要包括以下重要方面。其一，加强社会信用体系建设，建立健全统一社会信用代码制度，完善社会信用基础设施建设，建立健全守信联合激励、失信联合惩戒的机制。其二，加强社会交往的法治精神和规则意识建设。增强人们的规范意识、法律意识和契约意识，将其内化为人们行为的自觉遵循。其三，加强社会志愿服务和志愿精神的培育与倡导。志愿服务和志愿精神是培育社会资本的天然因子。这就需要加强志愿服务相关政策法规体系建设，为志愿服务和志愿精神的社会倡导与激励建立良好的转化机制，营造诚信文明、互助友善的社会精神文明新风。

二是发展社会组织。社会组织是社会治理的重要主体，也是培育社会活力的结构因子。社会组织的健康有序发展对社会治理共同体的建设至为关键。积极深化群团组织改革，更好发挥其作为枢纽型社会组织的治理效能和作用。深入推进行业协会商会与行政机关的脱钩改革，建立健全行业协会商会的法人治理结构，增强和提升行业协会商会承接政府购买服务的能力和水平。高度重视大力发展各类社区社会组织，充分发挥其组织群众活动、丰富群众生活、满足群众需求、激发群众智慧的积极作用。大力发展公益慈善类、环保志愿类组织，弘扬和培育公益慈善精神和生态环保意识，推动和促进良好社会风尚和社会精神文明建设。加快社会组织登记管理制度改革，深化社会组织领域的“放管服”改革，更好激发和增强社会组织活力。加强和改进政府购买社会组织服务制度建设，明确和完善对不同领域、不同发展程度的社会组织进行分类指导的原则。加强社会组织党建工作，进一步发挥党建引领社会组织发展的新格局和新机制。加强社会组织立法供给，提高社会组织立法位阶，加强社会组织发展的法治支撑。强化社会组织自身能力建设，促进社会组织实现高质量发展。

三是下沉城乡社区。社区是社会的基础单元，也是社会治理的基础阵地。从这个角度来看，社区共同体也是社会治理共同体的基础构成部分。随着城镇化、工业化、信息化进程的不断加快，各种社会矛盾和社会纠纷的多发频发，社会治理重心下移成为一种必然趋势。这就要在社区层面实现权、责、利的有效均衡配置。深入推进城乡社区减负增效，加强居委会、村委会、业委会的规范化、法治化、制度化建设，着力提高其治理能力和治理水平；积极探索和开展多种形式的社区协商，总结做法、积累经验，实现城乡社区协商制度化、程序化和规范化；加强社区公共性建设，调动和增强居民参与社区公共生活与公共事务的积极性和主动性，增强和提高社区共同体意识；加强社区自治建设，加快形成政府治理与社会调节、居民自治良性互动的机制；加强社区文化建设，培养和增强居民对社区的认同感和归属感，提升社区的凝聚力，形成一种有利于价值观念整合的“心灵社区”，进而培养和塑造一种“社区精神”；加强基层党组织建设，积极创新党建引领基层治理机制，更好发挥基层党组织的战斗堡垒和党员的先锋模范作用。

四是涵养社会心态。社会心态是社会治理的软性支撑。自尊自信、理性平和、积极向上的社会心态，对于一个社会的良好运行和健康发展尤为重要，也尤为宝贵。一般而言，良好社会心态的形成，并不是一蹴而就、一劳永逸的，而是需要经历一个精心培育、呵护和涵养的孵化孕生的过程。涵养社会心态，至少有两个重要方面。其一，家庭、家教、家风乃是涵养社会心态的基础基质。我国自古以来就高度注重家庭、家教、家风的建设。通过高度重视家庭教育，弘扬尊老爱幼、夫妻和睦、勤俭持家、睦邻友群等家庭美德，培养和形成良好的家风文化，以好的家风带动良好民风，进而促成良好社会风气的养成。[①] 如果每一个家庭都能实现良好家风，那么整个社会就会自然而然实现善治。其二，加强社会心理服务体系建设。明确政府加强社会心理服务体系建设的职能部门，加强社会心理服务相关政策法规的制定和保障。加强社会心理服务专业组织体系建设，依托各类城乡社区、公益慈善类组织，建立健全社会心理服务的组织支撑。加

① 汪洋：《家庭家教家风建设既是家事，也是国事》，《人民日报》2019 年 6 月 29 日。

强社会心理学、社会工作学、社会政策学、社会治理学建设及其对社会心理服务体系建设的学科支撑。

五是增进社会认同。社会认同是社会治理的心灵价值维度，且在现代社会治理中占据和发挥越来越重要的地位和作用。增进社会认同，需要着力把握好以下方面。其一，在事关人民群众切身利益的公共政策、法律法规的制定和修订中，广泛征求社会公众意见和建议，最大限度凝聚和达成社会共识，寻求最广大人民群众的社会认同的最大公约数。其二，通过打造各种公共平台、公共空间和组织载体，提升社会各类群体之间的社会交往交流质量。交流是文化的本质，也只有交流才能培养人们的认同感，使人们产生共同的情感和行为，具有共同生活和工作的感觉。[①] 其三，加强中华优秀传统文化的弘扬。文化是一种精神血脉和民族灵魂，中华优秀传统文化是一笔宝贵的精神文化财富。通过加强对中华优秀传统文化的创造性转化和运用，增强人们的文化意识和文化情感，有助于提高人们的民族自豪感和自信心，增强人们的国家荣誉感和使命感。其四，加强社会主义核心价值观的宣传和倡导。积极倡导“富强、民主、文明、和谐，自由、平等、公正、法治，爱国、敬业、诚信、友善”，把培育和弘扬社会主义核心价值观作为凝魂聚气、强基固本的基础性工程，不断夯实广大人民群众的思想道德基础。

① 丁元竹：《社会认同：心与心相距多远》，《人民论坛》2011 年第 5 期。

第九章　中国社会管理创新体制模式研究[*]

一　问题提出与文献回顾

20 世纪 90 年代中期以来，随着经济体制改革和政府管理体制改革的不断推进，我国逐渐进入一个社会利益多元分化、社会结构深刻变化、社会关系剧烈变动、社会矛盾集中出现的社会发展新阶段。继经济改革之后，“社会改革”①，或者说“社会的兴起”②“回归社会”③日益成为我国改革发展的重要内容。正是在这一经济转轨和社会转型的关键时期，党和国家将“社会管理创新”提升到重要的战略位置。④本章关注的中心问题是，社会建设和社会治理在地方政府层面如何进入制度化、体制化阶段，即所谓的社会管理“新常态”问题。

近些年来，学术界围绕社会管理创新问题涌现出大量的研究文献，几近呈现“井喷”之势。尽管这方面研究的数量激增，但关于这一领域的知识积累却不尽如人意，甚至进入一种“知识积累的瓶颈期”⑤。2013 年底，党的十八届三中全会提出“社会治理”新概念，人们开始转而纷纷热议和

---

* 本章原刊发于《北京师范大学学报》（社会科学版）2015 年第 4 期。

① 李培林：《社会改革与社会治理》，北京：社会科学文献出版社，2014。

② 任剑涛：《社会的兴起：社会管理创新的核心问题》，北京：新华出版社，2013。

③ 何艳玲：《“回归社会”：中国社会建设与国家治理结构调适》，《开放时代》2013 年第 3 期。

④ 魏礼群：《社会建设与社会管理》，北京：人民出版社，2011。

⑤ 李友梅：《中国社会管理新格局下遭遇的问题——一种基于中观机制分析的视角》，《学术月刊》2012 年第 7 期。

探讨社会治理创新问题，热极一时的社会管理创新问题顿时冷却了下来。[①]这恰好也为人们理性反思社会管理问题提供了契机。事实上，社会管理的学理问题依旧存在，且政府社会管理体制改革仍旧是一个“未完成共识的研究议题”[②]。回顾近15年来（2000年以来）关于社会管理及其创新的相关文献可以发现，学术界对这一问题的关注和探讨日益呈现出一种跨学科交叉研究的发展趋势，并尤其注重从体制改革的层面立论和切入。

某种意义上，社会管理创新问题的提出，源于对我国社会管理组织基础发生深刻变化的回应和关切，这一变化即“单位制”的解体带来整个社会的“去组织化”或“非组织化”，产生大量社会问题，影响社会和谐稳定。有论者指出，在市场经济快速发展、单位体制不断瓦解的背景下，我国社会的组织化程度正在降低，“非组织化”或“去组织化”问题日益突出，如何实现社会的再组织化成为现阶段社会管理体制变革的核心议题。[③]在这种背景下，中国社会管理模式正由计划经济体制的静态管理向市场经济体制的动态管理转变。[④]同时，中国社会管理的变迁可以看作一个从“消极管理”向“积极管理”演变的过程，而社会管理创新的目标则从将其视为一种消极的、防范性的手段演变为将其视为推动社会进步的重要路径。在这个意义上，所谓的社会管理创新实质上是一场“社会进步运动”。[⑤]

相较于一些学者聚焦于社会自身机理的变化，也有一些学者更加强调政府的社会管理职能问题。这些学者针对强化政府社会管理职能形成了普遍的理论共识[⑥]，并围绕社会管理职能的基本内涵、主要内容、实践误区、

① 目前，学术界针对“社会管理”和“社会治理”的关系形成了两种主流看法：一种认为，社会管理强调自上而下的强制管控，社会治理则是多元主体之间的平等协商，两者截然不同，甚至将其视为两个不同时代的标签；另一种认为，社会治理是社会管理的升级版，是对社会管理理论的丰富和发展的体现。

② 孔繁斌：《政府社会管理改革：一个理解框架及其解释》，《甘肃社会科学》2012年第4期。

③ 徐永祥：《社会的再组织化：现阶段社会管理与社会服务的重要课题》，《教学与研究》2008年第1期。

④ 刘继同：《由静态管理到动态管理：中国社会管理模式的战略转变》，《管理世界》2002年第10期。

⑤ 孙立平：《走向积极的社会管理》，《社会学研究》2011年第4期。

⑥ 张贤明：《强化政府社会管理职能的基本依据、观念定位与路径选择》，《行政论坛》2012年第4期。

重要性和必要性、创新路径等一系列问题展开广泛而深入的探讨。有论者认为，我国社会管理体制变革的基本路径是从“政府本位”走向“社会本位”。[①] 政府在对社会复杂性政治生态的认知的基础上，应将社会管理职能定位为“引导型”而非“主导型”，这有利于政府摆脱控制性思维，构建服务型政府。[②] 也有论者指出，当前我国政府社会管理职能创新存在一些误区：产生了“经济附属”和“僵化稳定”倾向，重政府包揽、轻多方参与，重运动式应对、轻规范化建设，强管控、弱服务。这些误区主要归因于社会管理观念变革的滞后或错位。[③]

综观以上两类研究，虽然侧重点各有不同，但都重视“体制改革”问题。如果说前一种视角更加强调“社会自我管理”，那么后一种视角则更加凸显“政府社会管理”。从研究特质来看，这些研究主要着眼于宏观的理论叙事，并以规范层面的应然研究为主。然而，这两类研究背后潜藏的一个共同问题是，“社会管理体制”本身一直处于“黑箱”状态。何谓“社会管理体制”？各种逻辑上的概念定义固然重要，但更关键的是如何在实证层面提供一个类型学的区分，这或许更有利于学术知识的积累和发展。基于这种考虑，本章将从中观层面为探讨社会管理体制变革提供一个分析范式。

在研究策略上，本章具有两个突出特点。（1）聚焦于地方政府。这是因为，在社会管理职能履行过程中，地方政府是主要的行动主体。在一定程度上，社会管理体制能否完成实质性变革和创新，关键取决于地方政府自身。（2）从机构改革和职能转变相结合的角度来破解所谓的“体制变革”问题。组织结构有如社会管理的“骨骼”，支撑社会管理的整体运行；职能体系有如社会管理的“血肉”，构筑社会管理的内在机能。[④] 良好的社

① 参见童志锋、郁建兴《从政府本位到社会本位：社会管理体制变革的新分析框架》，《中共浙江省委党校学报》2011 年第 1 期；杨雪冬《走向社会权利导向的社会管理体制》，《华中师范大学学报》（人文社会科学版）2010 年第 1 期。

② 郑家昊：《社会复杂性条件下政府社会管理职能的引导型定位》，《中国行政管理》2013 年第 9 期。

③ 彭向刚：《政府社会管理的误区及观念变革》，《中国行政管理》2012 年第 4 期。

④ 陈振明、李德国：《社会管理创新研究需要关注的几个问题》，《东南学术》2012 年第 2 期。

会管理体制，则需要政府的社会管理组织结构和职能体系的有机融通。这也是一个社会管理走向制度化的实践过程。

在研究方法上，本章采取个案比较法，主要通过深度访谈和参与观察收集资料。深度访谈对象主要包括两类：（1）各种政府社会建设管理相关机构主政官员和工作人员；（2）城乡社区居民、社会组织负责人、社会工作者和志愿者等。参与观察场所主要包括相关社会建设管理机构和城乡社区、社会组织公共空间。之所以选取 Z、W、B、G 四市作为典型案例，主要是基于以下考虑因素：（1）社会建设管理的特色；（2）经济社会发展状况；（3）城市类型和区域代表性；（4）经验概括和理论提升的潜力。田野调查主要集中在三个时间段：2012 年 9～12 月、2013 年 6～11 月、2014 年 6～10 月。

二　地方政府社会管理职能定位

作为一个新近勃兴的政府职能领域，“社会管理”起先是从经济管理中分化出来的，并在中央加强社会建设、创新社会管理的过程中不断强化。一般而言，所谓“政府社会管理”是指政府对社会系统中除政治统治事务和经济管理事务外的社会公共事务的管理。[①] 它以维护社会公平正义为首要目标，注重社会结构整合的最佳状态和社会各部分的协调发展。[②]

（一）社会管理职能的政策脉络

社会管理作为现代政府的一项基本职能，其正当性、范围和方式受国家构建和行政模式的影响和制约。[③] 对我国而言，党和政府对社会管理职能的认识经历了一个逐步探索和不断深化的过程，并体现了其对社会独立性和主体性的日益承认、尊重和重视。从改革历程来看，社会管理职能的

① 潘小娟、白少飞：《中国地方政府社会管理创新的理论思考》，《政治学研究》2009 年第 2 期。

② 陈振明、李德国、蔡晶晶：《政府社会管理职能的概念辨析》，《东南学术》2005 年第 4 期。

③ 孔繁斌：《政府社会管理改革：一个理解框架及其解释》，《甘肃社会科学》2012 年第 4 期。

内涵和地位的变化始终与中国特色社会主义事业总体布局紧密相连，大致可以分为四个阶段。

第一阶段（1978～1991年）：党政文件中并没有出现“社会管理”这个概念，但它作为政府宏观调控的领域仍是客观存在的。在改革探索初期，我国确立了“以经济建设为中心”的基本方针。在这种背景下，社会管理与经济建设密不可分，很难将它们完全区分开来，社会管理作为经济体制改革的配套措施的特征非常显著。① 因此，这一时期的社会管理实质上从属和内含于经济管理，缺乏独立的形态和地位。

第二阶段（1992～2003年）：在探索建立社会主义市场经济体制的过程中，“社会管理”在1998年《国务院机构改革方案》中首次被明确提出，与“宏观管理”“公共服务”一起被列为政府的三项基本职能之一。此后，无论是党的各届全国代表大会及中央全会报告还是政府工作报告，都一直重申和强调社会管理职能的重要性，并使其内涵和意义不断丰富。但总体来看，这一阶段特别是其早期，社会管理仍偏重于经济层面，且被分解和混含于社会主义物质文明和精神文明建设之中。② 从中国特色社会主义事业总体布局来看，是经济建设、政治建设和文化建设“三位一体”，“社会”作为一个独立领域仍未被明确提出。

第三阶段（2004～2011年）：2004年，党的十六届四中全会首次提出构建社会主义和谐社会的重大战略任务，随后2006年《中共中央关于构建社会主义和谐社会若干重大问题的决定》发布，特别是2007年党的十七大将中国特色社会主义事业总体布局扩展为经济建设、政治建设、文化建设和社会建设“四位一体”，这都清晰表明社会建设和社会管理作为一个独立领域已进入党和国家的最高议程。从纵向发展脉络来看，2011年这一年可谓是“关键分水岭”，也被称为“社会管理创新元年”，其间有三个重大标志性事件。（1）2月19日，中央党校省部级主要领导干部社会管理及其创新专题研讨班举办，党和国家最高领导人发表重要讲话，要求“扎扎实实提高社会管理科学化水平，建设中国特色社会主义社会

① 宋晓梧主编《中国社会体制改革30年回顾与展望》，北京：人民出版社，2008，第297页。
② 宋晓梧主编《中国社会体制改革30年回顾与展望》，北京：人民出版社，2008，第298页。

管理体系”[①]。(2) 7月，《中共中央　国务院关于加强和创新社会管理的意见》出台，这是我国第一份关于社会管理创新的正式文件。(3) 8月，“中央社会治安综合治理委员会”更名为“中央社会管理综合治理委员会”，被赋予协调和指导社会管理工作的重要职能。由此，“社会管理创新”被提升成为一项国家治理战略。

第四阶段（2012年至今）：2012年党的十八大报告首次系统提出加快推进社会体制改革的重大任务。2013年党的十八届三中全会提出，要推进国家治理体系和治理能力现代化，创新社会治理体制，将“社会管理”升级为“社会治理”。同时，将政府“经济调节、市场监管、社会管理、公共服务”四项职能调整为“宏观调控、公共服务、市场监管、社会管理、环境保护”五项职能，“社会管理”仍列其中。而且，对政府在新型社会管理格局中的角色定位的描述，从之前的“政府负责”转变为“政府主导”，这是对现代政府及其善治提出的更加明确的要求。

（二）社会管理职能的内容范畴

一般而言，政府的社会管理职能是一个动态的历史过程，必须随着社会的发展变化而不断优化配置。从总体上来看，目前在我国政府的职能体系中，社会管理职能处于发展相对滞后的状态，且仍带有较为浓厚与明显的计划体制色彩和痕迹。这导致了整个政府职能结构的“失衡”，同时使政府社会管理职能本身也越来越不能适应经济社会转型的迫切需要。

针对政府社会管理职能的主要内容，学术界和党政文件都进行了探讨和研究。有论者指出，政府的社会管理职能主要包括五个方面：培育社会治理多元主体、创设完整的社会规制体系、实施配套的社会政策、培育健康的市民社会、健全政府社会管理机构。[②] 也有论者认为，全面促进人的发展，大幅度提高民众社会参与程度，积极推动社会结构调整，基本形成

① 胡锦涛：《扎扎实实提高社会管理科学化水平　建设中国特色社会主义社会管理体系》，《人民日报》2011年2月20日。

② 陈振明、李德国、蔡晶晶：《政府社会管理职能的概念辨析》，《东南学术》2005年第4期。

市民社会是政府充分履行社会管理职责的主要标志。① 根据中央政策文件的界定，政府社会管理的基本任务包括七个方面：协调社会关系、规范社会行为、解决社会问题、化解社会矛盾、促进社会公正、应对社会风险、保持社会稳定。② 综合学术界和党政文件的阐述以及笔者的调查研究，政府的社会管理职能主要包括社会政策制定、社会结构调整、社会事业管理、社会组织管理、城乡社区管理、实有人口管理、社会安全管理、社会矛盾化解、社会心态调适、社会治安防控、信息网络管理、社会管理人才培养、社会诚信建设、社会认同培育、社会领域党建等。这个覆盖面广阔的职能领域大致构成了可供地方政府选择的社会管理工作菜单。而政府社会管理职能领域的发展和变化，必然会对政府的社会管理机构设置和牵头部门提出新要求、新任务。

某种程度上，"2·19讲话"及随后的文件发布和机构更名，极大地推动和激发了政府与学界对社会管理创新问题的高度关注和热情。不论是中央各部门，还是地方政府都积极参与推进社会管理创新工作。这也使得社会管理越来越成为一个似乎没有边界而无所不包的广阔领域，呈现出严重的"泛化"倾向，以至于"社会管理成为一个筐，什么都往里装"。当"社会管理创新"真正的内涵尚未确定时，各个部门在将其作为一项政治任务来落实时，既会积极参与、高度重视，也不可避免地会出现相互竞争、各取所需的状况。③ 由于社会管理创新牵涉到众多党政职能部门，地方在贯彻和落实相关政策时必然会有所选择和偏重，尤其是在确定牵头负责部门上会紧密结合地方政情和民情。

三 地方政府社会管理体制建构

为贯彻和落实中央关于加强和创新社会管理的政策精神，地方政府层

① 常宗虎：《近二十年中国政府社会管理的历史使命》，《中国民政》2003年第9期。

② 胡锦涛：《扎扎实实提高社会管理科学化水平 建设中国特色社会主义社会管理体系》，《人民日报》2011年2月20日。

③ 王信贤：《当代中国国家能力与社会稳定：兼论"社会管理创新"的意涵》，《中国治理评论》2012年第2期。

面开始掀起一股社会管理创新的浪潮，各个地方的社会管理创新实践方兴未艾。在中央的大力鼓励和倡导下，不同地方围绕社会管理创新进行了多样化的探索和实践。由于不同地方所面临的问题及其环境条件差异较大，所以其在明确和指定社会管理创新工作的牵头部门上的做法也会有所不同。不同的社会管理部门作为牵头单位，其背后的主导治理理念不同，自然会形成不同的社会管理体制模式。从社会管理的宏观架构看，确定主体关系、领域格局和基本价值定位等成为政府社会管理的理论选择与体制制度创新的基本要点。[①] 从全国范围来看，主要形成了四种基本模式。

（一）政法委体制：内涵、特征与逻辑

所谓“政法委体制”是指以政法委（综治委及其办公室）为牵头单位、各相关职能部门协同参与的社会管理创新体制模式。[②] 这种体制模式是当前地方政府普遍采用的社会管理创新模式。之所以如此，有两方面原因：一方面，社会管理创新战略的提出和实施，在很大程度上是因为各种社会矛盾和社会问题的急剧增多，带有较为明显的“维稳”色彩和“维稳”需要，而传统的政法委/综治委系统所承担的社会治安综合治理工作与之直接相关，且其自身也有强烈的意愿和动力，因而也就自然成为社会管理创新工作的牵头部门。另一方面，随着中央综治委的更名和职能调整，以及中央层面社会管理创新工作牵头部门的明确，在我国“职责同构”的政府层级架构下，地方政府最简便的方法就是在具体做法上与中央保持一致。[③]

---

① 教军章：《政府社会管理制度化建设及其限度》，《苏州大学学报》（哲学社会科学版）2014 年第 5 期。

② 严格地讲，具体承担社会管理工作的是综治委及其执行机构综治办。政法委是党委的一个职能部门，是负责政法工作的。在中央层面，综治委是中央的一个议事协调机构，由与综治有关的各部门组成。综治委的组成部门一般要多于政法委。综治办是综治委的办事机构。在编制上，综治办挂靠在政法委下工作。但因在实际工作中，政法委和综治办合署办公，且一般在地方层面由政法委书记兼任综治委主任、政法委副书记兼任综治办主任，所以人们习惯性地认为就是政法委在牵头负责社会管理创新工作。

③ 相关数据显示，2011 年 10 月 12 日，江苏成为全国首个完成综治委更名的省份，截至 2012 年 4 月，浙江、新疆、辽宁等 20 个省（区、市）的综治委先后完成更名工作，由新综治委执行协调和指导社会管理工作，但保留地方特色。

1. 综治工作与社会管理创新

“综治工作”是社会管理工作的重要组成部分。所谓“综治工作”，全称是社会治安综合治理工作。在中央尚未提出“社会管理创新”之时，政法委/综治委系统长期从事和承担社会治安综合治理工作；随着中央对社会管理创新的强调，特别是从“社会治安综合治理”到“社会管理综合治理”的转变，综治委的职能定位和工作任务发生了较大调整和变化。

1991 年，中央社会治安综合治理委员会成立。在成立之初，综治委的职责主要是以改善社会治安状况为目标，以政法部门特别是公安机关为主导力量，通过运用专政手段严厉打击违法犯罪活动，尤其是严重的刑事犯罪活动。[①] 此后，在较长的一个时期内，综治委系统的工作主线和内核一直未发生明显变化，即坚持“打击犯罪是社会治安综合治理的首要环节”。2001 年，中共中央、国务院发布《关于进一步加强社会治安综合治理的意见》，针对综治委系统的工作手段、工作方式、工作目标等提出更高标准和要求，更加强调“打击与预防相结合”、更加突出“专门机关工作与群众路线相结合”，但其核心内容和目标仍以严打整治、维护治安秩序为主。

随着我国社会多元利益分化的日益加剧，以严打整治为核心的综治工作越发不能适应经济社会发展的现实需要。这就使得综治委系统的工作重心和内容随之悄然发生变化。2005 年，中央政法委、中央综治委发布《关于深入开展平安建设的意见》，“平安建设”成为社会治安综合治理工作的主要形式和内容。2009 年，全国政法工作会议召开，提出要深入推进“社会矛盾化解”“社会管理创新”“公正廉洁执法”三项重点工作。[②] 2011 年，中央综治委借改名之机，调整了部分职责权限和组织领导。在这种背景下，综治委系统的工作重心将不仅是属于准敌我矛盾范畴的犯罪的打击，而更多的是属于人民内部矛盾范畴的社会矛盾和社会纠纷的化解。[③]

---

① 中共中央、国务院：《关于加强社会治安综合治理的决定》，1991 年 2 月 19 日。

② 孙春英等：《陈冀平：社会管理创新要在法治轨道上进行》，《法制日报》2012 年 7 月 4 日。

③ 于建嵘：《综合治理思路的转变》，《南风窗》2011 年第 21 期。

由此，“社会治安防控”和“社会矛盾化解”遂成为政法系统开展社会管理创新工作的主要内容。

2. 案例——Z 市[①]：“固本强基维稳工程”

Z 市是山东省一个资源型老工业城市。2008 年，Z 市委市政府着眼于推动科学发展、促进社会和谐，做出实施“固本强基维稳工程”这一重要部署，并先后制定出台了《关于实施固本强基维稳工程的意见》和《关于实施全市固本强基维稳工程工作细则》等政策文件，由此正式拉开社会管理创新工作的序幕。2012 年，Z 市印发《关于在全市开展“法治 Z”建设社会管理创新服务年工作的意见》，强调充分发挥法治的引导、规范和促进作用，为加强和创新社会管理营造良好环境。2013 年，Z 市继 2009 年之后再次被评为“全国社会治安综合治理优秀市”。

从组织领导架构来看，针对“固本强基维稳工程”的实施，Z 市进行了两个方面的机制设计。（1）专门成立“固本强基维稳工程领导小组”，由市委书记、市长担任组长，多位市领导任副组长，区县、各委办局层层建立“固本强基维稳工程”领导责任体系，分别由各级部门“一把手”任组长。（2）明确政法委作为牵头单位的地位，并对基层政法干部给予职位高配。为增强干部在基层维稳工作中的领导力和战斗力，Z 市对基层政法维稳干部普遍予以高规格配备，以充实和增强综治信访、司法调解、治安联防等各类基层工作力量。相关数据显示，Z 市 66.17% 的基层派出所升格为正科级建制。[②]

从工作内容体系来看，Z 市政法委/综治委系统社会管理创新工作主要围绕两大方面展开。

（1）社会治安防控。从理念来看，针对中央提出的“保障和改善民生”，相对于教育、卫生、住房、社保等民生事业，Z 市政法部门在工作理念和内容上更加强调社会稳定和安全作为基本民生的重要性，这体现了其对中央精神的独特阐释。在工作实践中，Z 市以警务模式创新为先导，公安机关在社会管理创新中占据重要地位、扮演重要角色，并打造和树立了

① 遵照学术惯例，本章对相关地名进行了技术处理。

② 数据来自 Z 市综治办提供的材料。

一个重要品牌即“六小警务”[①]。“六小警务”在理念上强调构建民生警务，建立和谐警民关系，提高群众的安全感，并通过“一村一警”或“两村一警”的形式进行运作，其实质是全面推动警力下沉，强化公安机关职能延伸，即通过驻村民警兼任所驻村党支部副书记、村委会主任助理等多种形式，推动政法工作和基层政务工作的互融互补。同时，“六小警务”按照网格化管理的方式推行，配之以强大的信息技术支撑。截至2013年4月，Z市共设立一级网格89个、二级网格2129个、三级网格8044个，网格员有17573人；视频监控覆盖一类目标12234个、二类目标11578个、三类目标7128个，已建成探头卡口53161个。[②] 相关数据显示，2012年，Z市刑事案件、治安案件发案数分别同比下降4.1%和12%，群众对社会治安状况满意率达到97.73%。[③]

（2）社会矛盾化解。针对社会矛盾纠纷的化解，Z市综治委搭建了一个“大调解体系”，以形成强大的调处合力。一方面，通过探索和实行社会稳定风险评估，针对社会矛盾纠纷进行源头治理。相关数据显示，截至调研时，自开展社会稳定风险评估以来，Z市BS区共对92个重大事项进行了评估，凡经评估的事项均未出现影响社会稳定的问题。[④] 另一方面，充分发挥政法系统各部门在社会矛盾纠纷调处中的作用。比如，公安部门要践行“六小警务”理念，推行“立体化社会治安防控”；检察机关要查办和预防职务犯罪，规范社会管理权力运行，净化社会管理环境；法院强调要“开展能动司法，坚持调解优先、调判结合，将调解贯穿于立案、审判、执行、信访工作全过程”[⑤]，其关键就在于实现“案结事了”；司法局

① “六小警务”是指从维护群众利益的“小处”想起，转变民警思想观念；从关系群众冷暖的“小事”办起，改进社会管理服务方式；从影响群众思想生活的“小案”抓起，保持社会治安大局持续稳定；从易激化矛盾的“小纠纷”排起，加强社会矛盾源头治理；从危及群众安全的“小隐患”查起，提高公共安全管理效能；从造成群众不满意的“小节”改起，促进公安队伍建设健康发展。“六小警务”提出以来，曾多次受到上至党和国家领导人、下至地方领导的批示，并在山东全省得到推广。

② 数据来自Z市综治办提供的文件材料。

③ 数据来自Z市综治办提供的文件材料。

④ 数据来自BS区调研访谈。

⑤ 最高人民法院：《关于进一步贯彻“调解优先、调判结合”工作原则的若干意见》，2010年6月7日。

则强调行政调解、司法调解、人民调解“三调联动”，并重视开展对特殊人群的社区矫正等。相关数据显示，2012 年，Z 市社会矛盾化解成功率达 95.77%。[①]

3. 政法委体制的治理特质

从全国范围来看，政法委体制是当前地方政府社会管理创新工程的主流模式。就模式谱系而言，“Z 市案例”代表了政法委体制中一个较为普遍的类型。具体来看，政法委体制模式的主要特点可归纳如下。

（1）治理主体。在政法委体制下，综治委/综治办是社会管理创新工作的主要推进主体，公安局、法院、检察院、司法局等作为重要参与部门则根据中央和地方精神结合自身职能领域积极构建相应的社会管理工作范畴和领域。除这些部门主体外，Z 市通过成立“固本强基维稳工程领导小组”，并让市委书记、市长担任组长，形成党政一体高位推动的联动机制[②]；对基层政法干部进行高配，则能增强其统筹解决实际问题的能力。

（2）治理内容。就 Z 市综治委而言，在实际工作上，“打击违法犯罪”仍是其本位职能所在，而调处各种社会矛盾纠纷也成为其工作中越来越重要的组成部分。同时，在话语体系上，为了保持与中央精神的一致，政法系统的工作人员也常常强调保障和改善民生的重要性，强调“寓管理于服务之中，在服务中体现管理”，要多为民办实事。由于其职能权责有限，在诸如教育、卫生、社保等民生事业方面，他们更多的只能是打着落实市里的会议精神的旗号，“吆喝”相关职能部门参与和推动，而各职能部门的参与程度和情况也有较大差异。

（3）治理方式。就 Z 市而言，政法委体制下的治理方式呈现出两种相反相成的倾向：一方面，重视和强调“法治”在社会管理创新工作中的重

---

① 数据来自 Z 市综治办提供的文件材料。

② 对于一些采用政法委体制，但又没有设立像 Z 市此类领导小组的地方，为强化“一把手”对社会管理创新工作统揽协调的作用，有的如哈尔滨等地采取市委书记、市长兼任市综治委主任的做法，每年召开一次全市综治会议，让市委书记、市长都出席，以统筹协调党委、政府相关职能部门；还有一种做法，譬如新疆，由于地理位置特殊、政治敏感性高，采用了“大政法委体制”，即强化政法委对党政资源的高效、及时、快捷统筹和调动，各区委书记同时兼任政法委书记。

要性，并颁发和出台了一系列政策法规文件；另一方面，在实际工作中，特别是在基层一线，又常常表现出较强的“强制管控”色彩。从Z市案例中不难发现，公安部门成为社会管理创新的重要主导力量，且其经验模式的介绍和宣传都特别强调“警察”的作用，似乎认为“见警率”越高越好；“摄像头”安置越多，监控越密集，则越可控、越有效、越安全。在某种程度上，这种治理方式仍带有“刚性维稳”的思维定式和痕迹。

（4）治理目标。对于政法委体制而言，维护社会稳定和社会安全是其基本目标。通过Z市案例可见，这种维稳既涉及由违法犯罪引发的社会治安问题，也包括大量由利益诉求引发的社会矛盾纠纷。对于维稳效果的评估，其相应的绩效考核指标主要包括“刑事案件、治安案件发案数”“可防性案件数下降率”“社会矛盾化解成功率”“群众对社会治安状况满意度”“群众安全感”等。针对这些考核指标的测评，则通常使用所谓的“一票否决制”，即一旦出现影响稳定的问题，就会直接影响当地官员的政绩考核和晋升。

（二）民政局体制：内涵、特征与逻辑

所谓民政局体制，是指以民政部门为牵头单位的社会管理创新体制模式。长期以来，民政部门的职能定位就是社会行政事务管理，是实施社会管理服务工作的重要职能部门，承担着保障改善民生、培育发展基层民主的重要职责。在中央大力加强社会建设的大背景下，民政部门的综合性社会管理部门的色彩日渐浓厚，其社会管理的角色和作用日益凸显。① 从某种程度上讲，社会管理创新要发挥“政府主导”作用，关键在民政部门。

1. 民政工作与社会管理创新

民政工作是社会管理的基础内容。从政府社会管理职能来看，民政工作属于基础性、综合性的社会管理工作。② 开展民政工作的核心目标是“解决

---

① 常宗虎：《“民政工作整合问题”研究述评》，《长沙民政职业技术学院学报》2003年第2期。

② 常宗虎：《社会管理视角下的民政工作再思考》，《中国民政》2003年第10期。

民生、落实民权、维护民利”[①]。这意味着民政工作在促进公平、维护稳定、增进和谐当中将发挥不可替代的作用。2012 年第十三次全国民政会议提出，民政工作要在保障和改善民生、加强和创新社会管理中发挥骨干作用。[②]

民政事业作为满足民众基本公共服务需求的核心内容，在公共服务供给中发挥着重要的“兜底”作用。随着市场经济的快速发展、人民生活水平的普遍提高，民众对公共服务的数量和质量都提出了更高要求。民政服务的范围从过去特定的困难群体、特殊群体、优抚群体向全体社会成员转变，也即在优先解决三类群体民生问题的基础上，给予低保边缘人群、流动人口及全体市民更多关注，建立适度普惠、水平较高的民生保障体系，提高全民社会福祉水平。[③] 这意味着民政工作领域从基本的救穷、救灾、救急向保障民生、发展民生和服务社会扩展，其所承担的社会管理服务由“补缺”向“适度普惠”转变。从内容体系来看，民政工作点多面广，且各项业务独立性较强，主要包括行政区划管理、地名管理、婚姻管理、殡葬管理、收养管理、军队和国防建设服务、城乡社区建设、社会组织管理、社会救助和社会福利、社工人才队伍建设等。其中，城乡社区、社会组织、社工人才则日益成为民政部门参与社会管理创新着力打造的重点领域和平台阵地。

顺应民政工作职能拓展、领域扩大的发展趋势，在“部省（市）合作”协议框架下，一些地方在参与社会建设和社会管理创新的过程中，围绕民政工作的时代特征和本质内涵进行了重要创新，并主要体现为三种模式。（1）以上海为代表的“现代民政”模式：强调“以人为本，以人和为目标”的核心价值观，其基本功能是“接续人的社会关系、增加人的社会资本、恢复人的社会功能”[④]。而传统民政的功能主要定位在“救贫济困”，

---

① 李学举：《用科学发展观认识、定位、推进民政工作》，《中国民政》2009 年第 4 期。

② 李亚杰、卫敏丽：《第十三次全国民政会议在京举行》，《人民日报》2012 年 3 月 19 日。

③ 郑杭生：《民生为重造福于民的体制创新探索——从社会学角度解读“大民政”的本质和重大意义》，《新视野》2011 年第 6 期。

④ 参见马伊里《增加人的社会资本，恢复人的社会功能——关于现代民政的思考》，《中国民政》2009 年第 9 期；朱希峰《充分发挥民政在社会建设中的骨干作用——以上海民政系统为例》，《中国民政》2013 年第 4 期。

依法维护和保障人民群众的基本生活权益。（2）以北京为代表的“大民政”模式：其核心内容是“大民生”，强调民政事业的统筹发展、民生问题的整体解决，其实质是适度普惠型社会福利制度的创建、发展与完善。①（3）以浙江为代表的“现代大民政”模式：强调构建保障和改善民生、民权、民利的社会发展平台和网络，形成“大福利”、“大救助”、“大协调”、“大融合”和“大服务”的工作格局。② 这三种模式都体现了新时期对民政工作职能定位和历史使命的新认识，是对民政部门在加强社会建设、创新社会管理中发挥骨干作用的积极探索。

2. 案例——W 市：“三社联动工程”

W 市是我国民营经济发展的先发地区与改革开放的前沿阵地。2011 年，W 市委、市政府出台《关于加强和创新社会管理的意见》，大力推进以“社区、社会组织、社工”为核心的社会管理创新。为更好适应和推进社会建设与社会管理工作，W 市在政府机构改革过程中，针对民政局传统职能的局限性，强化和拓展了其社会工作方面的职能。2013 年 1 月，民政部和浙江省人民政府签订《共建 W 市民政综合改革试验区合作协议》，共建“W 市民政综合改革试验区”，赋予其在社会组织体制改革、基层社区体制改革、专业社工人才体制改革等方面先行先试的任务，逐步探索和形成了以“三社联动”为特色的社会管理体制创新模式。2014 年 2 月，W 市入围首批“全国社会组织建设创新示范区”。

从组织领导架构来看，W 市民政局在全市社会建设和社会管理工作中被赋予牵头单位的角色，且其相关职能得到进一步强化和扩展，主要体现在以下两点上。（1）民政局加挂社会工作局牌子。在政府机构改革过程中，W 市 2011 年在原有民政局的基础上，加挂社会工作局牌子。相对于原有职能而言，民政局“新增”职责主要是承担市委社会工作委员会办公室日常工作。“加强”的职责主要包括两个方面：一是加强养老服务体系建设和社会救助体系建设的职责，二是推进城乡社区建设和社会工作人才队伍建设的职责。（2）民政局设立市委社工委办公室。在中央提出社会管

---

① 吴世民：《大民政与适度普惠型社会福利制度》，《北京日报》2011 年 2 月 28 日。

② 尚清：《建设现代大民政的内涵、路径及着力点》，《中国民政》2013 年第 7 期。

理创新之后，W 市于 2011 年成立市委社会工作委员会，作为市委社会工作领域的议事协调机构，其书记一般由一名市委常委兼任。同时，市委社工委办公室设在民政局，办公室主任由民政局局长兼任，专门负责归口管理四个处：社会工作综合处、社会组织管理处、基层政权和社区建设处、社会工作人才建设处。通过这样一种集中化管理，民政局在“三社”方面的职能进一步强化，同时在工作格局和体系上形成了一个相互联动的有机整体。

从工作内容体系来看，围绕“社区、社会组织、社工”三个核心元素，W 市在社会管理领域进行了积极探索和创新。

（1）城乡社区建设。W 市在推进城乡统筹综合改革的背景下，立足耕地有限、农村人口过多的市情，将基层社区体制改革作为重要切入点。按照基础设施、公共服务和社会保障一体化的要求，通过采取“转并联”[①]的方式，截至 2012 年初 5405 个村已整合为 856 个新型社区。[②] 针对新型社区，以建设“幸福社区”为目标，重点推进两方面的建设：一方面建立健全各类社区组织，完善社区治理结构；另一方面大力发展各类便民服务，完善社区服务体系。由此，W 市通过建设农村新社区，实行社区化管理，进而打破城乡社区制度壁垒、促进城乡社区之间的融合。

（2）社会组织管理。W 市以社会组织登记管理体制改革为突破口，为社会组织的繁荣发展做出重要的顶层设计和制度安排。2011 年，W 市相继出台《关于促进社会组织参与社会治理的实施意见》《关于政府购买社会组织服务的实施意见》等一系列政策措施，尤其是 2012 年出台了包括《关于加快推进社会组织培育发展的意见》及其附件在内的“打包式”的“1 + 7”政策组合文件。这些文件在社会组织直接登记、减免开办资金、允许适度竞争、政府向社会组织委托（授权）和购买服务机制、民办非企业单位产权制度改革（明确产权和合理回报）等方面做出了探索和突破。相关数据显示，截至 2013 年底，W 市社会组织登记总数跃居全省各地级

① 所谓“转”指城中村转为城市社区，“并”指城郊村合并组建新社区，“联”指多个小村联合设立社区。

② 庄越：《嬗变：从新农村到新社区》，《W 市日报》2012 年 2 月 29 日。

市首位，达6731家，较2012年底增长了43.2%。[①]

（3）社工人才队伍建设。W市高度重视专业社工在现代社会管理中的重要地位和作用，颁布了《关于加强社会工作人才队伍建设的实施意见》，并制定了《W市社会工作人才队伍建设中长期规划（2012—2020年）》。从W市现实情况来看，按照国家组织的“社会工作师”考试的标准，能够获得社工资格证的人才数量相对较为有限，尤其是不能适应和满足当地城乡社区建设的发展需要。在这种背景下，W市在“国家社工师”之外，自行探索设立了地方特色的“社工员”制度。2012年，全市举行第一次社工员职业资格考试，共有1380人通过考试获得资格认定。[②] 针对社工人才的发展，W市在教育培训、薪酬工资和岗位开发等方面进行了政策引导和倾斜，为其成长和发展创设良好制度环境和条件。

3. 民政局体制的治理特质

在浙江建设“现代大民政”的背景下，W市探索和形成了社会管理创新的民政局体制模式。从全国范围来看，由民政部门作为牵头单位开展社会管理创新的城市并不多，其原因主要在于：一方面，民政部门在政府权力布局和序列中位置不高，地位较次要，统筹协调、顶层设计能力不足，较难扮演牵头主导角色；另一方面，一些地方的民政部门对社会建设和社会管理创新处于被动承接的状态，主动担当意识不够。不过，由民政部门作为牵头单位开展社会管理创新也具有独特优势：其一，比较有“亲和力”；其二，容易从基层做起；其三，与社会联系比较密切，容易调动社会的力量。从W市案例来看，对民政局体制主要特点可做出如下分析。

（1）治理主体。W市民政局在社会管理创新中的主动担当与积极作为，从其自身来看得益于两个方面的机制设计：一方面，通过加挂社会工作局的牌子，从政府行政维度强化了其在社会工作领域的职能；另一方面，将市委社会工作委员会办公室设在民政局，吸收了党委方面的一些力量资源。从这个角度而言，W市民政局体制较好吸纳和融合了社工委体制

---

① 蔡建旺：《现代社会治理的W市模式》，《中国社会组织》2014年第8期。

② W市民政局：《W市社会工作者职业水平考试成绩今起可查询》，《青年人》2012年8月6日。

的一些元素。值得注意的是，W 市在市级层面并没有成立一个由书记、市长牵头的所谓“领导小组”，所谓的市委社工委也并非一个实体职能机构，其书记通常由市委组织部副部长兼任，这就使得其在全市层面的统筹协调力度相对较为有限。

（2）治理内容。民政部门的工作范围牵涉面甚广。就社会管理创新而言，作为经济社会发展水平较高的城市，W 市民政局着力主抓的核心业务涉及“城乡社区建设”“社会组织管理”“社工人才队伍建设”三大板块，并逐步形成了社区、社会组织、社工“三社联动”、互联互动互补互融的职能体系和治理格局。如果说社区、社会组织、社工构成了社会活力的三个重要结构性因子，那么民生、民权、民利则是其背后蕴含的深刻价值关怀和依托。

（3）治理方式。在民政局体制下，社会管理创新的工作方式和手段主要是提供优质良好服务，特别是针对一些困难群体、特殊群体、弱势群体需要采用专业的社会工作方法和理念，充分借助城乡社区和社会组织的平台载体，开展多层次、个性化的贴心服务。在这个过程中，“服务”作为一种管理要素发挥了潜移默化、润物细无声的疏通、调适和赋权的作用与功效。从这个角度而言，民政局体制较好地激活和借用了社会自身的力量，使得社会自身能够真正运转起来，有效彰显和发挥了社会协同、公众参与的治理精神。

（4）治理目标。民政局体制代表了以改善民生、激发活力为核心的社会管理创新模式。从 W 市案例来看，通过民政工作推进社会管理创新的重要目标就是，通过做实城乡社区平台、做强社会组织、做专社会服务，促进社会融合，提升民众幸福感，维护社会和谐，实现公平正义。就 W 市而言，民政局体制对社会管理绩效考核较为看重的指标主要包括“社会福利服务提供情况”“社会组织总量/每万人社会组织占有量”“政府购买社会组织服务情况”“社会工作者总量/每万人社会工作者占有量”“志愿者登记注册率”“社区规范化建设情况”等。

（三）社工委体制：内涵、特征与逻辑

所谓社工委体制，是指以新成立的专门的社会工作委员会为牵头单位

进行社会管理创新的体制模式。2003 年，上海成立了全国首个省级社会工作委员会。作为上海市委的派出机构，上海市社工委主要负责全市“两新”组织的党建工作。2005 年，上海市社会服务局成立，与社工委合署办公，进一步加强了社会管理工作体系的构筑。此后，上海市社工委的职责和领导人员虽几经调整，但总体上仍与起初相比没有太大变化。2007 年，北京市委社会工作委员会和社会建设办公室成立，2008 年，北京各区县的社工委、社会办也都相继成立。2011 年，广东省社会工作委员会成立，随后不久广东省在省、市、县三级全部成立了社工委机构，形成了强有力的社会工作机构体系。广东省社工委，既是省委的工作部门，又是省政府的职能机构，其职责也更宽泛些。[①] 一些城市，如南京、杭州、成都、大庆、嘉兴等地也成立了社工委机构。不同城市的社工委机构职责权限不同，有大有小、有强有弱、有虚有实。鉴于 B 市社工委职能体系已相对较为完善，本章以其为例进行分析。

1. 社会工作与社会管理创新

社会工作，英文中为 social work，在我国是一个比较宽泛的概念。从国际范围来看，社会工作既是一个主张“助人自助”的学科，也是一种社会职业和社会组织的类型，更是现代社会管理和公共服务的一种重要手段和内容。[②] 在发达国家和地区，社会工作参与社会建设和社会管理已经成为一种制度安排。

对于我国而言，党和政府从构建和谐社会的实际角度出发，把社会工作理解得相对较宽泛[③]，将其看作社会建设的重要组成部分。2006 年，党的十六届六中全会《关于构建社会主义和谐社会若干重大问题的决定》赋予社会工作重要职能，要求建设一支宏大的社会工作人才队伍，充实社会管理部门，提高专业化社会服务水平。2011 年，中央组织部等 18 个部委联合发布《关于加强社会工作专业人才队伍建设的意见》，这是中央第一个关于社会工作专业人才的专门文件，构成了当前及今后一个时期加强社

---

① 徐林：《解密广东社会工作委员会》，《南京日报》2011 年 8 月 9 日。

② 徐永祥：《社会工作是现代社会管理与公共服务的重要手段》，《河北学刊》2007 年第 3 期。

③ 王思斌：《试论社会工作对社会管理的协同作用》，《东岳论丛》2012 年第 1 期。

会工作专业人才队伍建设的指导性纲领。2012 年，党的十八大报告指出，提高社会管理科学化水平，必须加强社会管理人才队伍建设。由此，作为一项现代制度的“社会工作”越来越紧密地嵌入我国社会建设和社会管理的体制框架中。

从理论上讲，社会工作的专业价值、科学知识和实践行动三大优势决定了其介入社会管理的可能性，并具有政策倡导、资源协调、活动组织、社会服务四条路径，可以在社会保护、社会福利、社会公正、社会风险、公民参与等多个方面发挥重要功能和作用。① 也有学者认为，社会工作作为社会力量的组成部分可以在社会管理中发挥重要的制度性和功能性协同作用。②

2. 案例——B 市：“和谐社会首善之区工程”

B 市是我国的政治、文化、科教和国际交往中心，致力于创建和谐社会的首善之区。伴随着经济社会的快速转型，B 市在建设世界城市的进程中，人口与资源、环境之间的矛盾日益凸显，流动人口、社会安全、社会矛盾、信息网络管理相关问题日益复杂，加强社会建设、创新社会管理变得日益迫切。2008 年，B 市召开“全市社会建设大会”。2011 年，《市委关于加强和创新社会管理全面推进社会建设的意见》和《B 市“十二五”时期社会建设规划纲要》相继发布，由此较快构建和完善了加强社会建设“1 + 4 + X”③ 系列配套政策体系，使得 B 市社会管理创新进入一个新阶段。

从组织领导架构来看，B 市从体制创新入手，加大社会建设力度、着力创新社会建设体制。（1）成立市委社会工作委员会和市社会建设工作办公室（简称“市社会办”）。从机构性质来看，市委社工委是市委的派出机构，市社会办是市政府组成部门④，社工委、社会办“两块牌子、一套人

① 参见文军《社会工作：和谐社会管理体制创新的变革力量》，《西北师大学报》（社会科学版）2008 年第 1 期；李迎生等《社会工作介入社会管理研究》，《社会工作》2013 年第 1 期。

② 王思斌：《试论社会工作对社会管理的协同作用》，《东岳论丛》2012 年第 1 期。

③ “1”是指《B 市加强社会建设实施纲要》，“4”是指《关于进一步加强和改进社会领域党建工作的意见》《关于加快推进社会组织改革与发展的意见》《B 市社区管理办法（试行）》《B 市社区工作者管理办法（试行）》，“X”是指若干相关具体配套措施。

④ 2014 年 7 月，在 B 市的政府机构改革中，社会办不再作为市政府组成部门，而是在市委社工委加挂牌子。

马”。（2）设立市社会建设工作领导小组。2008 年初，B 市成立了以市委书记为组长、市长为第一副组长的社会建设工作领导小组，领导小组共有 46 个成员单位；领导小组办公室设在市委社工委，共有 8 个成员单位[①]，办公室主任由市委社工委书记兼任；在市级层面明确了负责社会建设的 2 名分管领导（专职副书记 + 副市长）。各区县也成立了相应的社工委和社会办，以及由党政领导挂帅的社会建设工作领导小组及其办公室。由此，形成了在党委和政府领导下，“社会建设工作领导小组及其办公室 + 社工委、社会办”的“一个平台 + 两个支撑”的工作领导体制。

从工作内容体系来看，B 市重点构建了五个方面的社会建设管理工作领域。

（1）社会组织管理。“枢纽型服务管理体系”是 B 市创新社会组织管理体制的重要探索。在我国现行的双重管理体制条件下，按照分类管理、分级负责的原则，B 市认定了一批以“人民团体”为骨干的枢纽型社会组织，使其发挥“政治上的桥梁纽带、业务上的发展龙头、日常服务管理的平台作用”[②]，从而实现政社分开、管办分离、以社管社，促进社会组织自我管理和自主发展。相关数据显示，2009 年，B 市社会建设工作领导小组认定了第一批包括市总工会、团市委、市妇联在内的 10 家市级枢纽型社会组织；2010 年，又认定了市工商联、市律师协会等 12 家单位。2011 年底，认定了包括市对外友协、市民间组织国际交流协会在内的 5 家单位。这 27 家市级枢纽型社会组织的服务管理覆盖了全市 87.4% 的社会组织。此外，区县级枢纽型社会组织已认定 208 家，街道（乡镇）级已认定 68 家。[③] 截至 2012 年底，已经有 2.4 万多家各类民间组织与市级、区级枢纽型社会组织建立了联系。[④] 由此，B 市初步构建起“市 - 区县 - 街镇”三级枢纽型社会组织服务管理网络。

（2）城乡社区建设。社会建设和社会管理创新的重点和难点在基层，

---

① 还包括市委组织部、市人社局、市发改委、市财政局、市民政局、团市委。

② B 市人民政府：《关于构建市级“枢纽型”社会组织工作体系的暂行办法》，2009 年 3 月 10 日。

③ 广东省社会工作委员会：《B 市：构建枢纽型社会组织工作体系》，2013 年 11 月 18 日。

④ 徐波：《枢纽型：社会组织服务管理的“B 市模式”》，《B 市日报》2012 年 9 月 19 日。

源泉和活力也在基层。B市大力推进社区规范化建设，从“社区服务站建设、社区工作职能、社区运行机制、志愿服务、社区工作者管理、基础设施配置”六个方面进行全面规范，并积极探索和推行“村庄社区化”服务管理模式。同时，大力推进网格化社会服务管理体系建设。比如，2004年，DC区首创“万米网格”城市管理模式；CY区提出的“全模式”涵盖城区服务管理领域各项工作，能构建无缝隙化的社会服务管理体系；XC区提出的“全响应”模式通过搭建社会协同的平台，让各类主体积极响应社会需求，推动形成多元主体共同治理的工作格局。在各区县成功实践的基础上，B市全面推广网格化社会服务管理模式，有力促进了社会服务管理的精细化、部门之间的协同联动、基础信息的共建共享、社会力量的广泛参与和社会的和谐稳定。

（3）社会公共服务。健全社会公共服务体系是加强社会建设、创新社会管理的重要内容。社区是公共服务递送的基本平台和载体。B市通过梳理出10大类60项社区公共服务项目，制定《B市社区基本公共服务指导目录》，全面推进居家养老、托幼早教、家庭医生、安全保障、文体活动等政府公共服务项目。其一，打造“一刻钟社区服务圈”。2011年，市社会建设工作领导小组办公室出台《关于推进“一刻钟社区服务圈”建设工作的意见》，进一步明确了服务圈的社区服务内容体系和服务设施标准。其二，完善政府购买公共服务机制。出台《B市社会建设专项资金管理办法》，对专项资金的使用和投入方向进行规范，形成以社会需求为导向、以改善民生为重点的项目申报、评审、立项、公示、评估、监管、验收的制度体系；出台《政府购买社会组织服务项目指南》，明确社会基本公共服务、社会公益服务、社区便民服务、社会管理服务、社会建设决策咨询和信息咨询服务项目的申报与购买。相关数据显示，从2010年开始，B市政府使用市级社会建设专项资金连续4年购买社会组织服务项目，其间总投入2.53亿元，购买了1544个社会组织服务项目。①

（4）社会工作人才。社会工作者和志愿者是社会建设和社会管理的重

① 邓琦：《B市将出台政府购买服务实施意见》，《新京报》2014年5月20日。

要力量，对于完善和发展社会动员机制具有积极作用。B 市通过实施大学生社工计划、提高社区工作者待遇、培育社会工作事务所、购买专业社会工作岗位，进一步提升了社会工作者的专业化、职业化水平。相关数据显示，到 2012 年底，B 市共有各类社会工作从业人员 30 余万人，其中仅社区工作者就有 2.9 万人，有 7505 人获得了助理社会工作师、社会工作师职业资格证书，全市已建成 40 家社会工作事务所，在为老、助残、心理疏导等方面取得较好社会效益。① 同时，B 市充分挖掘、利用和继承大型活动赛事留下的宝贵志愿资源和成果，并致力于志愿服务长效机制的转化和建设。通过设立社会工作者联合会和志愿者联合会，进一步增强和提升社会自我组织、自我动员的能力，逐步形成以社会工作者和志愿者为主体的新型社会动员机制。

（5）社会领域党建。将“社会领域党建”纳入社会建设工作体系是 B 市社会管理创新的一个特色。针对流动人口和“两新”组织党建存在“空白点”问题，B 市在街道、乡镇层面设立社会工作党委，初步形成了街道社区党建区域化格局。同时，B 市探索建立枢纽型社会组织“3 + 1”党建工作模式，即通过在枢纽型社会组织中建立党建工作委员会、联合党组织、党建工作部门和党建工作例会制度，形成社会组织党建与业务一起抓的工作局面。此外，积极探索“五站合一”商务楼宇服务新模式，即通过建立商务楼宇工作站实现社会服务、党建、工会、共青团、妇联工作全覆盖。相关数据显示，到 2012 年 9 月底，B 市在 1249 座商务楼宇之中建成了 1162 个工作站，服务管理覆盖了楼宇内 6.9 万家商户、83.3 万名就业人员、4.3 万名党员。②

3. 社工委体制的治理特质

社工委是新设立的社会管理机构，使用社工委体制的城市在全国范围内并不算多，且主要分布在一些经济较发达地区。从总体上来看，B 市社工委体制具有四个重要特点：其一，较强的宏观统筹和协调能力；其二，

① 王东亮：《本市社会工作从业人员超 30 万人 持证社工数量占全国 1/8》，《B 市日报》2013 年 4 月 16 日 。

② 王维：《“两新”组织服务管理的“B 市营盘”》，《B 市日报》2012 年 9 月 25 日。

注重和强调基层党建职能；其三，富有特色的社会建设职能；其四，工作内容上的虚实相结合。具体分析如下。

（1）治理主体。B市在社会建设和社会管理工作的领导体制上形成了“社工委/社会办”党政合一体制，具有较为鲜明的职能部门特色。从行政级别来看，B市社工委的级别是厅局级，与市直委办局同级别。这与有些省份社工委主任由省委副书记兼任相比，在权力位阶配置上要稍低。不过，从市级层面来看，B市成立了市社会建设工作领导小组，且书记、市长分别担任其组长和第一副组长，这有助于实现党政联动一体的高位统筹协调；同时，通过建立领导小组办公室主任工作例会制度，搭建和形成协调市级单位的日常工作机制。从区县层面来看，更为核心的一个机制创新则是，B市一些区县将“社工委”定义为区（县）委区（县）政府统筹协调街道的归口部门，也即街道事务由社工委主管。这对社工委统筹协调的事务最后真正落地至为关键。

（2）治理内容。B市社工委进行社会管理创新的工作内容主要涉及社会组织培育和管理（包括枢纽型社会组织认定、政府购买社会组织服务等）、城乡社区建设、社工和志愿者队伍建设、社会领域党建等。其中，社会组织、城乡社区、社工队伍相关工作都与民政局系统存在职能上的交叉、摩擦。在这种情况下，两个部门之间如何进行协调和分工就变得相当重要。比如，在社会组织方面，民政局负责登记和监管，而社工委就重点负责培育和发展；在城乡社区建设方面，民政局负责居委会和村委会选举，社工委则重点负责社区规范化建设；等等。虽然在实际工作中潜在地形成了这样的分工认知和格局，但两者在职能边界上仍不可避免地存在冲突。

（3）治理方式。社工委体制在治理方式上注重调动社会软性力量并发挥其作用。B市社工委在社会管理的方式上有两大机制创新：“枢纽型管理”和“网格化管理”。通过认定枢纽型社会组织，实现“以社管社”；通过“网格化管理”，实现社会管理精细化。B市最早提出和采用了这两种方式，此后其逐渐在全国范围内得到广泛推广和应用。从B市案例来看，社工委体制在治理方式运作上具有自身优势：一方面，有助于充分发挥党委总揽全局、统筹协调的核心作用；另一方面，有利于充分挖掘和开发社会自我管理的潜能，培育和提升社会资本存量，较好地实现社会协同和公众志愿参与。

（4）治理目标。B 市社会建设和管理创新工作起步早、基础好、定位高。从社会管理绩效考核来看，B 市社工委比较看重的指标主要包括枢纽型社会组织认定数量及联系情况、政府购买社会组织服务情况、社会领域党建覆盖率、社会组织总量/每万人社会组织占有量、社会工作专业人才数量/每万人社会工作者占有量、社会工作事务所数量、志愿者队伍数量、社区服务设施/服务中心（站）/服务机构覆盖率、网格化管理覆盖率等。从 B 市社工委的职能定位和工作体系来看，其推进社会建设和社会管理创新主要是为了达到改善民生、激发社会活力、提升民众幸福感、创造良好社会环境的目标。

（四）群工委体制：内涵、特征与逻辑

所谓群工委体制，是指由群众工作机构作为牵头单位的社会管理创新体制模式。从全国范围来看，围绕通过新成立群众工作机构来推进和创新社会管理涌现出了一些有益探索和实践。2011 年 6 月 15 日，中共海南省委群众工作部成立，这是我国第一个省级层面的群工机构，标志着海南省用群众工作统揽信访工作进入全新阶段。海南省信访局升格为正厅级，作为主管全省信访工作的省政府工作部门，与省委群众工作部合署办公。在此之前，一些省份已陆续在市、县层面设立群工机构。2005 年，河南义马市撤销信访局，成立了全国第一家“群众工作局”，后于 2006 年 8 月将其更名为“群众工作部”；此外，湖南、黑龙江、贵州、山东、江西、山西等地也陆续设立了类似的机构。[①] 鉴于 G 市群工机构相对较为成体系，本章以此为例进行深入分析。

1. 群众工作与社会管理创新

善于做群众工作是党的优良传统，群众工作是社会管理的重要内容。[②]

---

① 姜洁等：《巩固“鱼水关系”新探索》，《人民日报》2011 年 7 月 5 日。

② 祝灵君：《社会管理中的群众工作：历史经验与现实途径的选择》，《科学决策》2011 年第 7 期。

2011 年，习近平在省部级主要领导干部社会管理及其创新专题研讨班上指出："社会管理主要是对人的服务和管理，说到底是做群众的工作。一切社会管理部门都是为群众服务的部门，一切社会管理工作都是为群众谋利益的工作，一切社会管理过程都是做群众工作的过程。从这个意义上说，群众工作是社会管理的基础性、经常性、根本性工作。"[①] 党的十八大报告进一步指出，要充分发挥群众参与社会管理的基础作用，真正尊重群众、贴近群众、依靠群众。2013 年，习近平就坚持和发展"枫桥经验"[②] 做出重要指示，要求各级党委和政府创新群众工作方法，善于运用法治思维和法治方式解决涉及群众切身利益的矛盾和问题，把"枫桥经验"坚持好、发展好，把党的群众路线坚持好、贯彻好。[③] 这也构成社会管理创新的群众工作路径的重要依据。

在新的历史条件下，群众工作的核心是正确处理人民内部矛盾。信访工作是党的群众工作的重要组成部分，是最直接、最现实的群众工作。这就需要用群众工作统揽信访工作，从源头上化解社会矛盾、维护社会稳定。同时，群众工作的本质是密切党群关系。做好群众工作必须从人民群众最关心最直接最现实的利益问题入手，切实关心群众生活，解决民生之急、之忧、之困，这也是最根本的群众工作。[④] 从这个角度而言，保障和改善民生是解决社会矛盾、维护社会稳定的治本之策。

在不同历史时期和发展阶段，群众工作的内容、方式和方法具有不同的具体特点。随着党从"革命党"向"执政党"转变，群众工作从传统的以"守制、服从、平衡、奉献"为基准，向以"注重服务、维护权益、公

---

① 李章军：《群众工作是社会管理的基础性经常性根本性工作》，《人民日报》2011 年 2 月 24 日。

② 即"依靠群众就地化解矛盾"。20 世纪 60 年代初，浙江省诸暨市枫桥镇干部群众创造了"发动和依靠群众，坚持矛盾不上交，就地解决，实现捕人少，治安好"的"枫桥经验"。为此，1963 年，毛泽东同志就曾亲笔批示"要各地仿效，经过试点，推广去做"。"枫桥经验"由此成为全国政法战线的一个脍炙人口的典型。

③ 王比学：《把"枫桥经验"坚持好、发展好　把党的群众路线坚持好、贯彻好》，《人民日报》2013 年 10 月 12 日。

④ 李章军：《群众工作是社会管理的基础性经常性根本性工作》，《人民日报》2011 年 2 月 24 日。

平正义、道德文明”为基准转变；同时，群众工作的方式方法也有了根本变化，由传统的“组织”的群众工作向“组织＋社会”模式发展。①

2. 案例——G 市：“新型社区·温馨家园工程”

G 市是我国西部一个多民族聚居的省会城市。随着 G 市社会开放性日益增强，流动人口增长过快、特殊人群数量较多，新经济组织、新社会组织大量涌现，新兴媒体发展迅猛，城乡接合部等重点区域问题突出，社会转型矛盾多，政府“越位”和“缺位”现象并存，公共服务和社会管理不到位，观念、体制、机构、队伍等难以适应快速而深刻的社会变革需要。这一系列问题和挑战迫切需要加强群众工作、创新社会管理。

从组织领导架构来看，G 市在创新社会管理中进行了积极、大胆探索和创新。(1) 成立市委群众工作委员会。2011 年 2 月，市、区两级成立党委群众工作委员会，且同时加挂“社会管理综合治理委员会”的牌子，以增加其协调和指导社会管理创新工作的职责。市委群工委是市委统揽群众工作的常设议事决策机构，代表市委统筹、协调、督促、指导全市涉及社会管理的群众工作，共有 61 个部门为成员单位。市委群工委位列党委各部门之首，书记由党委专职副书记担任，在党委领导体制内形成了一名副书记（市长）主抓经济发展、一名专职副书记主抓社会管理的新格局。② (2) 成立市群众工作中心。市群众工作中心与市信访局合署办公，并对信访局的职能进行优化和整合。市委群工委书记兼任市群工中心主任，信访局局长任常务副主任。公安局、民政局等 28 个职能部门派员入驻市群工中心，设立 14 个接待服务窗口为来访群众提供“一条龙”服务。(3) 成立“G 市整体推进社会管理创新工作领导小组”③。由市委书记、市长担任组长，领导小组下设办公室及 15 个专项工作组。办公室设在市委群工委，其主任由市委群工委书记兼任；每个专项工作组均明确责任领导和牵头单位，责任领导均由市委常委担任。

---

① 参见赵蓬奇《加强社会管理的基础工作　全面加速推进我国社工实务体系建设》，载魏礼群主编《加快构建中国特色社会主义社会体制》，北京：北京师范大学出版社，2013，第 33～41 页。

② 杨磊：《“六个创新”筑和谐》，《G 市日报》2013 年 4 月 25 日。

③ 2013 年 8 月后，改称为“G 市社会建设和群众工作领导小组”。

从工作内容体系来看，G市加强群众工作、创新社会管理重点体现在如下方面。

（1）城乡社区建设。从2010年2月开始，G市大力推进城市基层管理体制改革，先后制定和出台了《G市社区管理暂行办法》《G市城市社区工作条例》等一系列政策文件，其改革的关键之处就在于撤销全市49个街道办事处，成立90个新型社区，变“市－区－街道－社区居委会”四级管理为“市－区－社区”三级管理，以精简管理层级，推进重心下移。新型社区探索搭建了“社区党委－居民议事会－社区服务中心”治理架构，社区不再具有经济职能，也不再接受经济指标考核，而是专注于社会管理和服务，做好基层群众工作，进而强化和凸显其服务、凝聚、管理和维稳的功能。由此，G市基层管理体制改革为其从整体上推进社会管理创新奠定坚实基础。

（2）社会矛盾调处。社会矛盾调处是G市群工中心的重要职责，其在工作机制上有两个方面的重要设计。其一，建立“三级调处机制”。群工中心根据群众诉求所涉及的部门数量、难易程度、社会影响面，配置不同层级的权力和部门进行调处，从而有效解决群众反映的问题。其二，成立“和谐促进会”。这是G市委统战部在市、区、社区三级发起成立的社会组织。“和谐促进会”的特色是，通过创新社会协同、引入第三方力量，特别是宗教界人士、民营企业家、民主党派人士，有效柔性调解一系列信访疑难案件和突出社会矛盾。相关数据显示，截至2012年底，G市各级“和谐促进会”已筹集资金1.13亿元，投入帮扶资金4841万余元，调处各类社会矛盾512个，惠及群众8万余人。①

（3）社会风险评估。从2006年起，G市开始积极探索建立社会稳定风险评估机制，从源头上防范和消除稳定隐患。2009年，G市出台《关于在全市开展重大事项社会稳定风险评估工作的意见》，随后2011年制定《G市重大事项社会稳定风险评估办法》《G市重大事项社会稳定风险评估工作考核办法》，由此形成较为系统的社会稳定风险评估政策体系。社会

① 杨唯：《G市首家社区和谐促进会挂牌》，《G市日报》2012年12月13日。

稳定风险评估主要针对重大事项相关政策出台实施的合法性和合理性、时机与条件、可能带来的矛盾纠纷及涉稳问题等内容展开。其中，重大事项主要包括重大决策、重大项目和重大改革；评估责任主体主要包括决策做出部门、政策制定部门、项目建设主管部门和改革实施部门等。这种评估机制的建立有助于保障和吸纳群众的利益与意见，进而夯实政策执行的社会基础。

3. 群工委体制的治理特质

与全国其他地方的大多数群工机构相比，G 市群工委层次高、权威性强，有利于发挥党委在社会管理中总揽全局、协调各方的领导核心作用，变社会管理工作“各自为政”为“有效统筹”，变“单兵作战”为“齐抓共管”，从而将加强党对社会管理工作的领导落到实处。从 G 市案例来看，可将群工委体制主要特点归纳如下。

（1）治理主体。G 市在社会管理工作领导体制上形成“群工委－群工中心”的双结合体制，其中群工委着重于统筹协调和决策，强调务“虚”；群工中心则着重于具体执行和落实，强调务“实”。从市级层面来看，G 市成立“市整体推进社会管理创新工作领导小组”，且市委书记、市长担任组长，这就使得社会管理工作能够在全市层面得到有力统筹；市委群工委作为牵头负责单位，61 个成员单位参与，且成立多个专项小组、明确责任分工，这使得社会管理工作几乎牵涉到所有的党政部门。同时，各级“和谐促进会”的成立，表明 G 市也重视充分发挥社会力量参与社会管理创新的作用。

（2）治理内容。作为全国从整体上推进社会管理创新的试点城市，G 市以群众工作统揽和推进社会管理创新，其工作内容和范围相当之广，基本囊括中央文件规定的方方面面的要求和任务，形成了较为系统、完整的治理框架体系。不过，从 G 市群工委本身来看，其推进社会管理创新的工作内容重点集中在新型社区建设、社会稳定风险评估，特别是一些信访积案和重大矛盾纠纷的调解上。G 市群工中心设立的一个重要功用就在于从体制机制上理顺对信访问题的治理，使中心变成有效化解信访问题和突出矛盾的既“看病”又“治病”的“社会医院”。

（3）治理方式。G市群工委体制在治理方式上的特色突出体现在社会矛盾纠纷调解上。从总体上来看，我国现阶段的社会矛盾主要是人民内部矛盾而非对抗性矛盾、敌我矛盾。物质利益是人民内部矛盾的核心所在。[①]如果简单地由政法部门来牵头，容易把非对抗性矛盾当作对抗性矛盾，甚至当作敌我矛盾处理，往往容易激化矛盾，而群众工作的柔性调解具有独特优势，且有助于赢得和增进群众的信任与认同，也有利于从根本上纾解群众心中的"怨气"。G市通过创新"三级调处机制"，激活社会自身调解力量，运用先进信息技术[②]，增强了群工系统解决实际问题的能力，从而在运用群众工作方式处理和解决重大信访疑难案件和积案上取得较好效果。

（4）治理目标。社会矛盾纠纷调解是G市推进社会管理创新工作的主要内容。从社会管理绩效考核评价来看，G市群工委建立了以"群众满意度"为核心的社会管理工作综合目标考核体系，制定了《G市社会管理工作目标考核办法》《G市社会管理工作问责办法》，且在具体考核上突出了"群众工作调解成功率""群众上诉率""群众上诉发回重审率""涉诉信访占总结案的比例"等指标，体现了较为鲜明的群众路线色彩。从表面上来看，群工委体制和政法委体制都倾向于以化解社会矛盾实现社会稳定，但其存在深层不同之处，前者更注重密切和改善党群、干群关系，通过赢得群众信任和支持来柔性化解矛盾纠纷；后者则可能更多呈现出通过强制性手段实现"刚性维稳"[③]的色彩，从而有时难免会出现为了"维稳"而"维稳"的情况。

四　结论与讨论

作为一项宏大的社会工程，"社会管理创新"从中央到地方的层层贯彻和推进构成了新时期我国社会发展进程中一道亮丽炫目的风景线。本章

---

① 申端锋：《将人民内部矛盾带回分析的中心》，《开放时代》2012年第7期。

② 比如，"视频接访"就是采用信息技术增强信访调解效果的典型。

③ 于建嵘：《从刚性稳定到韧性稳定：关于中国社会秩序的一个分析框架》，《学习与探索》2009年第5期。

通过选取 Z、W、B、G 四市为典型案例，探讨和分析了它们所分别代表的政法委体制、民政局体制、社工委体制和群工委体制四种社会管理创新体制模式（见表 9－1）。针对每一种类型的体制模式，本章主要从组织结构、职能体系、治理逻辑四个维度进行界定和建构。

表 9－1　社会管理创新体制模式比较

体制要素	政法委体制（Z 市）	民政局体制（W 市）	社工委体制（B 市）	群工委体制（G 市）
组织结构	领导机构：市固本强基维稳工程领导小组（书记、市长任组长） 牵头部门：政法委/综治委 主要参与部门公安局、法院、检察院、司法局	领导机构：市社会工作委员会（市委常委兼任书记） 牵头部门：民政局 主要参与部门：政法委/综治委等	领导机构：市社会建设工作领导小组（书记、市长任组长、副组长） 牵头部门：社工委/社会办 主要参与部门：政法委/综治委、民政局等	领导机构：市社会建设和群众工作领导小组（书记、市长任组长） 牵头部门：群工委（综治委）/群工中心（信访局） 主要参与部门：民政局等
职能体系	“固本强基维稳工程”：包括社会治安防控、社会矛盾化解等	“三社联动工程”：包括城乡社区建设、社工人才建设、社会组织建设等	“和谐社会首善之区工程”：包括城乡社区建设、社会组织管理、社会公共服务、社工人才建设、社会领域党建等	“新型社区·温馨家园工程”：包括城市社区体制改革、社会矛盾调处、社会风险评估等
治理逻辑	考核指标：刑事治安案件发案率、可防性案件下降率、群众安全感、社会矛盾化解成功率等 价值目标：以维护社会稳定和社会安全为核心，提高和增强民众安全感	考核指标：社会福利服务提供情况、每万人社会组织占有量、每万人社会工作者占有量、政府购买社会组织服务情况、志愿者登记率等、社区规范化建设情况等 价值目标：以改善社会民生、促进社会融合为核心，提升民众幸福感和公平感	考核指标：枢纽型社会组织认定情况、政府购买社会组织服务情况、社会领域党建覆盖率、每万人社会组织占有量、每万人社会工作者占有量、志愿者登记率等 价值目标：以激发社会活力、优化社会环境为核心，提高民众幸福感和社会文明程度	考核指标：群众工作调解成功率、群众上诉率、群众上诉发回重审率、涉诉信访占总结案的比率等 价值目标：以改善党群干群关系、化解社会矛盾纠纷为核心，维护社会公平正义，提高群众满意度

就政法委体制而言，牵头部门是综治委（及其执行机构综治办），其成员单位包括多个党委、政府部门，且其主任一般由政法委书记兼任，Z市即是如此。在市级层面，Z市成立了专门的推进社会管理创新工作的固本强基维稳工程领导小组，组长由市委书记、市长兼任，领导小组办公室主任则由政法委书记兼任。在这种体制模式下，由于传统综治思维的惯性，社会治安防控（所谓的“平安建设”）成为社会管理创新的主要内容；同时，由于大量矛盾纠纷涌向法院，社会矛盾化解越发成为社会管理工作中不可或缺的重要一环。因此，这种模式的社会管理创新主要以维护社会稳定和社会安全为核心，从而有效增强民众的安全感。

就民政局体制而言，牵头部门是民政局，并通常会在市级层面明确一位常委分管和联系。W市则是成立了一个议事协调性质的社工委，其书记由一名市委常委兼任，具体工作则通过社工委办公室来执行，而办公室主任则由民政局局长兼任，从而在机制设计上更好保证和发挥民政局的牵头作用。在此种体制下，社会管理创新的工作面主要限定在传统的民政业务范围内，比如社区、社工、社会组织等。不同的是，这些传统业务在社会管理创新背景下被赋予了新的内涵、地位和时代特征，更加注重凸显其改善民生、促进社会融合、提升民众幸福感和公平感的重要功用。

就社工委体制而言，牵头部门一般是社工委。B市社工委/社会办已然成为一个职能部门，形成了党政合一、书记主任由同一人担任的权力格局。在市级层面，不仅成立了社会建设工作领导小组，市委书记、市长兼任组长，由社工委书记兼任领导小组办公室主任，而且分别在党委、政府序列中明确了两位市领导负责分管和联系。在这种权力架构下，B市社工委围绕社区、社工、社会组织、社会公共服务和社会领域党建构建起较具特色的社会管理工作体系，并在全市社会建设整体规划上具有重要发言权。更难能可贵的是，在区级层面，社工委成为街道办的归口主管部门，这对社会管理工作的真正落地甚为重要。由此，B市社工委体制实现了顶层设计与底层落地的双向对接，从而更加有利于发挥其保障和改善民生、激发社会活力、优化社会环境、提高民众幸福感和社会文明程度的重要作用。

就群工委体制而言，牵头部门一般是群工机构，即群工部或群工委。G市在党委序列中成立了群工委，其书记由市委专职副书记兼任；在政府序列设立群工中心，其主任由群工委书记兼任，常务副主任则由信访局原局长担任。由此，形成了党政合一、书记主任由同一人担任的权力格局。在市级层面，G市成立了“市整体推进社会管理创新工作领导小组”，市委书记、市长兼任组长，其办公室设在群工委，办公室主任由群工委书记担任。在此种体制下，群工委主要负责统筹协调、决策部署、督促指导工作，特别是对众多成员单位的统一协调，重在“务虚”；群工中心则主要负责贯彻落实和具体执行，重在“务实”。这样，围绕群众信访工作就形成一种虚实结合的联动体系。由于这种体制模式带有鲜明的群众路线色彩，因此其推进社会管理创新的重要目标就在于改善党群干群关系、化解社会矛盾纠纷，以维护社会公平正义、提高群众的满意度。

一定意义上，以上四种体制模式实质上代表了党和政府进入社会的不同边界和方式。从政府职能角度来探讨社会管理创新体制，其关注的一个主要问题就是党和政府如何介入、干预和管理社会，即国家与社会的关系问题。对此，可以从社会管理的主体和目标两个维度来进行分析。如果将社会管理的主体和社会管理的目标分别作为一个维度，那么可构造一种关于社会管理创新体制模式的2×2类型学（见表9-2）。针对牵头部门而言，社会管理的主体包括党和政府，两者的结合方式分为“合一”和“分离”两种类型，如果书记同时兼任主任则视为“合一”，如果各领导只担任党委或政府某一序列的职务则视为“分离”；社会管理的目标包括社会秩序（稳定）和社会活力两个方面，并可分为“秩序导向”和“活力导向”两种类型。按照这个类型划分，群工委体制和社工委体制都属于党政合一体制模式，这两种模式的牵头部门都是新设立的，为便于统筹协调，在权力配置之始就进行了这样的设计；政法委体制和民政局体制则都属于党政分离体制模式，前者是党委主导，后者是政府主导，这两种模式都在原有机构设置基础上进行了职能强化和扩展。从目标来看，群工委体制和政法委体制主要属于秩序导向，更加偏重维护社会稳定；社工委体制和民政局体制则主要属于活力导向，更加偏重激发社会活力、营造良好社会发展氛围和环境。大致而言，影响不同地方政府选择不同的社会管理创新体制模式的主要因素包括四个方面。

表 9－2　社会管理创新体制模式类型学

<table>
<tr><th colspan="2" rowspan="2">目　标</th><th colspan="2">党和政府的结合方式</th></tr>
<tr><th>合一型</th><th>分离型</th></tr>
<tr><td rowspan="2">秩序和活力的偏重度</td><td>秩序导向</td><td>群工委体制</td><td>政法委体制</td></tr>
<tr><td>活力导向</td><td>社工委体制</td><td>民政局体制</td></tr>
</table>

第一，经济发展水平和社会发展阶段。经济发展水平和程度直接影响与决定社会发展所处的阶段。社会管理体制是随着社会发展的阶段性特征而变化的。[①] 大致而言，民政局体制和社工委体制主要流行于经济较为发达的地区，比如本章中的 B 市和 W 市，主要属于“发展需求型”社会管理创新模式；政法委体制和群工委体制则主要流行于经济欠发达地区或者一些传统资源型老工业城市，比如本章中的 Z 市和 G 市，主要属于“问题倒逼型”社会管理创新模式。相对而言，民政局体制和社工委体制更加强调和注重的是保障和改善民生，增进社会融合，激发社会活力，创设良好社会环境，推动社会进步；而政法委体制和群工委体制则更加强调和突出化解社会矛盾纠纷，保障社会安全有序，实现社会和谐稳定。从这个角度来看，不同的体制模式背后实则反映了不同的社会管理创新理念。

第二，地理位置和环境条件的差异性。我国地域辽阔，区域差异大，各地民情传统、环境条件和地方需求也不尽相同。因此，多元化发展模式可能仍是未来一个时期我国社会建设和社会管理创新的基本趋向。这就需要大力鼓励并促进地方政府的社会管理模式创新，关注各种可能的管理模式的选择过程和影响因素，并根据地方不断涌现出来的鲜活实践和大胆尝试，探寻社会管理创新的基本路径和原理。[②] 本章所归纳的四种体制模式提供了一些线索和脉络。不同的体制模式实际上也蕴含着一个深层的问题，即不同地方在社会建设和社会管理创新上的起点、基础和遗产是不一

① 蓝煜昕：《社会管理创新的上海实践：马伊里访谈录》，《中国非营利评论》2012 年第 1 期。

② 陈振明、李德国：《社会管理创新研究需要关注的几个问题》，《东南学术》2012 年第 2 期。

样的，这对其之后的选择的影响是不容忽视的。

第三，中央的政策支持和重视程度。中央的支持和重视对于地方政府进行大胆探索和创新非常重要，这是其合法性的基础所在。本章选取的G市，就得益于其全国社会管理创新综合试点地位，而且多位党和国家领导人对其群众工作经验做出重要批示和肯定。这有力激发了G市党政领导进一步大胆创新的热情和动力。W市则是在“部省协议框架”下，成为“民政综合改革试验区”和“全国社会组织建设创新示范区”，享有重要的政策优惠，能够先行先试、大胆探索。B市对社会建设和社会管理工作抓得早、起点高，新设立“社工委/社会办”机构可谓一个相当大的举动，这显然离不开中央的有力支持。由于B市委书记由中央政治局委员兼任，而其又担任市社会建设工作领导小组组长，这本身也就构成了对社会建设和社会管理创新工作的高位支撑。值得注意的是，对于社工委和群工委，其虽得到中央层面的支持，但由于中央本身并没有对应的职能部门，其在现实工作中也面临“上下不对、职责交叉”的困境。

第四，地方党政领导的重视程度。如果仅仅有中央的重视和支持，而地方政府领导并不积极贯彻和落实，社会管理创新也是很难取得成功和实效的。社会管理工作牵涉面甚广，分散在不同的政府部门，呈现出比较严重的碎片化倾向，这就需要加强统筹协调和职能整合，从而使得各种名称不一的“领导小组”[①] 应运而生。从本章所选取的四个案例来看，Z、B、G市都是典型的“一把手工程”，市委书记、市长直接担任社会管理工作相关领导小组组长。相对而言，W市虽然统筹力度略低，仅在市级层面由一名常委联系不同部门，但在每年定期召开的全市社会建设和社会管理工作会议上市委书记、市长都会出席。当市委书记、市长都挂帅社会管理创新工作时，固然便于进行宏观统筹协调，但也存在权力边界不清的问题。显然，不能凡事都通过市委书记、市长来予以协调。这其中，权力和责任对等是个重要问题。四个案例、四种体制，也有一个共同之处，就是牵头单位均重视将社会管理纳入法治化轨道，进行了一系列政策法规的创制，

① “领导小组”是中国政治运行中较为常见的一种部门间协调沟通机制。

形成了较为系统的社会管理法制框架和保障。但这些政策设施并不一定都会产生实际作用和效应。有些时候，它们的存在本身就构成了社会管理创新政绩的重要表征。而且，这些工作的开展和推进在很大程度上依赖于个别主要领导的重视，因此日后难免会出现“人走政息”的现象，Z 市在这方面就体现得较为明显。这也反映了现阶段我国社会管理离真正的制度化还有一些距离。

本章选取 Z、W、B、G 四市作为深度个案，对我国社会管理创新体制模式进行探讨。从理论层面看，由于社会管理实践本身的复杂性、丰富性和多元性，地方实际运作中的体制模式可能更多地呈现为四种模式要素不同程度的选择性组合，因此本章所揭示的四种体制模式具有理想类型的意义。从现实层面看，这四种体制模式代表和反映了我国社会建设和社会管理创新的基本现状和趋势，具有一定的普遍性意义。还有一些个案，比如鞍山的“社会管理委员会”、珠海的“社会管理工作部”、德阳的“社会管理创新委员会”、乌鲁木齐的“社会服务管理局”等专设机构，虽然名称叫法不一，但从牵头部门来看，仍可被纳入本章提出的四种体制模式之中。值得注意的是，本章提出的每一种体制模式内部也有差异，比如社工委体制，在北京、上海、广东等地就有不少差异。这种理论与现实之间的张力实际上也蕴含了丰富的政策空间和潜能，即基于地方丰富实践经验，进一步加强和改进社会建设与社会治理工作的统一领导和顶层设计。

下　篇
社会治理的经验透视

第十章　城市社区居委会如何去行政化?*

——基于四种模式的案例分析

街道社区是基层社会治理创新的关键层级和核心场域。自20世纪90年代中期以来，随着我国社区建设运动的蓬勃开展，特别是2000年《民政部关于在全国推进城市社区建设的意见》的颁布和实施，作为“居委会辖区”的“城市社区”在这个过程中逐渐演变成为一种“国家治理单元”[①]，由此造成社区居委会行政化的趋势愈加严重。“社区行政化”不利于社会建设和社会治理创新，因而各个地方所进行的“去行政化”改革探索也如影随形、未曾停止过。在传统单位体制逐渐解体、住房商品化改革不断深入的宏观背景下，越来越多的“单位人”变成了“社区人”，中国社区建设将走向何方，或者说何谓中国社区建设的目标，成为一个新的重要议题。2012年，党的十八大报告首次将“社区治理”写入；2013年，党的十八届三中全会将社区治理纳入国家治理现代化的改革布局；2017年6月，中共中央、国务院印发《关于加强和完善城乡社区治理的意见》，明确提出要通过推进社区居委会减负增效补齐城乡社区治理的短板。[②] 同年10月，党的十九大报告提出要“加强社区治理体系建设，推动社会治理重心向基层下移”[③]。这些都成

---

* 本章原以“社区去行政化：主要模式及其运作逻辑”为题刊发于《学习与实践》2018年第2期，此次收入有较大修改。

① 杨敏：《作为国家治理单元的社区》，《社会学研究》2007年第4期。

② 《中共中央　国务院关于加强和完善城乡社区治理的意见》，《人民日报》2017年6月13日。

③ 习近平：《决胜全面建成小康社会　夺取新时代中国特色社会主义伟大胜利》，《人民日报》2017年10月28日。

为新的历史条件下推进中国社区建设和社区治理的纲领性文件与行动指南。

随着中央新一轮社区减负增效改革的启动，社区行政化与去行政化的问题再次成为社会各界普遍关注的一个热点议题。去行政化是社区治理体制改革创新的核心问题，也是构建“价值－工具型”基层社会治理共同体的关键所在。在“行政一元化”基层治理结构中，社区居委会事实上“行政性”高于“自治性”，被高度“行政化”。[①] 所谓“社区行政化”主要是指社区居委会的行政化。长期以来，社区工作给人的一种基本印象就是，“社区是个筐，什么都往里面装”“上面千条线，下面一根针”，各种工作任务繁重不堪，令人应接不暇，比如：行政事务多、工作指派多、机构牌子多、会议台账多、证明盖章多、考核评比多、统计报表多、代收费用多。[②] 在这种情况下，我国社区建设面临的最大问题就是行政化倾向十分严重、社区的社会性发育较为缓慢和乏力[③]，主要表现在社区居委会职能行政化、成员公职化、工作方式机关化、运行机制行政化、权力行使集中化，乃至社区建设本身成为“政绩工程”上[④]。就此而言，所谓的“社区去行政化”，就是通过给居委会减负增效、合理配置功能资源，让其回归基层群众性自治组织的法定本位。

从我国社区建设的历程来看，社区居委会去行政化改革主要经历了四个主要阶段，基本上每五年达到一个新的高潮点。从全国范围来看，各地方探索和推进社区居委会去行政化改革，主要有四种模式：一是居站分离模式，二是撤街强社模式，三是行政准入模式，四是三社联动模式。城市社区居委会去行政化改革，究竟有怎样的内涵，又究竟何去何从？本章对这四种改革模式的基本内涵、主要特点及其改革成效进行探讨和分析，在此基础上提出进一步改革的对策建议。

① 孙柏瑛：《城市社区居委会“去行政化”何以可能》，《南京社会科学》2016 年第 7 期。

② 陈煜婷、何海兵：《推进社区减负增效的问题分析和对策建议》，《中国民政》2015 年第 23 期。

③ 孙立平：《社区、社会资本与社区发育》，《学海》2001 年第 4 期。

④ 潘小娟：《社区行政化问题探究》，《国家行政学院学报》2007 年第 1 期。

一　居站分设模式

(一) 居站分设模式的基本内涵

所谓“居站分设”模式是指在社区党组织、社区居委会之外，设立新的社区工作站来专门负责承接政府的行政性事务，进而明确划定社区自治权与政府行政权的合理边界。为全面推进城市基层管理体制改革，1999 年民政部印发《全国社区建设实验区工作实施方案》，首次明确提出“社区自治、议行分设”原则，探索社区内议事层与执行层分开的社区建设组织体制。在各地的实践探索中，这一理念原则主要通过居站分设制度来予以实施和体现。这种改革模式从剥离社区居委会肩负的沉重行政性事务入手，从组织主体和功能切割的角度来为居委会减负、回归自治本位提供方案。

居站分设模式的雏形最早出现在上海。1999 年，在探索推行居委会直选的过程中，为减轻居委会行政负担、安置原居委会落选人员，社区工作站在上海应运而生。作为全国社区建设实验区，上海卢湾区（后并入黄浦区）按照“议行分设”的原则最早提出和实践了居站分设模式。作为改革开放的先行先试地区，2005 年，深圳盐田区推行居站分设改革，其在全国产生广泛影响，被誉为“盐田模式”。从全国的实践案例来看，社区居委会与社区工作站之间的组织关系主要分为三种：一是下设关系，即社区工作站是社区居委会的执行机构或专业服务机构，如早期的北京西城区、天津滨海新区等；二是分离关系，即社区居委会与社区工作站之间在人员、机构、职能、经费等方面是各自独立、分开的，如上海、广州、无锡等；三是交叉关系，即社区居委会与社区工作站在人员、机构、职能上存在部分交叉甚至基本重合的关系，如深圳、北京、成都、杭州等。从社区居委会与社区工作站的范围关系来看，大多是一居一站模式，少数地方是一站多居，如上海、深圳等。

（二）案例：S市FT区TT社区

S市作为我国改革开放的“实验区”和“先行区”，在社区体制改革和创新方面进行了长期探索，取得了较为明显的成效和丰富经验。从1979年建市之初到2002年，S市的社区都实行“议行合一”的居委会体制，有的社区还是管委会体制。社区居委会主任待遇比照科级干部待遇，居委会工作人员待遇比照公务员待遇，名义上实行任期选举制，实际上实行“干部”终身制，社区自治组织成了“准政府机构”。针对这一问题，YT区最早进行了基层社区体制改革探索，并逐渐形成和创造出“YT模式”。“YT模式”是S市农村城市化进程与社区治理制度创新相结合的产物。大体来看，YT区社区体制改革主要经历了四个发展阶段：第一阶段是实行“居委会”与“村股份公司”脱钩，第二阶段是建立“一会（合）两站”的社区管理体制，第三阶段是建立“一会（分）两站”的社区治理体制，第四阶段是积极探索“一站多居”社区体制。① YT区社区体制改革探索历经十几年，形成了较为鲜明的特色和亮点，“居站分离、议行分设”的理念和模式在S市全面推广，并在全国受到与产生广泛的关注和影响。本章选择S市FT区的TT社区为案例进行具体分析。

TT社区地处S市FT区中心繁华地带，辖区总面积约1.2平方公里，辖区面积广，共有1.6万多户，总人口约6万人，其中户籍人口有2704人，流动人口占绝大比例。TT社区下辖3个住宅小区，主要由物业公司负责管理；1个自然村，由改制后的社区股份公司负责管理。TT社区属于典型的人口倒挂的城中村社区。2002年，成立TT社区居委会，TT社区成为农村城市化社区。截至2018年初，TT社区一共有各类工作人员60多人，其中社区党委有7人，社区居委会有7人，社区工作站有55人，三个机构实行交叉任职。

1. 社区居委会

作为基层群众性自治组织，社区居委会的职能职责主要由法律和政策

① 侯伊莎主编《透视盐田模式——社区从管理到治理体制》，重庆：重庆出版社，2006，第25～33页。

来界定。从 TT 社区居委会的实际运行来看，在自治方面的工作相对有限，主要体现在较少的一些法定领域。一是换届选举。这是体现社区居委会自治组织性质最为主要的一个方面，也是受到高度重视的一项工作。社区居委会可以申请专门的换届选举工作经费。二是组织召开社区居民议事会。根据居民的一些意见和建议，组织居民进行议事，经讨论决定后报社区党委决策。决策的执行则主要涉及两个指向：一个是社区工作站，比如一些“民生微实事”需要其来做；另一个是街道办，涉及比较大的事项和项目。由于 TT 社区绝大多数人口是流动人口，本地户籍人口较少，故而提出的意见和建议相对较少，社区居民议事会作用发挥相对有限。三是指导和监督业委会。这是《物权法》和《物业管理条例》赋予社区居委会的职责。居委会对于一些物业管理事项从职责上是可以介入的。在 TT 社区，目前尚没有成立业委会，住宅小区和自然村的物业管理事项分别由物业公司和股份公司在处理，涉及居委会的较少。

2. 社区工作站

社区工作站是在地方社区建设和治理体制改革中涌现出的一种组织机构。S 市 YT 区大力倡导和推动，在全市广为推行，其组织地位与作用大大提升和强化。作为街道办事处的派出机构，TT 社区工作站主要由社区专职工作者来开展工作。社区专职工作者的选用方式是由区民政局和街道办联合通过项目制的形式进行招标，向各社工机构发包，社工机构向社区派出工作人员，故而社工人员的工资由各社工机构来发放。从实际工作内容来看，TT 社区既承担了相关职能部门下派的行政性工作，同时也负责组织和办理一些居民服务事项，并向街道申请项目经费。大量社区事务的拟报权和执行权，实际上都由社区工作站来行使。由社区居委会组织进行的居民议事决策须再提交给社区党委进行把关和决策，然后再交付执行。社区居委会的“议”与社区工作站的“行”之间存在较大张力。在加强党建引领的背景下，TT 社区也设立了社区党群服务中心，其承担了大量服务党员群众的工作，与社区工作站工作事项存在大量交叉，并在新的改革探索中有取代社区工作站的发展趋势。

3. 社区自治效果

S 市在实行居站分设之后，虽然从政策上进一步明确和强化了社区居委会的自治地位和作用，但在实践运行中社区居委会的自治效应并没有有效显现出来，其自治作用和地位反倒大大弱化与降低了。社区居委会自治地位的政策强化，并没有使得其自治作用和地位得到凸显，其所承接的政府职能工作的剥离，也使得居委会在社区中的经费资源状况受到较大影响。在对 TT 社区多名工作人员的访谈中，受访者都提到："社区居委会没有经费，都是以工作站的名义向上面申请项目经费。"从这个角度来看，不论是从资源经费状况还是从自治活动的组织开展来看，社区居委会在实现自治、发挥自治作用方面陷入一种新的困境：自治地位名义上增强、实际上弱化，自治职能相对虚化，自治经费相对缺失，其自治效应并没有得到有效体现。在居站分设体制之下，社区居委会除了其承担的一些专有法定职责之外，其大量工作职能和内容实际上被社区工作站代替了。在"议"方面，社区居委会作用范围相对有限，而"行"方面社区工作站的主导性较强。

（三）居站分设的治理特质

居站分设模式具有制度创新的重要价值，早期在推动社区居委会去行政化改革中发挥了一定作用，主要体现在以下几方面。一是重构了社区治理结构。社区工作站的设立，给城市社区增添了新的主体元素，激发了社区的多元活力，也在实质上改变了社区的治理格局。二是减轻了社区居委会行政负担。社区工作站专门负责承接政府下沉的行政性事务，有助于剥离社区居委会的行政职能，也使得两者之间的职责界限变得相对清晰。①三是促进了社区工作专业化。"选聘分离"原则得到了实行，社区居委会成员通过民主选举产生，社区工作站人员则通过街道、社区招考聘任，获得了不少专业社工人才。四是改进了政府服务提供方式。政府职能进社区，依托社区工作站，采取政府购买服务的形式提供服务。

不过，值得注意的是，这种改革模式在实践中也显现出不少问题，主要体现在以下几方面。一是社区再行政化问题。居站分设模式在"去行政

① 徐志国、马蕾：《难以摆脱的行政化：城市社区自治改革的困境初探》，《云南行政学院学报》2013 年第 6 期。

化”的同时，又陷入了“再行政化”的陷阱。社区工作站在实际运行中演变成为街道办的下属机构，行政工具化趋势明显，不仅增加了新的行政层级，也加重了财政负担。二是社区居委会边缘化问题。实行居站分离后，居委会因行政职能的剥离，变得无所事事，居委会的工作成为一种义务性的公益工作，对社区居民利益的影响也变得微乎其微，从而导致居委会能力被抽空弱化，甚至空心化。三是居站之间利益矛盾问题。除少数采取“两块牌子，一套人马”方式运行的居站，大多数社区居委会与社区工作站之间在实际工作中会出现较为明显的利益摩擦与权威争夺，甚至出现以社工站代替居委会的制度变异。① 四是居委会自治并未真正实现。从某种意义上讲，居站分离模式所要实现的居委会自治实际上只是政府标榜的一种“自治”，在实践运作中所谓的“议行分设”下“议”与“行”严重脱节，甚至出现关系倒置现象，这种自治只具有形式上的意义，并不具备自治应有的真正内涵②；这种改革模式在实践中也并没有超越传统的城市基层社区行政化垂直整合所产生的体制障碍③。

二　撤街强社模式

（一）撤街强社的基本内涵

所谓“撤街强社”模式是指通过撤销街道办事处、做大做强社区，推进和实现居委会去行政化改革。这种改革模式主要强调从权力结构的角度为基层自治留出足够的自主空间。随着我国城市化进程的不断加快，传统的街居管理体制的不适应性日益突出，一些深层次的矛盾也逐渐显露出来，城市基层管理体制的改革日益迫切。根据我国法律的规定，街道办事处属于区政府的派出机构，街道办与居委会的关系是“指导与被

① 王振堂:《制度变异：从“居站分离”到“以站代居”》，硕士学位论文，华东理工大学，2012。

② 姚华、王亚南:《社区自治：自主性空间的缺失与居民参与的困境——以上海市J居委会“议行分设”的实践过程为个案》，《社会科学战线》2010年第8期。

③ 王星:《居站分离实践与城市基层社会管理创新》，《学海》2012年第3期。

指导”的关系，然而由于街道办控制了居委会的人、财、物，所以在实际工作中两者之间却变成了“领导与被领导”的关系。在区－街道－社区的行政架构中，街道办扮演了“二传手”的角色，来自市区委办局的各种工作任务都被下沉到社区来执行和落实。2009 年，全国人大常委会宣布废止《城市街道办事处组织条例》，这为撤销街道办在法律上扫除了障碍。2010 年，中共中央办公厅、国务院办公厅印发《关于加强和改进城市社区居民委员会建设工作的意见》，赋予地方更多的自主权和创制权，进一步推动了基层社会治理体制改革。

撤街强社模式在全国各个地方的实践以 2009 年为分水岭，形成了两个主要的改革时段。在 2009 年以前，只有少数城市进行了先行探索，且试点范围较小，主要是撤销单个街道，除北京鲁谷社区还在 2003～2007 年勉力维持运行外，其他地区都很快回到了试点改革前的状态，重新建立街道体制，改革宣告失败，因而在全国范围内几乎没造成什么重要影响。2009 年及以后，特别是在中央提出加强社会建设、创新社会管理的背景下，一些被列为全国社区管理和服务创新实验区或全国社会管理创新试点的城市开始积极大胆进行较大范围的试点改革，并在全国范围内产生较大影响、形成一定的示范效应。比如备受关注的“铜陵模式”“贵阳模式”，铜陵和贵阳这两个城市都是全部撤销了街道办，着力做大做强社区，其改革都属于社区综合体制改革。

（二）案例：T 市 TG 区 EE 社区

2010 年 7 月，T 市开展了以“撤街并社、强化自治、提升服务”为核心目标的社区综合体制改革，撤销了原来的 10 个街道办事处，成立 23 个大社区，实行区直接服务社区体制。针对前一轮改革出现的问题，2014 年，T 市推进以“三减一加强”为主要内容的社区减负增效改革。2018 年，T 市响应新一轮社区改革政策精神，着力深化社区治理改革创新。因应 T 市的三轮社区改革创新，各个社区也进行了相应的调整和变革。本章选取 EE 社区为例予以说明。

EE 社区面积约 2.6 平方公里，分为三个大片——XY 片、HY 片、LT

片，辖 GT 新村、HY 新村、LT 新村等 22 个居民小区，居民约有 1.4 万户 3.8 万人，下设 1 个居住地小区党委和 28 个网格党支部、8 个非公党支部、1 个社会组织党支部，共有党员 1303 人。其曾荣获“全国和谐社区建设示范社区”等荣誉称号。EE 社区有一个四层办公楼，大楼的正面有三块竖立的牌子：正中是红色字体的“中共 TG 区 EE 社区委员会”，左边是黑色字体的“TG 区 EE 社区居民委员会”，右边是黑色字体的“TG 区 EE 社区服务中心”，在三个牌子的上方有一个横着的醒目的“中国社区”标识。

1. 社区组织体系

EE 社区设立了社区党委、社区居委会和社区服务中心，实行负责人一人三肩挑，即社区党委书记兼任居委会主任、服务中心主任。从社区的领导班子来看，是“三块牌子，一套人马”，三个机构人员高度交叉。EE 社区有 4 个有正式编制的人员。社区的其他工作人员，统称为“社工”，包括统一选聘的和劳务派遣的两种。EE 社区实行“社区大部制”，内设的部门包括党群事务部、综合事务部、平安建设部、经济发展部、社会事务部、城市管理部等，在一楼大厅设有“一站式服务大厅”。EE 社区还设有党员活动室、书画苑、家长学校、市民学校、社区图书馆等活动场所。TG 区直部门的一系列机构在 EE 社区设有站点，主要包括矛盾纠纷调处室、法律援助工作站、退役军人事务工作调解委员会、综治中心、社会救助服务中心、青少年活动中心、综合文化服务中心、退役军人服务站、食品安全管理办公室、司法行政工作室、武装部、新时代文明实践所、垃圾分类办、城管中队、少数民族服务站等。从社区的组织机构可以发现，EE 社区形成了一种社区大部制的体系。既有社区自身的班子体系，又有区直部门的下沉机构、实行双重管理，还有一些社会性和公益性服务机构。

2. 社区权责关系

街道撤销之后，区直各部门直接对应社区，一般会造成一定的社区与政府部门之间权责不清、社区负担过重的问题。从社区的班子体系来看，社区党委书记一般具有行政级别，其人事关系在组织部；当然，社区党委书记也可以面向社会招聘，既没有级别，也没有编制。社区服务中心主任一般是事业编，其人事关系在区公共服务中心。社区居委会仍属基层群众性自治组织。从社区与区直部门来看，在起初撤销街道之后，诸如行政执法、协税护税、招商引资等职责上收，区直部门由于人手有限、基层没有抓手，很难将工作落地，也会导致权责不清。因而，在T市第二轮社区改革中，又将一些职责事项下沉到社区，从工作体系上实现了社区嵌入。由此，社区内部实际上至少形成了三个职责事项体系：一是社区的服务自治体系，二是社区的行政职能下沉体系，三是社区的社会性、公益性服务体系。由此，在社区之中，实际上形成了一个“混融”的治理体系。正如社区居委会主任TB所说：“职能上我们现在没有分得太细，服务中心跟那个居委会在一起，所有的事情我们都是掺杂在一起，办公是在一起，人员也是在一起，基本上是掺杂在一起办事，还没有分得那么细。人员上就是根据各个工作岗位的需求来定。”因此，对于社区来讲，关键是把工作做好。

3. 社区自治效果

撤街强社模式的基本要义，在于增强和提升社区居委会的自治功能。从EE社区的治理改革创新来看，社区自治的功能和作用发挥呈现一个相对多元复杂的图景。

（1）“大社区”与“小社区”。EE社区是由三个原社区居委会辖区合并而成的，从地域面积和辖区人口规模来说，属于一个很大的社区，差不多相当于原来一个街道办的规模。但在职能配置上，其与街道办有较大差别。起初，执法权与协税护税权都上收区直部门。但在实践运行一段时间后，这些事务又下沉到社区，形成了职权与岗位分离设置的格局。在大社区体制下，社区党委是领导核心，负责统筹各方面；社区服务中心主要承接各种公共服务工作；社区居委会的作用相对并不明显。

（2）“一社工”与“多岗位”。EE社区在人员配置上面临一定的人手紧张问题。一个社工兼任多个岗位，时间、精力不够，容易产生矛盾。正如社区居委会主任TB所说：“以前，要求社区工作人员白天搞各种报表，晚上到百姓家里去。既要发现问题，又要解决问题。确实没有时间。自己发现的问题，自己解决，那就自己不发现问题了，就不用解决了。”从工资待遇来讲，在T市几次上调社工工资待遇之后，整体工资水平还算可以，但面临考核激励不足的问题，也存在一定程度的人员流失问题。

(3)“好办事”与“距离远”。EE 社区设立了“一站式”窗口服务平台，这大大便利了居民来社区办理各项事务，减少了管理层级，缩短了行政服务链条，居民可以少跑路。同时，也带来一个问题：社区与居民群众的距离变远了。EE 社区虽设有各种居民活动场所，但实际上来这里进行娱乐活动的居民比较少。居民来社区主要是来办事，这使得社区更像一个行政化的办事机构。

(4)“类街道”与“强社区”。从辖区范围和人员规模来看，EE 社区比较像一个街道。社区的经费由区财政直接下拨，街道的一些职能和资源也下沉，嵌入社区结构体系之中，这些都大大增强和提升了社区的治理权能。社区变强了，但与自治似乎又变远了。由于一个社区下面包括 20 多个住宅小区，社区没有那么多人员和精力经常联系每个人，这也使得社区与小区的日常联系相对弱化了。

(三) 撤街强社模式的治理特质

撤街强社模式符合现代城市治理的发展趋势，是推进社区居委会去行政化改革的一种积极有益的尝试。虽然各地具体做法不一，但都具有共性因素，主要体现在以下几方面。一是实现了基层治理的扁平化。通过撤销街道办，实行区直管社区，减少了行政层级，扩大了社区规模，增加了社区资源，也减轻了财政负担。新设置的社区不再以居委会辖区为界，而主要以有利于开展社会服务管理为标准划定范围，并且都推行了网格化管理模式。二是构建了新型社区治理架构。撤销街道办后，首先面临的就是新的治理架构的搭建。比如，贵阳等地建立了“一委”（社区党委）-“一会”（居民议事会）-“一中心”（社区服务中心）的社区治理架构；同时，大力培育和发展各类社会组织，促进其参与社区治理和社区服务。三是提升了政府公共服务效能。各地新设立的社区服务中心或社区行政事务受理中心，普遍实行“一站式”窗口服务，缩短了公共服务流程和链条，不仅提高了效率，而且更具有针对性。四是构建了区域化大党建格局。各地在撤销街道办后，普遍都成立了大的社区党委，并强化了其在基层治理创新中的领导核心角色，更好发挥其统揽全局、协调各方的作用。

不过，这种改革模式也产生了一些问题和困难，主要表现在以下几方面。一是人员分流安置问题。街道办撤销后首先面临的是原街道办人员如何分流安置的问题。新设社区一般为全额拨款事业单位，行政编制虽有所减少，但事业编制大量增加。二是街道社区化问题。各试点地区普遍都设立了新的社区行政事务受理中心，用来承接原街道办的行政管理和公共服务职能，经济职能和执法职能则被收归区直部门。在职责同构的体制惯性下，随着人、财、物等资源的下沉，新的社区虽然职能减少了，但各种任务却骤增，有演变成“缩小的街道办”的趋势。三是下改上不改问题。这种改革模式从表面上看去除了压在居委会头上的街道办，似乎给基层社区留出了更多自治空间，但由于缺少自上而下的综合配套改革，撤销街道办事处容易流于形式①，居委会仍然没能脱离行政管理的窠臼。从这个角度而言，街道办的存废不是街居体制改革的根源性问题。② 四是居委会无法自治问题。在长期的社区行政化主导体制下，居委会和居民都对政府形成了强烈的依赖，街道办突然撤销后，居委会反倒表现得无所适从，社区居民也缺乏组织开展集体行动的能力和习惯，从而导致“无法自治”的局面。

三　行政准入模式

（一）行政准入模式的基本内涵

所谓“行政准入”模式是指通过依法确定社区工作的各类事项，制定明晰的社区权力清单，实施社区工作准入制度，进而推进和实现社区居委会去行政化改革。2015 年 7 月，民政部、中组部联合发布《关于进一步开展社区减负工作的通知》，以减负增能的形式，再次启动了社区居委会去行政化政策议程。这种改革模式在本质上是一种权力清单制度，旨在明确

① 杨宏山：《街道办事处改革：问题、路向及制度条件》，《南京社会科学》2012 年第 4 期。

② 高乐：《当前我国街居体制改革实践中两种路径及其评析》，《中国行政管理》2016 年第 7 期。

社区的职能和权责，理顺政府与社区的关系，从制度上约束行政任务下沉。

行政准入模式在我国各地的实践经历了一个不断规范化、精细化和法治化的过程。在中央倡导和谐社区建设的背景下，一些地方开始积极探索减轻居委会行政负担的举措。比如，2004 年北京市东城区就制定了《关于建立社区工作准入制度的实施方案》，提出政府依法行政与社区依法自治的要求，并明确了“费随事转、事随责走、责随权变”的基本原则。此后，一些省会城市、计划单列市在个别区也进行了一些试点探索。这一时期的试点探索，在整个基层管理体制特别是维稳体制下，成效不大，影响也较小。在中央提出加快简政放权、加强社会治理创新前后一段时期，我国社区居委会去行政化改革进入一个新的阶段。2013 年，珠海市在推进社会治理创新的过程中，率先以社区治理为切入点，制定了《社区行政事务准入管理办法（试行）》，并发布了《社区行政事务准入目录》。这标志着社区权力清单制度的建立。2014 年，武汉市在大力推进社区治理创新的背景下，制定了《落实社区减负九项规定实施细则（试行）》，并发布了取消目标责任书、取消达标评比、取消摊派任务、取消社区居委会出具的证明等四个负面清单。2015 年之后，中央进一步全面推动社区居委会去行政化改革，各省（区、市）纷纷进行贯彻落实，其中北京和上海两个直辖市表现得最为突出。北京市制定和颁布了详细的社区职能正、负面清单；上海市更将社区行政准入制度明确写入新颁布的《上海市居民委员会工作条例》，上升到行政法规的高度。

（二）案例：Y 市 XZ 区 KK 社区

Y 市是我国改革开放最早设立的四个经济特区之一，在加强社会建设、创新社会治理中，积极探索社区治理体制机制改革创新。针对社区行政负担日趋沉重的状况，Y 市较早探索实行了“社区行政事务准入制度”，并最早在 XZ 区开始试点，后在全市全面推行。2013 年，Y 市人民政府办公室印发《社区行政事务准入管理办法（试行）》，并于同年成立了市社区行政事务准入管理领导小组，由市领导挂帅，各相关部门主要领导为成员。

2014 年 6 月，领导小组印发《社区行政事务准入管理工作实施方案》，根据该方案明确了 3 个重要目录：一是社区法定事务目录，有 57 项；二是社区行政事务准入目录，有 45 项；三是社区行政事务禁入目录，有 15 项（第一批 9 项，第二批 6 项）。此后，又印发《社区减负工作方案》。由此，明确界定社区职责边界，理顺社区工作关系。这里以 KK 社区为例予以具体分析。

KK 社区位于 Y 市 XZ 区，辖区总面积约 0.7 平方公里，共有人口 7000 多人，其中本地户籍人口有 6000 多人，外来流动人口有 1000 多人。KK 社区下辖 4 个住宅小区，其中 3 个是老旧小区，都是 20 世纪 80 年代的，都没有物业公司进行服务；1 个小区相对新一些，也已有 20 多年了，但有物业企业提供物业服务，且成立了业主委员会。KK 社区各类工作人员共有 11 人，其中社区党委有 9 人，社区居委会有 7 人，社区公共服务站有 7 人外加 2 名劳务派遣人员，3 个机构实行交叉任职。在 Y 市全面推行社区行政事务准入制之后，KK 社区所在的 XZ 区也制定和颁布了相应的实施方案，并在实践过程中发挥了一定的作用。

1. 行政准入

根据行政准入的规定，按照 Y 市制定颁发的法定目录、准入目录、禁入目录，XZ 区制定了相应的 3 个目录，并根据本区的实际情况略有调整。行政准入的运作流程是，区直各部门将相关下派的任务发送到街道办，街道办再征求社区的意见。在文件下发之后，按照目录规定，一些不应由社区承担的工作就应该收回。比如，在 KK 社区，对于“出租房屋综合治税”这个工作事项，就按照“不属于社区承担工作事项”，请地税部门予以收回，退回到街道的收税窗口。行政准入的目录名单，每年都会有一些变化和增加，实现动态调整。社区一名工作人员说道：“这个每年都会有一些更新，我们就会知道今年新准入的是什么事项。”同时，行政准入的设置，使得社区的办证明盖章的事务得到了规范，便利了群众。以往由于这种盖章不当，曾有社区居委会被起诉。在制定和推行社区证明的正面和负面清单之后，社区居委会行使权力能够更加有法可依、有据可行。行政准入制通过设置准入门槛和审批制度，对不应由社区承担的事务进行了规制，对社区居委会具有一定的减负作用。

2. 行政负担

虽然行政准入起到一定的拦截不相关行政任务下派的作用，但社区居委会承受的负担并没有明显减轻。社区的一位工作人员说：“（负担）很重的时候都会比较重，比如疫情的时候，平常我觉得还好，但还是经常要加班。”一方面，针对社区的考核越来越多，要求越来越高。社区需要接受街道办事处10多个部门科室的考核，考核结果直接影响到年终绩效工资和奖金的发放。“就是上面对居委会考核很多了，它有一个量化考核标准，每一个季度考核，每一个部门有它的考核标准，可能每个季度考核的东西都不一样。”这表明行政准入制并没有直接减轻社区考核负担的作用。另一方面，社区公共服务站负责承接区直各部门下派的各种任务，比如低保、优抚、计划生育等，这部分工作从政策上分割开来，不再由社区居委会来承担。但由于社区居委会和社区公共服务站人员高度重叠，有7个人是交叉任职的，所以区直各部门下派的任务虽然在“组织名义”上发生了转移，但实际上还主要是同样一批人在干。此外，由于区直各部门长期的下派任务的行政惯习，仍存在个别任务下派给社区居委会的情况。

3. 自治效果

Y市在实行社区行政事务准入制，对减轻社区的行政工作负担、增强社区居委会的自治性具有一定的效果。在行政准入制改革背景下，KK社区居委会的行政负担具有减轻的一面，其自治地位和作用也得到一定巩固和增强。从平常社区主要工作事务的安排和申报来看，主要使用的是社区党委和社区居委会的公章。这表明在KK社区，社区居委会还是具有一定地位和作用的。同时，KK社区去申办办公电话号码、办理宽带业务等，也需要使用社区居委会的信用代码证，表明了这种“公对公”身份的作用。社区居委会在履行自治职责方面，除换届选举之外，还在组织居民议事，特别是召开老旧小区改造提升方面的会议时经常邀请居民代表参加或列席。一名社区工作人员介绍道：“我们这边很多都是那些老旧小区，就没有物业管理的主体，也没有什么业委会，可能这一方面我们要去协助居民自治管理。很多时候，可能还是要我们去帮助、去牵头。”社区居委会在与居民利益联系比较密切的政策法规精神宣传、消防安全演习、扫黄打非等方面都发挥积极作用。值得注意的是，在KK社区，社区党委、社区居委会、社区公共服务站三个机构的人员高度重叠，这种“一套班子、合署办公、交叉任职”的组织运作架构对社区居委会弱化行政色彩、强化自治地位有利有弊。

（三）行政准入模式的治理特质

行政准入模式的提出在探索社区居委会去行政化改革过程中具有积极意义。长期以来，由于各试点地区政策规定本身比较粗略、不具可操作性，且缺乏大的政策环境，行政准入模式大多流于形式，并未取得实际预期效果。近些年来，在简政放权、治理创新的大环境下，随着权力清单制度的推行，社区行政准入的政策设计变得更为精细、严密、科学，社区减负增能日益成为一种普遍共识和强烈呼声。值得注意的是，社区行政准入机制在现实运行中也出现不少问题，主要表现在以下几方面。一是政策变通问题。在历史惯性的作用下，基层政府和职能部门为了方便，采用迂回的方式施加压力，通过领导批示及打招呼等非制度性约束方式实现了行政事务下沉到社区。[①] 二是政治传导问题。社区负担重，很重要的一个原因就是经常会面临各种突击性、临时性的行政任务，从而使得日常工作上升到政治任务的高度，这就使得社区行政准入制在实践中会遭遇边界模糊与政治传导的挑战[②]，并最终可能使居委会权力清单沦为“一纸空文”。三是统筹协调问题。目前，社区行政准入主要设置在区县层级，区级民政部门一般是准入的行政审批机构，其统筹协调的权能相对较为有限，在面对一些强势部门要求工作任务进社区时，有时也显得无能为力；少数地方成立区社区建设领导小组，由区级一把手主抓，其效果要好些。同时，进社区的工作大部分是条口直接下达，上至中央，下到区县，在省级以上没有实行社区准入制的情况下，由区县一级实行准入，难度很大。四是核查问责

① 王猛、乔海彬、王杨：《非制度性约束与行政化传导：分析社区行政化的一个理论解释框架》，《云南行政学院学报》2016年第2期。

② 王德福：《“社区自治”辨析与反思》，《云南行政学院学报》2017年第2期。

问题。作为一种权力清单制度，社区行政准入制能否取得实效，关键在于是否形成强有力的核查问责机制。从各地发布的规范性文件来看，督察问责的规定较之早前普遍都变得更加严厉，也更具可操作性些；从实际工作督察效果来看，不少社区居委会还是感觉负担重的顽疾并没有得到根治，反倒有陷入“越减越重的怪圈”之忧。①

四 三社联动模式

(一) 三社联动模式的基本内涵

所谓“三社联动”模式是指社区居委会在开展社区工作时通过与社会工作者、社会组织的协同合作和博弈，在这个互动过程中逐步提升自身的服务自治效能，进而达到社区居委会去行政化的改革目标。这里的“三社”各有所指，“社区”是指社区居委会，“社工”是指专业社会工作者，“社会组织”是指非营利组织，特别是专业社工服务机构。② 这种改革模式着力于从组织赋权增能的角度实现对社区居委会的内生性变革。

三社联动模式是社区工作者在长期实践的基础上提出的，经历了一个逐步积累升华的发展过程。这种模式的最早雏形，是2004年上海民政部门提出的“以社区为工作平台、以社工为队伍抓手、以社团为组织载体”的“三社互动”模式。③ 随着对社会治理和社区治理认识的不断深化，在“三社互动”的基础上，进一步发展出了“三社联动”模式，意在突出三者之间的连接、协调和整合，促进互联、互通、互补，实现共建、共治、共享。此后，南京、广州、北京、杭州、苏州、嘉兴等地进行了富有特色的经验探索。2013年11月，民政部、财政部联合印发《关于加快推进社区社会工作服务的意见》，明确提出要建立以社区为平台、社会组织为载体、社会工作专业人才为支撑的新型社区管理服务机制。2015年10月，民政

① 吴明华：《社区“减负怪圈”》，《决策》2014年第9期。

② 徐永祥、曹国慧：《“三社联动”的历史实践与概念辨析》，《云南师范大学学报》(哲学社会科学版) 2016年第2期。

③ 徐富海：《“三社联动”如何“联”如何“动”?》，《中国民政》2015年第12期。

部在重庆召开了全国社区社会工作暨“三社联动”推进会，由此三社联动在全国范围内广泛实行；2017 年 9 月，民政部在浙江省杭州市召开全国社区社会工作暨“三社联动”座谈会，深入总结交流各地经验，探索和完善三社联动的未来发展及其政策思路。

（二）案例：B 市 DC 区 FF 社区

针对三社联动模式的研究，大多关注的是通过政府购买服务进驻社区的社会工作机构。由于街道社区体制的长期惯性，这种模式下的三社联动普遍存在一些共性的问题，比如，因项目周期缘故一般周期较短，三社联动缺乏应有的可持续性；受到社区居委会制约和影响较多，社工机构主动作为的空间比较受限。体制内的社区居委会对从外进驻的社工机构和社会组织的态度也较为谨慎。可以将这种模式称为“外嵌型”三社联动模式。与这种模式不同的是，在社区内部，实际上也有实现三社联动的内生动力和要素。在社区工作专业化、职业化背景下，大量专职社工就长期在社区工作和生活。这是社区本身具有的一份宝贵的社工资源，并在社区三套班子体系中的不同岗位上发挥着作用。这些专职社工尽管经常会承担一些行政事务，但也会开展大量的服务性工作，实现了行政与服务的有效结合。同时，在社区里，也有大量内生的社区社会组织，比如志愿组织、趣缘组织等。这些组织是活化社区关系、联动社区人群、构造社区共同体的重要结构因子。本章将这种模式称为“内生型”三社联动模式。应当说，这种模式也代表了当前街居体制下三社联动的一种重要类型。本章以 B 市的一个社区为例予以探讨和解析。

FF 社区位于 B 市 DC 区，属于核心城区地带，辖区面积为 0.14 平方公里，有户籍人口 1039 户、流动人口 200 余户，实际管辖 1200 多户，人口总数 3000 余人。FF 社区里的小区主要是老旧小区，有楼院 9 个，里面的 19 栋楼都没有电梯；平房院 6 个，以老四合院为主。社区内有不少部委机关的老楼，也有一些杂旧待改造的胡同。社区物业费标准为每平方米每月 1.68 元。FF 社区党委、社区居委会、社区工作站三套班子一共有 11 人，其中有专职社工 6 人，持证的有 3 人。社区内培育和组建了各种社区社会组织，比如社区合唱队、社区舞蹈队、志愿巡逻队、社区纺织组、种植小组、社区老年协会等。

1. 社区居委会

FF社区地处B市核心重要地带，社区居委会对于维护社会稳定和安全高度重视。这也使得其对外来的社工机构和社会组织的进入，会持有一种较为谨慎的态度。以前有过一家专业养老机构进驻，后因效益差就退出了。随着基层治理的不断强化，对于社区居委会来说，其工作内容和工作方式也都在发生重要变化。正如社区居委会主任W所说："社区过去是个筐，能漏点儿。现在是个缸，没地儿去漏，所有的你都得兜着。不管哪儿的活儿，你都得接着。所以现在要求的社工，素质不是过去的小脚老太太，小脚侦缉队，戴上一袖标，东家长、西家短的，就弄完了。现在要的材料也多，各个口都下，都是电子版，要求挺严格的，字体多少，什么楷体、宋体，不是小脚老太太能干的。像我60多岁的老太太，都算挺前卫的了。"从这个角度而言，社区居委会实际上是社区多方联动的一个重要枢纽。由于社区工作站直接承接了政府各职能部门下派的工作，社区居委会就更偏重于居民自治的工作。由于社区居委会的副主任、委员中有专职社工，整个社区中专职社工占较高比例，其在开展居民自治活动中受到专业理念和技巧相对长期的浸润，会促动一些行为方式的转变。

2. 社区社会组织

B市一直着力重点推动社区社会组织发展，并规定了每个社区需要达到的数量标准。FF社区在这方面也积极培育，产生了一系列社区社会组织，大大丰富了社区居民的公共生活，加强了居民之间的交流联系。以种植小组为例，社工将居委会的二层顶楼开发为阳台菜园，经过翻修改造，其成为一个近百米长的绿色空间。小组成员每天轮流照看菜园，到了播种季节，社工与小组成员们一起翻土育苗、浇水，到了收获之际，社区就召开成果展示会，并将种植所得的蔬菜水果送给社区的高龄老人们。再以早教小组为例，居委会将地下一层装修好腾出空间，专门供社区的一些早教妈妈在这里进行相互学习和交流。还有治安巡逻队，队员们在社工的组织下参与每天夜间的社区巡视，平时也会开展防火防盗的宣传教育，提醒居民和商户做好用电安全工作。可以看到，社工与各种志趣组织之间紧密地相互联动着。

3. 专业社会工作者

FF 社区有专职社工 6 人，由区里统一招聘上岗。其中，社区党委有 1 人，居委会有 2 人，社区工作站有 3 人且其持有社会工作者职业资格证。按照 DC 区规定，以 1500 户为界限，FF 社区工作站的专职社工定员应为 2 人，后其又积极争取了 1 个名额。由于社区事务繁杂，既有职能部门的，又有各类居民的，故而社工的工作负担实际上是比较重的。正如社区居委会主任 SJ 所说："我老说我们社工，穿上警服就是警察，戴上袖标就是巡逻队，没有不管的，现在社工的负担真是挺重的。它不光是居民自治这一块，居民有一些诉求得接，它好多都承载着职能部门的一些职能，它虽不负责，但不能不管。比如，今天下水管堵了，明天水冒了，后天垃圾没人管，找谁去？打 12345？最后还是得找社区。"这也表明，在社区，社工也是个多面手。针对 FF 社区而言，既有持证专业社工，也有一些具有丰富社会工作经验的老政工，后者其实也是有本土特色的一种社工类型。两种类型的社工，各有所长，优势互补，共同形成一种社工互动的"合力效应"，进而发挥一种"基础 - 服务型治理"的作用。① "社区居委会里负责这一块的委员，都跟社区工作站的一个专职社工对应着，比如老龄、文体等，这样能够工作上互补、相互帮助。"由此，这也对居委会工作人员逐渐产生一种赋权增能的效果。

4. 社区共同体

"社区是我家，建设靠大家。"FF 社区所形成的"内生型"三社联动模式，实际上契合于社区需求的有效挖掘、释放和连接。社区居委会、社区社会组织、专业社工之间形成了一种良好的亲和性，彼此之间相互信任、相互帮助，这是形成三社联动的一个基础性要件。在这背后，有三个重要因素值得关注。一是公共空间。社区居委会通过让渡和改造自己的办公空间，给居民活动和娱乐提供了相对有保障的公共场所。这为三社联动

① 王思斌：《社会治理结构的进化与社会工作的服务型治理》，《北京大学学报》（哲学社会科学版）2014 年第 6 期。

提供了空间集聚的基础。二是公共资源。街道及相关职能部门为FF社区提供和配备了相对有保障的经费，这为三社联动提供了基本的物质保障。三是公共精神。FF社区老龄群体占比较高，社区居民普遍对精神文化生活需求较强。由于是老旧小区，且大多是单位楼院，居民彼此熟悉，相互较为知根知底，邻里关系较为亲密。正如社区居委会主任SJ所言："街里街坊，楼上楼下，都比较熟，办事靠'刷脸'。要是得罪人的话，就不是你一个人的事，全家人都跟你倒霉。"在共建共治共享的背景下，这种具有亲密邻里关系的社区，成为构建社区共同体的一种重要基础。在多方社区联动中，各个主体也实现了自我服务和增能。

（三）三社联动模式的治理特质

三社联动模式的提出对探索社区居委会减负增能、推进基层社区治理创新具有重要的积极意义。虽然各地的探索实践做法不一，但仍具有一些共同性，主要体现在以下几方面。一是优化社区服务。这种模式通过专业社工和社工服务机构的进入，为社区居民提供专业化、精细化的服务，能更好满足社区居民的个性化、多样化需求。而居委会在与其合作共事的过程中也能够及时学习和吸纳社会工作的专业理念与方法，从而增强自身服务能力，提高服务效率和水平。二是促进多元治理。三社联动的运作，涉及重新界定街道与社区的职能关系，以使居委会能够与专业社工、社会组织建立起良好的互动合作关系。在这个多元治理格局中，居委会仍是社区治理的核心力量，但在角色定位上更加注重以服务居民需求、增进社区福祉为导向。三是激发社区活力。社会组织与专业社工介入和参与社区治理，通过合作、协商、博弈的实践过程，一方面给传统的居委会注入了新的内涵和活力，促进了居委会主体性的重塑；另一方面也使得社区的各种治理主体、内外资源、关系网络实现了有机的链接、互通和整合，从而有助于增强和提升社区治理效能。

这种模式在实践运作中也产生一些问题，主要表现在以下几方面。一是空间让渡有限。在基层社区中，街道办和居委会控制着各种主要资源和空间，在社区中占据绝对主导地位。由于各地方的理念认识、重视程度不一，其相应的资源开放、空间让渡的程度也有较大差异。在实际运行中，专业社工和社会组织常常潜在地成为压力群体，使得居委会对从外界进入的他们具有一种本能抵触甚至排斥的情绪。这也使得社会组织和专业社工与社区的直接联系常常较为受限，从而导致政府购买服务项目的实际成效大打折扣。二是主体结构失衡。在社区服务活动中，社区居委会、专业社工、社会组织理应是一种平等协商、相互合作的伙伴关系。由于现阶段社会组织和社会工作的相关法律法规还比较薄弱，社会组织和社会工作的专业认知度也还不高，专业社工与社会组织介入和参与社区治理的制度环境对其较为不利。这也使得三者之间的权力结构容易出现失衡，居委会占据支配地位，专业社工和社会组织处于被动承接状态，从而导致三者之间“联而不动”。三是基层职位理性。三社联动所倡导的治理服务理念，与社区居委会的实际具体工作开展之间存在较大的落差。社区居委会作为国家在基层的代理人，一直承担了大量行政工作，具有较为鲜明的官方色彩。特别是一些地方的居委会还被列入事业编制，享受着体制内的福利待遇，形成了自身的利益结构。这也使得居委会对上级政府存在很深的权力依赖，在具体工作中必然更偏重政府委派的即时工作任务，而对以居民需求为中心的专业化服务工作兴趣不大。基于“基层官僚的职位理性”①，通过与社会工作、社会组织的联动来促动居委会的社会化转向并非易事，可能还需要一个相对较长的磨合过程。

五　结论与讨论

社区居委会去行政化，是一个既老又新的问题。本章基于对全国各地实践案例的观察和分析，归纳了社区居委会去行政化改革的四种制度模式，并揭示了每种模式的政策内涵、发展历程、主要特点及其运作效果。居站分设模式从组织功能分割的角度出发，试图通过增设新的组织主体、剥离行政职能的方式实现恢复居委会自治地位的目标；撤街强社模式从权

① 王思斌：《“三社联动”实践与社会治理创新和社区建设》，载沈原主编《清华社会学评论》（第七辑），社会科学文献出版社，2017。

力结构重组的角度出发，试图通过减少行政层级、调整行政架构、去除行政压制的方式实现做大做实做强社区、让居委会自治归位的目标；行政准入模式从权力清单制度的角度出发，试图通过规范基层政府和职能部门的行政行为，进而实现控制行政权力扩张、为居委会减负增能的目标；三社联动模式从组织赋权增能的角度出发，试图在与专业社工、社会组织的合作、协商、博弈实践中实现居委会的主体重塑和减负增能。从总体上来看，四种制度模式都属于局部性改革，且各具特色和优势，都在一定程度上缓解了社区行政化问题。

长期以来，对社区居委会的改革始终锁定在“行政化”与“自治化”的矛盾中，这也使得改革难以有实质性的突破。[①] 从各地的改革实践来看，社区居委会去行政化改革普遍陷入一种“多重悖论”之中，主要体现在三个维度上。一是“行政推动”与“社会参与”的关系。四种制度模式都属于自上而下的强制性制度变迁，主要依靠行政强势推动、政府全程主导。这种改革方式在减少和削弱一部分权力的同时，也催生和带来了其他行政权力的扩张、膨胀和再生产。这是全能主义行政所造就的发包型政府的本质所决定的。[②] 与此形成反差的是，社会被动参与其中，且缺乏积极有效的社区促动，居民参与热情不高，表现冷漠。这也与当前社区建设面临的社会资本匮乏、社会活力不足密切相关。二是“去行政化”与“被边缘化”的关系。行政事务和资源是影响居民利益的重要渠道和载体。从一些实践案例来看，社区居委会行政职能的剥离，直接导致了其自身在资源、影响、地位上的弱化，居委会并没有如期实现自治，反倒被边缘化，遭受居民们的冷落。三是“内卷化”与“共谋化”的关系。在国家主导的变革过程中，社区居委会的组织变革走向了“内卷化”，虽然新的组织形式要素出现，但组织性质和实际运作机制没有发生根本改变。[③] 当然，对于社区居委会组织变革的这种现状，也不能简单地将其看作压力型体制下行政

① 徐永祥、候利文：《基层建设与社会治理：当前中国社会建设的两个命题》，《河北学刊》2015 年第 4 期。

② 周黎安：《行政发包制》，《社会》2014 年第 6 期。

③ 何艳玲、蔡禾：《中国城市基层自治组织的“内卷化”及其成因》，《中山大学学报》（社会科学版）2005 年第 5 期。

强制的结果，而应看到在特定环境下居委会自身的选择和主观能动性。①这集中体现在社区居委会各种“选择性应付”行为的频繁发生，以及上级政府尤其是街道办事处对这种行为的默认和容忍②，其反映和体现了双方迫于政绩需要而做出的一种“共谋”行为③。

社区居委会去行政化改革究竟何为？本章认为，这需要从社区改革方法论的角度予以重新审视。基层社区位处中央与地方、国家与社会之间的双向连接点上，其变革必然会牵一发而动全身。在新的历史条件下，社区居委会去行政化改革需要把握好三个向度。

一是“目标导向”，即社区居委会去行政化改革的目标究竟是什么。事实上，在社区改革讨论泛化的情况下，“社区居委会去行政化”问题本身日渐变得笼统和模糊，这就使得重新回到问题本身、精准聚焦问题本质变得甚为关键。社区居委会去行政化改革的提出，源于社区居委会行政化。所谓“化”，实际上是一种过程、方向和趋势。从社区建设历程来看，其经历了一个从“被动行政化”到“主动行政化”的过程；从社区建设目标来看，其呈现出一种从“社会化”逐渐异化为“行政化”的倾向和趋势。据此，社区居委会去行政化改革的目标就是，重建社区共同体，激活基层民主自治（“四民主”和“四自”），实现政府治理与社会自我调节、居民自治良性互动。

二是“问题导向”，即当前的社区建设和社区治理究竟出现了什么问题。无论是在学术界还是在实际工作部门，一个普遍的共识是，社区负担过重、不堪重负；一个基本的判断是，社区负担过重，是因为居委会行政化严重，这仅从其“万能章”就可见一斑。应当说，这种判断抓住了问题的要害，但也还有值得进一步细究的地方。实际上，社区居委会行政负担过重，主要不是因为常规化的行政服务，而是因为突击性的行政任务，特

---

① 马卫红：《内卷化省思：重解基层治理“改而不变”现象》，《中国行政管理》2016 年第 5 期。

② 杨爱平、余雁鸿：《选择性应付：社区居委会行动逻辑的组织分析》，《社会学研究》2012 年第 4 期。

③ 周雪光：《基层政府间的“共谋现象”：一个政府行为的制度逻辑》，《社会学研究》2008 年第 6 期。

别是一些形式主义、官僚主义的考核任务和要求。而且，考察社区构成体制最重要的，就是看它的运行架构是“行政性”的还是“非行政性”的。[①] 这就意味着，社区居委会行政化的根本原因在于，社区居委会运行机制的行政化扭曲，使得社会自组织的机理被破坏。

三是“结果导向”，即社区居委会去行政化的改革成效究竟如何。从现实来看，一个普遍的认识和感觉是，社区居委会行政化问题不仅没被缓解，而且反倒有加重的迹象和趋势，主要体现在：社区行政任务越减越多，社区居委会体制内身份受到强化，社区居委会腐败多有发生，社区运行过程受行政支配加强、渗透加深。[②] 这也引发了人们对权威体制下社区居委会去行政化是否可能的质疑，主要形成了两种观点。第一种是“完全去行政化不可能论”，认为从追求法律意义上的自治组织纯度的角度而言，社区居委会去行政化根本是不可能的，这也是对社区居委会去行政化改革逻辑起点的错置。[③] 第二种是“适度去行政化必要论”，认为社区居委会去行政化去掉的是本不应该由居委会承担的行政职能，而且从历史和现实来看，社区居委会承担相关行政事务还是必要的，这也是其权威来源所在。[④] 本章以为，社区居委会去行政化改革并不是要追求所谓的“纯净自治”，而是要实现居委会行政性与社会性的有机平衡，进而重塑居委会的双重主体性。

社区居委会去行政化改革究竟何去何从？基于以上对社区居委会去行政化改革“多重悖论”和“方法论”的分析，本章提出推进和深化社区居委会去行政化改革的对策建议如下。

一是转变理念思维。社区居委会去行政化改革，归根结底是为了使社区成为真正的“共同体”。在单位制解体之后，社区一直被当作一个功能代替物，主要着眼于维护基层社会秩序。当从“社区建设”走向“社区治

---

① 秦德君：《中国社会体制问题研究》，《上海行政学院学报》2010 年第 4 期。

② 王汉生、吴莹：《基层社会中“看得见”与“看不见”的国家》，《社会学研究》2011 年第 1 期。

③ 刘太钢、刘开君：《居委会去行政化：错误理论误导下的“骑士战风车”》，《北京师范大学学报》（社会科学版）2017 年第 3 期。

④ 罗新安：《社区居委会去行政化的思考》，《珠海特区报》2013 年 3 月 28 日。

理”，就需要社区实现从“管控”到“服务”、从“维稳”到“维权”、从“他治”到“自治”的转型。同时，随着城镇化的加快和住房改革的深入，传统的“城市社区”就是“居委会辖区”的概念界定已经不适应现实发展需要[①]，应重新合理界定“行政社区”与“居住社区”的关系，做好基层自治单位与行政事务单位的区分[②]。此外，针对社区改革的思维，应坚持“自上而下”与“自下而上”相结合。政府推动与社会参与应紧密结合、相辅相成。在系统总结民政部认定的“全国社区治理和服务创新试验区”改革创新经验的同时，应大力鼓励和倡导民间社区改革创新实验，更多更好汲取和总结民间智慧和经验，比如清华大学李强教授主持的“新清河实验”[③] 等。

二是重构组织定位。社区居委会在我国《宪法》和《城市居民委员会组织法》中均得到明确界定，即属于基层群众性自治组织。从社区居委会承担的法定职责来看，其本身就具有“官民二重性”[④]。一个不容忽视的事实是，虽然在住房商品化改革下，社区居委会的权威受到严峻挑战，但其在基层社会场域中的政治地位依然稳固并被广泛认可。[⑤] 当前社区居委会组织面临的核心问题是，“自”与“治”失衡，“治”重于“自”，“自”被“治”所压制。实际上，社区居委会的行政性与社会性并不相矛盾，而是在实践中可以相互融合。这也是现代自治的精义所在。改革的要点在于，挖掘、培育和释放居委会长期以来被行政化所抑制的社会性要素，重建和再造居委会“行政性”与“社会性”之间的有机平衡。这意味着社区居委会在社会治理创新背景下将获得一个新的角色定位——枢纽型社会组织。社区居委会应通过对基层社会中各类社会组织、市场组织的聚合引领，更好反映、代表和维护基层公共利益。

---

① 王颖：《“社区”危机：合法组织身份的缺失》，《南京社会科学》2012 年第 10 期。

② 陈友华、佴莉：《社区共同体困境与社区精神重塑》，《吉林大学社会科学学报》2016 年第 4 期。

③ 李强：《清河实验：基层社会治理创新研究》，《中国机构改革与管理》2001 年第 9 期。

④ 于晓红、李姿姿：《当代中国社团官民二重性的制度分析》，《开放时代》2001 年第 9 期。

⑤ 肖林：《不对称的合法性：居民委员会和业主委员会之比较》，《社会学评论》2014 年第 6 期。

三是优化功能配置。从实际工作来看，社区居委会承担的各类事务的结构比例严重失衡。相关研究显示，居委会承担的政治性和行政性事务占到80%，居民事务只占20%。[①] 这就要求针对居委会的改革必须着眼于对居委会所承载的功能事务进行价值排序，进而进行倒序切割。[②] 建立社区权力清单制度是一种可行方式，包括依法履职清单、依法协助清单、购买服务清单、出具证明清单等，关键是要加强核查问责机制的建设和保障。同时，在功能配置上，还要处理好关系方面的两个问题。一方面，针对区政府与街道办、街道办与居委会的功能配置，需要根据管理层级的不同定位进行职能调整，上海、南京等地探索进行的街道大部制改革值得借鉴。另一方面，针对居委会和业委会两个自治组织，需要根据权力来源的不同，有效解决两者之间的功能交叉问题；针对居委会和物业公司，需要根据组织性质的不同，合理划定两者的功能边界。值得注意的是，基层治理主体的功能资源配置，必须放置到具体的社区情境中进行考虑，针对不同类型的社区，需要分类进行功能配置。

四是创新体制机制。社区功能资源配置的优劣，主要取决于体制机制的设计和安排。社区体制变革的核心问题是如何重构政府与社区的关系。必须拆解“街－居”体制，通过理顺街居权责关系来打破居委会的“行政化”困境[③]；应让政府与社区从实际的“领导与被领导”关系回归到法定的“指导与被指导”的关系，并在具体工作中建立合作伙伴关系。当然，这也离不开我国从“全能政府”到“有限政府”、从“管制政府”到“服务政府”的整体性改革的有力促动。同时，面对当前社区治理“碎片化”“原子化”所带来的“叠床架屋”问题，居委会、业委会、物业公司之间建立起有机整合的治理结构，进而实现从“单一管理”向“多元合作共

① 杨爱平、余雁鸿：《选择性应付：社区居委会行动逻辑的组织分析》，《社会学研究》2012年第4期。

② 刘太钢、刘开君：《居委会去行政化：错误理论误导下的“骑士战风车”》，《北京师范大学学报》（社会科学版）2017年第3期。

③ 金心异：《街道办如何“去衙门化”》，《21世纪经济报道》2014年1月10日。

治”的转变变得尤为关键。[①] 针对居委会内部体制变革，应探索做实“社区居民会议”、“社区成员代表大会”或“社区议事会”的权力地位，或可设立召集人制度；同时，建立居委会系统和业委会系统的交叉任职制度，通过合作竞争机制，激活居委会机能。此外，应从体制上考虑居委会人、财、物的相对独立性，改变现行的不对称资源依赖结构。

五是加强技术支撑。在“互联网 +”的背景下，网络社区异军突起，虚拟社区与实体社区相结合，智慧社区建设成为一种重要趋势。针对社区体制变革及其瓶颈，信息技术的运用能够产生一种较好的“倒逼”和“突破”效应。信息技术助推社区居委会去行政化改革，主要着力于三个方面。第一，改造业务流程，实现精准高效服务。通过引入信息技术，打破和消除街道办业务科室之间的体制壁垒、消除信息孤岛，实现社会服务流程的再造。第二，搭建互动平台，实现随时随地交流。通过建立“云上互动平台”，使线上线下交流融为一体，居民参与社区公共事务，投票、表决、公示等实现电子化。第三，重构自治单元，实现精细共享治理。随着自媒体和移动互联网的发展，建立“掌上社区”成为一种趋势；社区自治的单元日益缩小，以“网格自治”和“微信群自治”为代表的“微自治”日渐成为一种重要自治形态，并有助于激发基层社会活力。

六是强化法治保障。加强社区法治化建设是推进社区居委会去行政化改革的根本之策。社区居委会行政化之所以容易出现反复，很重要的一个原因就是现有法治保障力度不够。《城市居民委员会组织法》自 1989 年颁布以来，已经严重滞后于基层社区发展的实际和需要，应尽快予以修订。在修订中，应针对社区居委会的性质、职能、名称、规模、组织结构、权力体系等进行准确定位，建立健全基层群众性自治组织法人治理制度。同时，业委会是商品房社区日益重要的一个治理主体，虽然《物权法》和《物业管理条例》都对其做出了基本界定，但仍缺乏相应的《城市业委会组织法》作为配套支撑，应以专门法的形式，赋予其法人主体资格，并将实践探索中涌现的“业主代表大会”“业主监督委员会”等制度形式纳入

---

① 郑杭生、黄家亮：《当前我国社会管理和社区治理的新趋势》，《甘肃社会科学》2012 年第 6 期。

其中。还应从法律上进一步明确和完善居委会指导和监督业委会的法定程序，共同推动城市基层群众自治制度落地生根和有效运转。此外，应尊重和倡导社区治理中的“规则意识”和“契约意识”，全面增强社区居民的法治意识和法治信仰。

第十一章　城市社区业委会如何有效治理？*

——基于四大困境的对策分析

20 世纪 90 年代中期以来，随着住房商品化改革的深入推进和房地产经济的快速发展，我国城市居住模式逐渐从“单位小区”向“业主小区”转变①，“业主委员会”作为一种新型的社会组织，开始在我国各大城市的新建商品房小区纷纷产生，并逐渐扩展到各种类型的住宅小区之中。如果从 1991 年第一个业主委员会在深圳天景花园诞生算起②，那么至今业主委员会在我国已经有 30 余年的发展历史。随着我国经济社会的不断发展，在中央提出加强社会建设、创新社会治理的背景下，城市住宅小区业主委员会日益成为基层社会治理的一个重要载体，在维护业主合法权益、开展业主自治建设、监督物业服务管理、促进小区房产保值增值、开展新冠疫情防控等方面发挥了重要作用，并引起了党和政府以及社会各界的广泛关注和重视。当前，我国城市业主委员会仍处于较不成熟的发展阶段，亟待通过进一步深化改革创新，全面提升业委会治理效能和水平。2017 年 6 月，中共中央、国务院《关于加强和完善城乡社区治理的意见》明确提出物业管理是社区治理的短板。2020 年 12 月，住建部等 10 部门《关于加强和改进住宅物业管理工作的通知》提出健全业委会治理结构，把物业管理融入基层社会治理体系。2021 年 7 月，中共中央、国务院《关于加强基层治理

---

* 本章原以“城市社区业委会治理困境及对策研究”为题刊发于《山西师大学报》（社会科学版）2023 年第 2 期。

① 申明锐、夏天慈、张京祥：《从“单位小区”到“业主小区”：公共产品视角下中国城市社区规划与治理演进》，《城市与区域规划研究》2018 年第 4 期。

② 向云：《中国内地第一个业主委员会诞生始末》，《中国物业管理》2011 年第 5 期。

体系和治理能力现代化建设的意见》提出“坚持党对基层治理的全面领导”。这些政策文件都对基层社区治理与物业管理做出了明确部署和安排，也为新时代加强和改进城市住宅小区业委会建设提供了重要遵循。

一　城市社区业委会的历史演变

城市社区业主委员会是我国住房制度商品化改革的结构性产物，并对中国城市基层治理生态与格局产生深远影响。[①] 从一个较长的历史时段来看，我国城市住宅小区业主委员会的产生和发展，经历了一个从“自发成立”到“规范引导”、从“被动应对”到“积极推动”、从“无规可循”到“有法可依”的转变过程。从总体上来看，我国城市社区业主委员会的发展演变，主要经历了四个历史阶段。

1. 第一阶段：前《物业管理条例》阶段（1981~2002年）

作为一种新型服务模式，物业管理是改革开放后我国住房制度市场化改革的产物，并随之产生了物业管理公司和业主委员会两种全新的社会结构要素。[②] 1981年，第一个物业管理公司在深圳成立，这通常也被视为我国物业管理的开端。1991年之前，我国住宅小区物业管理主要是由物业企业单方面支配主导，且主要存在于一些涉外型新建小区。直到1991年，深圳天景花园自发发起成立我国第一个业主管理委员会，这也成为业主委员会的“前身”。1994年，建设部颁布《城市新建住宅小区管理办法》，明确提出应成立住宅小区管理委员会（简称“管委会”），代表和维护住宅小区全体业主的合法权益。在地方的立法实践中，一些城市纷纷进行了探索。比如，1994年，《深圳经济特区住宅区物业管理条例》提出，住宅小区可以选举产生“业主管理委员会”，且其可经法定程序申请获得社团法人资格。1995年，《北京市居住小区物业管理办法》提出，“物业管理委

① Benjamin Read, “Democratizing the Neighborhood? New Private Housing and Homeowner Self-Organization in Urban China,” *The China Journal* 49（2003）: 31–59.

② Kevin Lo, “Approaching Neighborhood Democracy from a Longitudinal Perspective: An Eighteen-Year Case Study of a Homeowner Association in Beijing,” *Urban Studies Research* 17（2013）: 1–10.

员会”由住宅小区房地产产权人、使用人代表及居委会代表共同组成，代表和维护产权人与使用人的合法权益。1997 年，《上海市居住物业管理条例》首次提出和使用了“业主委员会”的组织名称，并规定业主委员会由业主大会或者业主代表大会选举产生。此后，“业主委员会”逐渐发展成为住宅小区业主组织的一种固定称谓。从地方实践来看，这一阶段的业主自治组织出现“管委会”与“业委会”并存发展的格局，在人员选举产生与构成方面呈现“直接选举”与“间接选举”并存、“选聘结合”的特点。

2. 第二阶段：《物业管理条例》阶段（2003～2006 年）

经过较为长期的地方立法实践和探索，我国物业管理积累了较为丰富的实践经验和政策共识，为全国层面的物业管理立法奠定了重要基础。2003 年，国务院《物业管理条例》的颁布，成为中国物业管理发展史的一个重要节点。其不仅确立了物业管理的基本内涵及组织形式，而且建立了物业管理的基本制度框架。这标志着我国物业管理开始进入法治化和规范化发展的新阶段。其从国家层面正式确认了“业主委员会”这一组织名称，并明确提出业主委员会是业主大会的执行机构，也进一步强调了实施物业管理的基本形式为业主委托物业管理企业进行。由于大量物业管理企业属于开发商的子公司，前期物业管理形成“父子兵体制”，对住宅小区形成较强的垄断与支配，物业企业与业主之间矛盾尖锐、纠纷频发。从地方实践来看，一些城市住宅小区先前成立的“业主管理委员会”或“物业管理委员会”，按照《物业管理条例》都陆续转化成了业主委员会。由此，业主委员会开始成为一种全国性的制度建制。相较于早期阶段管委会的多元构成而言，业委会制度构建和确立了以业主身份为基点的业主自治形式，选举产生的门槛有所提高，“业委会难产”逐渐成为一种普遍现象①，围绕业委会选举与备案产生的矛盾纠纷呈多发频发态势。

3. 第三阶段：《物权法》阶段（2007～2016 年）

住宅小区共有物权是组织和实施物业管理的基本权源。2007 年《物权

① 庄庆鸿、王俊秀：《〈物权法〉保障下依然难产的业委会》，《社区》2009 年第 5 期。

法》的颁布，从基本法的高度确立了业主的建筑物区分所有权，包括专有权、共有权以及共同管理权，由此形成以专有权为核心、共有权为纽带的新型邻里共同体。这标志着住宅小区治理进入“《物权法》时代”，业委会发展治理具有了更为坚实的法治保障。在《物权法》框架下，突出和彰显了“以业主为本位”的物业服务理念，物业服务提供方式实现多元化发展：除可以委托物业企业之外，还可聘请职业经理人，或者进行业主自管。北京、上海、广州、深圳、无锡等城市率先涌现一些业主自管的成功案例，此后这种模式逐步扩展和推行至全国各大中城市。由于《物权法》对共有部分的范围并没有完全明确界定，共有物权模糊不清导致对共有收益的争夺异常激烈。这也使得业主通过成立业委会解聘老物业、选聘新物业成为这一阶段物业矛盾纠纷的一种重要表现形式。从立法理念上看，针对物业企业的名称，《物权法》也实现了从“物业管理企业”到“物业服务企业”的转变，强化和凸显了物业企业的服务性定位。在住宅小区物权事务的表决机制上，除原有的业主大会会议形式之外，增设了业主共同决定机制。在《物权法》的激励之下，业主依法成立业委会的意愿明显增强，业主维权现象遍布全国各大城市，并呈现向中小城市逐渐扩展的发展趋势；在住宅小区类型上，前半阶段主要是在新建商品房小区成立业委会，后半阶段老旧小区物业管理问题日益凸显。在这一阶段，还有一个很重要的突破就是，北京、上海、天津、广州、温州、海口等一些城市纷纷成立了业主委员会协会、联合会或联谊会组织，积极推动和增强了业主委员会组织之间的交流与学习。

4. 第四阶段：《民法典》阶段（2017 年至今）

主要相关法律从《物权法》变为《民法典》，标志着城市社区业主委员会建设步入一个更高的法律位阶。由于《物权法》并未详尽说明物业管理的所有基本内容，还有一部分内容仍存留于《物业管理条例》中，故而形成了我国物业管理的“双轨制”。2017 年，《民法总则》颁布实施，随后 2020 年《民法典》颁布，专设“物权编”和“物业服务合同”章节，由此将“物权”与“合同”确立为物业管理的两大支柱。这标志着住宅小区物业治理进入“《民法典》时代”。《民法典》进一步完善了业主的建筑物区分所有权制度，明确了物业服务合同的法律地位，推动了物业管理从"物权秩序"向"物权效率"和"物权效益"转变。特别是对业主大会表决、业委会选举产生的门槛机制做出进一步调整，凸显了鼓励和加强业主参与的鲜明理念；同时，针对住宅小区共有部分的经营，《民法典》明确了其所得收益归全体业主所有。这是对住宅小区共有物权制度的一个重要发展。在物业矛盾纠纷日益复杂、多发频发的背景下，为有效破解物业管理难题、积极回应人民群众对优质物业服务的需求，各省（区、市）物业管理法规陆续进入修订高峰期。针对业主大会成立难、业委会普遍难产的情况，在这一阶段，北京、广州、杭州等一些城市在立法实践中提出物业管理委员会制度，并将其作为一种向业主委员会逐渐转变的过渡性组织，主要组织业主共同决定物业管理事项，以应对大量住宅小区特别是一些老旧小区物业治理中业主组织长期缺失的现实窘况。这种物业管理委员会制度模式的广泛推行，体现了"行政吸纳社会"的机制①在业主自治领域的再造。由此，形成了业委会与物管会并存发展、相互转轨的新发展格局。

二　城市社区业委会治理面临的主要困境

业主委员会的产生和发展，给城市基层治理注入了新的活力和动力元素，有力推动和促进了基层社区治理结构的转型。作为一种新型的基层自治形式，以业主委员会为核心载体的业主自治是建立在业主的建筑物区分所有权的基础之上的。② 业主大会是物业管理的权力主体，也是住宅小区最高权力机构。业主委员会是业主大会的执行机构，根据业主大会的授权处理小区物权事务。由此，形成了一种"业主大会-业委会"的治理架构。作为业主选举产生的自治组织，业主委员会是依法组织和监督住宅小区物业管理活动的法定主体。随着物业管理服务越来越成为人民群众幸福

① Xiaoguang Kang and Heng Han, "Administrative Absorption of Society: A Further Probe into the State-Society Relationship in Chinese Mainland," *Social Sciences in China* Summer (2007): 116-128.

② 张农科：《关于我国物业管理模式的反思与再造》，《城市问题》2012年第5期。

感和满意度的重要影响因素，住宅小区业主自治失灵日益成为基层社会治理的重要难题，主要体现在四大方面。

1. “组织困境”：业委会成立比例较低

业委会成立难，严重影响和制约业主自治建设，也导致物业管理市场甲方主体长期缺位。虽然业委会制度的实施已有较长的一段时间，但业委会全国总体成立比例一直徘徊在较低水平，而能够实现正常有效运行的比例则更低。① 相关数据显示，全国业委会成立比例大约为 30%，上海业委会成立比例在全国一直“一枝独秀”，保持在 90% 以上的较高水平，北京、深圳、广州、杭州等长期徘徊在 10% ~30%。② 具体而言，业委会“难产”，主要体现在四个方面。一是“选举难”。从成立条件来看，一个小区动辄几千甚至上万人，要达到法定比例（双 2/3 参与表决）的投票权数是相当困难的。选举投票程序本身的专业性和复杂性，也增加了难度、提高了门槛。二是“人选难”。业主普遍对小区公共事务参与度较低，要找到既具公益精神、公道正派，又具较强能力的候选委员相当困难。从已成立的业委会来看，大多数业委会的委员以退休人员为主，中青年群体参与相对较少，且委员素质和能力参差不齐。三是“防范难”。从现实情况来看，业委会的发起和成立，大多源于业主自身利益受到侵害需要进行维权，由此就会引发矛盾冲突乃至群体性事件。这也使得业委会容易被开发商和物业公司等利益相关方千方百计地打击和破坏。四是“备案难”。从行政合法性的角度来讲，业委会选举产生之后，须在基层政府相关部门完成备案程序方才正式成立。不少小区历经千辛万苦选举产生业委会之后，常会因各种原因在最后的备案环节无法通过，进而导致业委会成立一事流产。导致业委会成立比例偏低的主要原因包括：一是从观念意识上看，对成立业委会的必要性和重要性还存在认识偏差；二是从技术门槛上看，成立业委会客观上具有较高难度；三是从利益影响上看，成立业委会利益牵涉大，容易引发利益相关者的阻挠；四是从政策支持上看，针对成立业委会的系

① 陈鹏：《城市社区物业费困局及其对策思考》，《行政管理改革》2018 年第 6 期。

② 舒规林：《深圳住宅小区业委会成立比例约三成，上海超九成》，《深圳商报》2021 年 8 月 2 日。

统支持和扶持较为不足。

2. “制度困境”：业委会履职不够规范

业委会履职存在较大的随意性，普遍缺乏清晰明确的责任约定，也缺乏规范标准的评价机制。从现实调查情况来看，业委会履职不够规范，主要表现在如下方面。一是“撂挑子”。业委会主任或委员遇到问题产生矛盾就辞职，甚至集体辞职，直接致使业委会瘫痪解体。部分业主对业委会的不满，有时会以发起罢免的方式呈现出来，加剧小区业主内部的“派系斗争”①。二是“玩失联”。业委会内部，特别是主任、副主任之间产生矛盾分歧，有时会出现彼此失联、无法联系、不可治理的状况。三是“空挂名”。业委会虽然有多名委员，但经常参与工作的一般就是较少的个别委员，甚至有时候主要就是主任一个人在忙活，其他的委员则基本不参与、不管事、不开会，只是挂个名。四是“拒交接”。新旧业委会换届改选，因利益纠葛时常会出现印章、账册无法及时交接，甚或是拒不交接，影响业委会正常运转的情况。值得注意的是，业委会履职失范有两种极端表现形式：一种是特别消极，没有积极性和动力；另一种是特别积极，受到个人私利的驱使。业主行动主义中呈现复杂的公私交织的“混合动因”。②

导致业委会履职不够规范的主要原因有以下几点。一是履职筛选机制不足。业委会委员由选举产生，对其任职资格条件无法做出硬性规定，缺乏有效筛选规则，造成委员能力素质参差不齐，无法真正担负起小区治理的职责。二是履职激励机制不足。由于业余、兼职、志愿的性质，业委会成员对物业管理知识的学习意愿不强，长期持续性正常履职意愿和能力较为不足。三是履职监督机制不足。业委会内部的责任监督制度，要么缺乏，要么形同虚设，委员基本不因是否履职、履职好坏承担责任；业主对业委会的监督手段有限，不少小区业主缺乏正常的监督表达和反馈机制。

① 石发勇：《业主委员会、准派系政治与基层治理——以一个上海街区为例》，《社会学研究》2010年第3期。

② Yongshun Cai and Zhiming Sheng, “Homeowners' Activism in Beijing: Leaders with Mixed Motivations,” *The China Quarterly* 215 (2013): 513 – 532.

3. “结构困境”：业委会的权责利失衡

从结构体系来看，业委会治理普遍面临权责利失衡困境，主要体现在如下方面。一是“强权力－弱监督”。现行法律设定的“业主大会－业委会”架构下，业主大会在现实中主要通过书面表决而非作为组织实体运转，缺乏日常的办事机构，这使得业委会在议题拟制、投票表决、决策执行等方面容易操控业主大会，业主大会也难以实现对业委会的有效监督。业委会在内部事务上拥有很大的自主权，其处理的小区物权事项，所涉金额常常较大，存在各种利益寻租的空间，当业委会运转主要依赖于个别委员甚至单个主任时，业委会更容易出现内部专权而无监督、以权谋私的情形。二是“强技能－弱配置”。业委会工作涉及多数人的利益和诉求，需要花费巨大的精力去思考和平衡它们，具有专业性、复杂性、难度大的特点，但业委会在人员配置上基本是业余兼职型的，且人员素质能力良莠不齐、流动性大，缺乏长期稳定的人员队伍。只有既具备较强的组织管理和协调能力，又熟悉物业管理相关政策法规，才能较好胜任职务、行使权力。三是“高风险－低保护”。业委会工作牵涉到小区相关各方的利益，是一个较具风险性的岗位，经常要忍受不被理解，被无端指责、纠缠、谩骂，甚至是来自利益受损方的人身威胁和恐吓，而且也无法及时得到有效的权力救济。四是“高成本－低回报”。现行政策法规大多把业委会定位为公益性组织，实行“义工制”。很多业委会主任、委员为小区公共事务付出大量的时间、精力、精神、金钱成本，却没有制度化的物质和精神回报，也很难获得应有的认同和尊重。即使有些小区提供一些工作补贴，一般标准也较低。这种高成本、低回报的公益履职模式难以持续，也造成业委会委员在历经上任之初的激情之后，转而寻求制度外的利益与心理补偿、选择退出或不作为。

4. “身份困境”：业委会法律地位不明

在城市社区中，居委会、物业公司和业委会是三个基本的治理主体，通常也被称为“三驾马车”。[①] 在这三个治理主体中，居委会属于特别法

① 李友梅：《基层社区组织的实际生活方式——对上海康健社区实地调查的初步认识》，《社会学研究》2002 年第 4 期。

人，物业公司属于营利法人，业委会在现行法律中尚没有明确的法律身份，从而处于一种与另外二者不对等的法律地位。在地方司法实践中，一些物业纠纷案件中，业委会有时也会被赋予诉讼主体资格。总体来看，业委会法律身份和地位不明，使得其在实际运行中产生一些治理盲区和难点，主要体现在以下几方面。一是难以有效监管。业委会法律地位的不明确，使得其在实际履职过程中，行为存在较大的随意性，缺乏有效的监管和规制。不论是街道社区还是房管部门，对业委会的监管都面临人手不足、手段有限、被动消极等问题。对一些比较棘手的物业矛盾纠纷，有时束手无策，或者是躲避不理。二是难以依法追责。业委会不具备法人资格，也就很难承担相应的民事主体法律责任和后果。业委会的一些非诚信行为，以及侵占业主利益或是利用职务之便牟取个人不法利益的行为，甚至是一些违法犯罪行为，无法得到及时规范和查处。三是难获正常薪酬。业委会作为公益性组织，其委员履职主要基于志愿奉献。目前现有政策法规规定，业委会可以根据小区自身情况，通过业主大会表决通过的内部规定提供一些工作补贴，但委员无法按照工作绩效获得正常薪酬。业委会聘用的专职工作人员则可正常领薪，这种聘用模式已在不少小区实践中长期实行。四是难获社会认同。业委会法律地位的模糊以及体制地位的暧昧，影响了其社会形象的塑造。伴随着物业矛盾纠纷的大量产生，业委会有时会被视为“麻烦制造者”和“不稳定因素”，从而造成其社会形象敏感，基层政府普遍对其持有较强的防范和警惕心理。

三　推进城市社区业委会善治的对策思考

住宅小区物业管理关系到每个居民的切身利益，是人民安居乐业、社会和谐稳定的重要基石。业委会发展与治理面临的诸多难题和困境，亟待通过进一步深化改革创新从深层次上予以破解，使得业委会成为更为积极有效、具有正能量的治理主体力量。

（一）健全业委会治理结构

业委会在住宅小区治理结构中处于核心地位。① 业委会运作好坏直接影响和决定物业小区治理水平，努力使业委会权责利实现基本平衡，才有可能构建起支撑业委会持续运作的核心机制。

第一，优化业委会组织架构。完善和健全业主组织治理架构，在“业主大会－业委会”之间，增设业主代表大会的治理层次，充分发挥业主代表大会的讨论协商和议事决策功能；设立业主监督委员会，负责对业委会的日常监督。业主代表大会和业主监督委员会可分别设置相应的负责人。由此，在业主大会制度框架下，建立健全“决策权－执行权－监督权”既相互制约又相互协调的物业小区权力运行机制。

第二，完善业委会制度规范。坚持依法治理，强化法治权威，全面增强和提升《业主大会议事规则》与《管理规约》的规范作用和治理功效。加强业委会会议制度、财务制度、印章制度、档案制度等专门规章制度建设和贯彻落实，切实发挥规范和引导业主自治作用。规范和完善物业服务合同的签署与履约监督，有效发挥合同治理的积极作用。探索和推进业委会法人登记试点工作，积极总结地方经验，着力加强立法保障。

第三，构建业委会治理长效机制。坚持源头治理，强化制度创新，切实降低和减轻业主大会运作压力和成本，着力改进和完善业委会权力运行机制。坚持以业委会权责利平衡为目标，积极探索和完善业委会法人治理结构，构建和营造业委会可持续发展的长效内生机制。建立健全业委会良性有序运转的动力机制，有效实现业委会的权力、责任、利益相协调，以增强其主体性、自治性和治理性，使之成为基层社会治理的重要载体。

（二）保障业委会依法履职

提高业委会运作的程序化、标准化、法治化水平是保障业委会依法履职、提升业委会治理效能的基本要求。从长远和现实来看，实现业委会可

---

① 王汉生、吴莹：《基层社会中“看得见”与“看不见”的国家——发生在一个商品房小区中的几个“故事”》，《社会学研究》2011 年第 1 期。

持续高质量发展，既需要提升能力、完善激励机制，也需要积极建设人才队伍。

第一，加强业委会履职能力建设。加强业委会工作交流和培训，将培训记录作为业委会备案要件，切实不断提高业委会依法依规履职能力和治理水平。鼓励和倡导政府通过购买专业社会组织服务，加强对业主大会和业委会工作的支撑；组织编制和提供具有可操作性的《业委会工作手册》，规范和引导业委会日常履职行为。重视对业委会进行物业管理法规和专业技能技巧方面的专业辅导。加强业委会协会建设，建立健全行业自律公约。

第二，健全业委会履职评价机制。业委会履职涉及小区公共利益，需对业主大会负责，理应接受全体业主的监督和评价。积极探索和建立业委会履职评优奖励机制，对履行职责较好的委员予以适当的物质和精神激励，有效发挥优秀业委会的示范和引领作用，不断提升业委会履职的业主认可度和社会认同度。针对履职不合格的业委会及其成员，应进行约谈和督促改进。上海、深圳、宜昌等地开展的业委会星级评价试点工作值得参考和借鉴。

第三，加强业委会人才队伍建设。加强业委会工作交流和业务培训，不断提高业委会专业化、法治化水平。坚持选聘结合，建立多元化的业委会选人用人机制。积极探索和推进业委会职业化建设，构建和完善业委会薪酬和津贴体系，努力培育和营造业委会专业人才市场。鼓励和支持高校毕业生到社区工作，造就一支优秀的物业管理专业人才队伍。改进和优化业委会人才队伍结构，鼓励和支持“两代表一委员”、公益律师、退休干部等按法定程序参与到业委会工作中来。

（三）加强业委会指导监督

根据《物权法》和《物业管理条例》，住建部门和街道、社区以及相关职能部门对住宅小区业主大会和业委会负有指导和监督的职责。这就要求坚持内部监督和外部监督相结合，切实提升业委会工作规范化水平。

第一，重视日常指导监督。明确和细化街道、社区对业委会的日常指导和监督的工作流程与规程，有效引导业委会以自治方式规范运行。社区居委会可设置物业管理委员会及专职干部，加强与业委会的日常交流和沟通，重点加强对业主大会成立、业委会选举换届、物业公司选聘、物业服务合同签订、物业矛盾纠纷调解等的指导和引导。完善和优化业委会会议制度、财务制度、印章制度、档案制度，推进其贯彻落实，建立健全业主参与和监督业委会工作的多元化渠道与机制。

第二，规范共有资金管理。业主共有资金是小区物权治理的核心内容。业委会行使职权，通常会涉及较大额度资金的使用，从制度和人员上保障资金安全，也是加强对业委会监督的重要方面。业主共有资金主要包括物业服务资金、专项维修资金和公共经营收益等，属于全体业主的共同财产，需重点管好用好这“三笔钱”。针对物业服务资金，积极探索业主大会作为归集主体的实现形式。针对专项维修资金，坚持政府代管和业主自管相结合，有效盘活资金效益。针对公共经营收益，既可委托具有资质的专业机构进行管理，也可自行管理并定期公示账目。

第三，加强政府监管执法。街道、社区作为物业管理的第一线，需要全面加强对业委会工作的依法监管。切实强化街道办事处物业管理职能，强化对物业管理问题的行政执法，并将街道、社区指导组建业委会和监督业委会工作成效纳入政府政绩考核指标。坚持条块结合，实施综合监管，加强和推进住建、城管、公安、人防等相关部门“执法进社区”，有效维护和保障小区公共秩序与安全。加强和完善业委会诚信履职行为建设。建立健全业委会主任任期、离任经济责任审计制度。

（四）坚持党建引领业委会

坚持党建引领业委会建设成为基层社会治理创新的重要趋势。[①] 通过优化和完善党建引领机制，有效实现对业委会发展与治理的方向性指引、组织性把关、制度性赋能，使之成为积极能动的基层治理主体力量。

第一，加强政治引领。加强党建对业委会建设的政治引领，为推进业

① 王印红、朱玉洁：《基层社会治理创新：从社区“原两委”到小区“新两委”》，《经济社会体制比较》2022 年第 2 期。

主自治和红色物业建设提供方向性指引和保障。建立健全党建引领下的业委会纠错和退出机制。积极探索建立社区层面的业委会联谊会，加强日常交流学习和情感沟通。建立健全社区协商议事平台，充分吸纳业委会参与，有效发挥其在小区物权治理中的民主议事和民主协商作用。组织和开展业委会评优评先评级，设置业委会项目引导资金，激励和引导业委会规范化运行，积极发挥优秀业委会的示范引领作用。

第二，加强组织引领。完善和优化社区党组织、社区居委会与业委会之间的交叉任职机制。创新党建载体，通过设置党支部、党的工作小组、党建指导员等多种方式，加强业委会党的组织网络建设。鼓励和倡导社区党员积极参与业委会建设。把业委会选举换届纳入基层党建，把好业委会人选关，尤其是选好业委会主任和副主任。建立健全住宅小区物业管理联席会议制度，充分发挥社区党组织总揽全局、协调各方的领导核心作用，着力构建业委会、物业公司、居委会等多方主体参与，共建共治共享的小区治理共同体。

第三，加强制度引领。加强党建引领业委会和物业企业政策法规建设，不断完善和增强基层党组织对住宅小区治理的全面领导作用。近些年来，北京、上海、杭州等地专门制定和颁布的党建引领业委会建设相关政策文件值得参考和借鉴。在实际操作层面，组织编制和提供《业委会党建工作手册》，引导和推动业委会党建工作的程序化、规范化和精细化。完善小区《业主大会议事规则》和《管理规约》中基层党建方面的条款内容，更好发挥其对小区治理和业主自治的引领作用。

第十二章　城市社区协商治理如何可能?*

——以B市五月社区物业费调价过程为例

一　问题提出与文献回顾

1998年，是中国住房商品化改革的一个关键节点，这一年实现了从“实物分房”到“货币购房”的重大转变，大量新建商品房小区随之成片涌现，极大改变了城市的外观景象和内部构造。在这个过程中，物业公司及其提供的物业管理服务，逐渐成为新建商品房小区的一种标准配置。

作为一种新兴的行业，物业管理最早从香港引入，并在短短的数十年间基本实现了全国范围内的覆盖。物业管理的广泛实行，大大提高了业主的居住生活品质，也引发和产生了一系列问题。当前，物业管理普遍存在的问题是，业主与物业公司利益冲突严重，而物业费问题则是其重要矛盾焦点。一方面，物业费面临“收缴难”。相关数据显示，全国大城市的商品房小区物业服务费平均收缴率不足70%，少则只有30%～40%；北京物业费收缴率一般为50%～60%，最低的只有30%，能够达到80%～90%的已属凤毛麟角。[①] 另一方面，物业费还面临“调价难”。不论是业主要求降价，还是物业公司要求涨价，都非常艰难。随着物业服务成本的刚性递增，一些物业公司难以为继，利润持续下滑，甚至出现行业性亏损。实践中，要通过召开业主大会会议实现物业费调价非常之难。因此，这导致了

---

* 本章原以“城市基层社区保守主义治理之道”为题刊发于《求索》2018年第2期，此次收入有修改。

① 王光荣：《城市社区物业管理难题的破解策略》，《兰州学刊》2013年第2期。

中国物业管理领域中“物业费的双重困局”。

随着物业费问题日益成为社会各界普遍关注的热点民生议题，学术界针对这一问题进行了相关研究，主要表现出两种研究取向。

第一种是集体行动视角，将其纳入业主维权研究范畴。解决物业费问题是业主维权的重要目标指向。有论者指出，物业公司收费不合理、违规收费、多收乱收、收费高服务差、物业账目不公开等各种问题，成为引发业主与物业公司矛盾的第一原因。[①] 针对这一状况，拒缴物业费常常成为业主维权的一种本能反应，也使得物业公司常以拖欠物业费为由对业主进行起诉；更有甚者，会通过业主大会直接解聘物业公司，导致物业公司游走在“撤出”与“被炒”之间，这成为其常规化行动选择和物业费收缴逻辑。[②] 在围绕物业费问题的业主维权行动中，“法庭内外的诉讼博弈”成为一种重要维权方式[③]；也有论者发现，这种合法性的诉求常常深入居民日常生活的道德平衡，并为业主集体行动提供了重要的文化动力[④]。

第二种是集体消费视角，将其纳入公共产品研究范畴。所谓“集体消费”是指消费过程就其性质和规模，其组织和管理只能是集体供给。[⑤] 物业服务的购买者是全体业主，且以集体服务的形式呈现，具有不可分割性。有论者指出，城市住宅小区的物业管理服务属于公共产品中的混合产品，具有非竞争性、排他属性、社区性、非排他属性等四个属性。[⑥] 也有论者认为，物业服务包含了大量公共服务的内容，使得物业管理偏离了行业的核心价值，即保障房屋建筑的使用安全、宜居。[⑦] 缺乏有效的集体消

---

① 杨玉圣：《论小区善治面临的主要矛盾——兼论小区公共事务治理之道》，《政法论坛》2013 年第 3 期。

② 屈群苹：《城市社区物业费收缴运作逻辑——以南京一房改房社区为例》，《浙江社会科学》2016 年第 3 期。

③ 陈鹏：《当代中国城市业主的法权抗争——关于业主维权活动的一个分析框架》，《社会学研究》2010 年第 1 期。

④ 朱健刚：《以理抗争：都市集体行动的策略——以广州南园的业主维权为例》，《社会》2011 年第 3 期。

⑤ M. Castells, "Theory and Ideology in Urban Sociology," in C. G. Pickvance (ed.), *Urban Sociology: Critical Essays* (London: Tavistock, 1976), p. 75.

⑥ 文宇：《城市住宅小区物业管理的现状、问题及其解决对策》，《城市问题》2013 年第 9 期。

⑦ 张农科：《关于我国物业管理模式的反思与再造》，《城市问题》2012 年第 5 期。

费组织和管理机制是导致基层社区治理失序的主要因素，而我国的所有制形式、居住方式和集团消费模式决定了集体消费问题必然长期存在。①

以上两种研究取向都为本章提供了重要启示，但都对物业费的调价机制及其背后的实际运作逻辑缺乏深入系统的剖析和揭示。本章认为，“物业费调价”是当前物业管理服务的一个焦点敏感问题，其表面上看是一个市场交易行为，背后却是一个复杂的社会治理问题，牵涉到业主、开发商、物业公司、居委会、街道办、房管所等多元主体之间的协商博弈。基于这种考虑，本章从协商治理的视角出发来探究商品房社区物业费调价机制之奥秘。

协商治理理论视角的出现，得益于“协商”与“治理”两个关键词的组合构造，表明了人们对治理中的民主的需要，代表了一种新型的治理范式。② 所谓协商治理是指通过协商和对话协调不同利益之间关系的治理方式。③ 在一定意义上，基于协商民主的治理都可以统称为协商治理。协商治理在实践中具有多种表现形式，本章重点关注基层社区的协商治理。2015 年 7 月，中共中央办公厅、国务院办公厅《关于加强城乡社区协商的意见》明确提出：“开展形式多样的基层协商，推进城乡社区协商制度化、规范化和程序化。”围绕这一问题，学术界开展了相关研究。有论者指出，社区民主协商包括理性沟通、偏好转换、达成共识和促进决策等基本内容④；社区协商的根本内核是多元主体的社区合作，本质是政社上下互动、左右联动的社区共治⑤；社区协商在改进社区治理方式、行使民主权利、化解基层矛盾等方面具有独特的价值⑥。当前，社区协商治理遭遇的主要问题表现在议事主体能力不足、议事制度不够完善、议事结果执行不力等

① 李强、葛天任、肖林：《社区治理中的集体消费——以特大城市的三个基层社区为例》，《江淮论坛》2015 年第 4 期。

② 张敏：《协商治理：一个成长中的新公共治理范式》，《江海学刊》2012 年第 5 期。

③ 王岩：《协商治理的价值诉求》，《光明日报》2015 年 6 月 13 日。

④ 陈朋：《基层民主协商不仅仅是“协商”》，《人民日报》2015 年 8 月 4 日，第 7 版。

⑤ 陈荣卓、李梦兰：《政社互动视角下城市社区协商实践创新的差异性和趋势性研究》，《中共中央党校学报》2017 年第 3 期。

⑥ 杨贵华：《社区协商的独特价值及其实践推进》，《社会科学》2017 年第 3 期。

方面[①]；而且，社区协商治理面临着合法化、平台设计、公平与效率、参与动力等四大突出困境[②]。基于这些问题和困境，本章着力探寻一种“保守主义协商治理之道”。

在研究方法上，本章采取社区民族志和深度个案研究的方法，通过参与观察和深度访谈来收集资料。本章所选取的五月社区[③]具有如下特点：一是该社区从1998年开始入住，其发展历程可以被视为B市乃至我国住房商品化改革历程的一个基本缩影；二是社区业主自治组织持续运转14年，历经6届，治理机制比较成熟；三是首个物业公司自入驻以来，至今仍在该社区提供服务，可谓与业主组织一路携手并进、共同成长；四是该社区多次成功实现物业费调价，有效维护和保障了社区物业服务秩序，这在全国也较为难得、少见。笔者一直对该社区保持跟踪调查，围绕该社区物业费问题的专题调查主要集中在四个时间段：2011年1~2月、2014年9~11月、2016年10~12月、2017年5~7月。

二　社区协商治理：以物业费调价实践过程为例

五月社区位于B市HD区，属于典型的商品房住宅小区。1998年开始入住，建筑面积达15万平方米，住宅为六层板楼，常住业主有972户2300多人，其中大专及以上学历的占56%，年龄在19~59岁的占67%。开发商是B市国有大型企业，物业公司是其子公司。社区物业费收缴方式采取包干制，物业费价格保持了长期稳定，且收缴率一直保持在90%以上的较高水平。2000年，社区居委会成立。2003年，社区成立管委会。《物业管理条例》颁布实施后，原管委会换届改选为新的业委会，并设立业主代表大会、业主监事会。到2018年，社区业主自治组织已有效运行14年之久，其所探索和形成的社区治理模式在业界广为知晓。

---

① 杨弘、郭雨佳：《农村基层协商民主制度化发展的困境与对策——以农村一事一议制度完善为视角》，《政治学研究》2015年第6期。

② 闵学勤：《社区协商：让基层治理运转起来》，《南京社会科学》2015年第6期。

③ 遵照学术惯例，本章所涉及的社区名称及相关人名、地名等均采用学名。

(一) 五月社区物业费基本概况

物业费是商品房社区治理中的一个重要内容，与每个业主的切身利益密切相关，是物业管理较大的利益矛盾聚焦点，也是监测商品房小区物业管理状况的“晴雨表”。总体来看，五月社区物业费价格大致经历了三个主要的变迁阶段（见表12－1）。

表12－1　五月社区物业费价格变迁

单位：元/(米^2·月)

签约和涨价	纯物业费	停车收益补贴	实际物业费	调价表决机制
入住时价格（1998年）	0.81	—	0.81	前期物业管理
第1次签约（2004年）	0.81	—	0.81	公告方式
第2次签约（2005年）	0.81	—	0.81	业主大会表决
第3次签约（2006年）	0.81	—	0.81	业主大会表决
第4次签约（2007年）	0.81	—	0.81	业主大会表决
第5次签约（2008年）	0.81	—	0.81	业主大会表决
第6次签约（2009年）	0.81	—	0.81	业主大会表决
第7次签约（2010年）	0.81	0.19	1.00	公告方式
第1次涨价（2011年）	1.25	0.19	1.44	业主大会表决
第2次涨价（2014年）	1.32	0.19	1.51	业主代表大会表决
第3次涨价（2016年）	1.50	0.19	1.69	业主大会表决
第4次涨价（2017年）	1.58	0.19	1.77	业主代表大会表决

资料来源：本表系笔者根据实地访谈和该社区相关文件材料多方比对数据制作的。

第一阶段：垄断期（1998～2002年）。这个阶段属于社区的前期物业管理阶段。从合同主体来看，物业管理合同是开发商与物业公司之间签订的，业主作为消费者处于一种被动接受的状况。针对物业管理的内容和标准，业主没有任何自主的选择权。开发商和物业公司之间的父子关系，使得两者之间形成紧密、强大的利益共同体；业主则处于一种原子化的状态，彼此之间大多互不认识；街道、居委会是随着信息产业基地的开发建设刚刚成立的。三者之间的力量对比是失衡的，开发商和物业公司在社区获得了垄断地位，故而相当强势。

第二阶段：制衡期（2003～2009年）。2003年，管委会成立之后，就着手解决业主反映的一些物业管理问题。其中，比较重要的一个事件是，要求物业公司在社区广场取消安置地锁，以避免带来安全隐患。特别是2005年业委会成立之后，业主自治力量逐渐发展壮大，使得其与物业公司之间形成了制衡态势。在这一阶段，业主组织与物业公司基本上每年围绕物业管理合同谈判签约一次，彼此形成了势均力敌的态势。虽然物业公司多次提出涨价要求，但业主自治机构认为服务还有改进的空间，不同意涨价，价格就一直维持不变。

第三阶段：上涨期（2010～2017年）。2009年，金融危机发生后，人力成本和物价的刚性上涨，对物业管理行业的发展也产生了重要影响。2010年，物业公司再次提出涨价要求，最后几经波折实现了涨价。这次涨价使得社区各方深受教育，也为后续涨价奠定了基础、提供了经验。由于社区入住已有近20年，面临房屋老旧及需要大修的情况，特别是一些公共设施和共用区域。在五月社区各方的相互谅解、友好协商下，又进行了三次物业费价格的调整，基本实现了物业费调价的制度化和常规化。

（二）五月社区协商治理议题

共有权益和公共事务是商品房社区协商治理的基本内容。作为协商议题，物业费问题具有内生性和公共性特征。自业主自治组织成立以来，围绕物业服务合同（包括物业费）的协商、谈判、博弈，构成了五月社区治理的一条重要线索，也是业主争取和维护自身权益的一条重要渠道。在长达20年的物业服务过程中，五月社区物业公司和业委会之间最为经常和重要的一项工作就是围绕物业服务合同进行协商和谈判。由于业委会试图以物业服务合同作为争取业主权益的突破口和切入点，五月社区物业费有一个相对较长的稳定不变的时期。2004～2010年，五月社区业委会与物业公司每年签署一次物业服务合同。这种价格不变的格局，是多方力量之间博弈平衡的一个结果。由于这个时期，业委会与物业公司每次都是签署一年期的合同，所以就经常会面临续聘合同谈判。以业委会为核心的业主自治系统日益完善和强大，这也使得其对物业公司形成了较强的制约。业委会监督物业公司按照物业合同提高物业服务水平，也是其法定职责所在。纵观五月社区20年来的治理历程，随着人力成本和物价的不断上涨，主要有四次物业费调价。

1. 第一次涨价

2010年6月，在上一期物业服务合同即将到期、即将进行续聘之际，物业公司提出了物业费涨价的要求，并向业委会发出了书面通知，提供了物业服务成本测算报告。业委会收到通知后，报送业主代表大会进行审议，但最终认为涨价幅度太大，没有予以通过。2010年7月1日，物业公司向全体业主公示，表示合同在10月1日到期后公司将撤离社区。原有物业公司一旦撤离，社区将面临没有物业服务的危险，而业主自治机构在这3个月里并没有完成选聘物业公司的工作。2011年1月中旬，业主代表大会授权业委会与另外一家物业公司进行物业合同谈判，造成矛盾进一步激化。原有物业公司在临近春节时，选择了停止保安、保洁和维修服务。"来了个狠招，撂挑子，不干了。"针对这一紧急状况，居委会积极进行内外协调。一方面，通过业委会、业主代表大会、业主监事会和居委会负责人召开了社区联席会议，共同表决同意与原物业公司签订半年的临时物业服务合同，价格按物业公司测算的价格定。另一方面，与街道办和建委部门积极沟通，对原有物业公司进行强力协调，使原有企业接受半年的服务合同。这样，问题得以暂时解决。最终，在多方共同努力下，2011年6月经全体业主表决，业委会与原有物业公司签订了新的物业服务合同，合同期限是2011年7月1日到2013年6月30日，实际物业费为每平方米每月1.44元，其中业主实缴物业费（纯物业费）为每平方米每月1.25元，停车收益补贴为每平方米每月0.19元。时任业委会主任说道："这次调物业费真是太艰难了，简直是难死你了。"

2. 第二、第三、第四次涨价

五月社区第一次物业费涨价历时一年之久，且涨价幅度还较大，这个调价过程不仅为社区积累了重要的经验教训，也用鲜活的现实教育了广大业主，使得他们对物业服务和物业费问题有了更直接、更理性的认识。此后，五月社区又连续进行了三次成功的物业费调价。2014 年 6 月 30 日，在上一期物业合同到期前，物业公司提供了新签一年期物业服务合同的成本测算，为每平方米每月 1.69 元，要求上调每平方米每月 0.25 元。经过业委会、监事会、业主代表等组成的谈判代表与物业公司进行四轮面对面的谈判磋商，以及多次书面沟通，最后双方谈成的实际物业费价格为每平方米每月 1.51 元，比原来的价格上涨每平方米每月 0.07 元。五月社区《业主大会议事规则》第十六条规定："不超过上一年度物业服务合同总费用5%的物业服务合同，需由业主代表大会表决。"2014 年 7 月 6 日，五月社区业主代表大会审议讨论并表决通过了业委会提出的《提请五月社区业主代表大会表决续签一年服务合同》的提案。由此，社区将 2014～2015 年度纯物业费上调每平方米每月 0.07 元，由原来的每平方米每月 1.25 元上调至每平方米每月 1.32 元。2016 年 7 月，五月社区业委会向业主代表大会提交《关于 2016～2017 年度物业服务费调价方案》，此次涨价幅度超过上一期合同总费用的 5%，在业主代表大会审议通过后，最后提交业主大会表决通过。根据该提案，社区将 2016～2017 年度纯物业费上调每平方米每月 0.18 元，由原来的每平方米每月 1.32 元上调至每平方米每月 1.50 元。2017 年，基于对《物权法》和《物业管理条例》中有关"业主共同决定"事项的认真研究，五月社区对《业主大会议事规则》和《业主公约》进行了重新修订，规定物业费调价方案不论调整幅度大小都由业主代表大会表决通过。同年 6 月，业主代表大会表决通过了《关于 2017～2018 年度五月社区物业服务费调价方案》，即实际物业费由每平方米每月 1.69 元调整为每平方米每月 1.77 元，其中业主实缴（纯物业费）每平方米每月 1.58 元，停车收益补贴为每平方米每月 0.19 元。这是对物业费调价的一次具有积极意义的重要探索。由此，五月社区物业费调价过程逐渐变得较为顺畅，基本实现了调价的制度化、程序化和规范化。

（三）五月社区协商治理主体

按照市场交易来看，物业费的调价主要涉及卖方（物业公司）与买方（全体业主）之间的交易。物业服务本身独特的性质及其资金使用和筹集的机制，使得物业费的调价变得甚为复杂。从实际情况来看，物业费调价都是多元化、差异化的利益主体经过反复协商博弈达成的结果。良好的治理，需要自组织治理、市场治理、层级治理达到一个相对均衡的态势。[①]从政府－市场－社会的三维视角来看，在长期的围绕物业费的博弈斗争过程中，五月社区逐步建立和形成了一种多元协商治理结构。

1. 社会维度：业委会

物业费的调价涉及业主的切身利益，由于物业费涉及社区共有权益，相关主张必须通过其法定组织业主大会和业主委员会来实施。按照法律规定，物业费调价的决定权在业主大会，需“双过半”业主同意才能调价；执行权在业委会，由其与物业公司进行谈判，并签订物业服务合同。大多数小区没有成立业委会，业主处于分散的原子化状态，这就会使得物业费调价很难实施。对五月社区而言，其不仅较早就成立了业委会，而且构建起了一整套较为完善的业主自治体系。这个自治体系包括业主大会及其常设机构业主代表大会、业委会和业主监事会，形成了决策权、执行权、监督权既相互影响又相互制约的权力运行机制。针对物业费的调价，五月社区首先需要业主代表大会审议通过，方可提交业主大会表决或者直接由业主代表大会表决，然后交由业委会来具体负责执行。不论是业委会的内部工作会议，还是与物业公司的协商会议，都需要至少有一名监事参加。监事一般不发表意见，但有义务向业主代表大会报告对业委会的工作情况的监督结果，由此保证业委会能够秉持公义良心开展工作。

2. 市场维度：物业公司

物业费调价直接关系到物业公司自身的利益。在五月社区，物业公司是开发商的子公司，两者属于父子关系，形成了较为强大的利益链条。这种“父子兵”体制，既有助于它们形成稳固的垄断地位，同时又便于实现其利益的最大化。其中开发商是国有企业，且在早先成立时本身就具有政府背景，公司首任老总由当时的区长助理兼任。这种企业背景，使得物业公司在收缴物业费、调整物业费价格时“比较讲理，不会乱来”。物业公

① 罗家德：《自组织——市场与层级之外的第三种治理模式》，《比较管理》2010 年第 2 期。

司每次在要求上涨物业费时，都会提供一份物业服务成本测算报告。如果没有这样的成本测算报告，业主就很难判断物业费用是否合理。这是物业费调价过程中的一个重要环节。它能够提供一个比较客观的认识和判断基础，让业主和物业公司双方对服务项目和服务费用有一个基于实际的共同的认知和理解，从而有益于双方达成共识和一致。当然，物业公司自己提供的服务成本测算报告，有时只能起到一个提供大致参考的作用，在有些特殊情况下也会聘请第三方机构进行测算，这样提供的结果就会更加客观。

3. 政府维度：居委会

在商品房小区，居委会对业委会负有指导和监督的职责，且代表和维护基层社区公共利益。虽然物业费属于物权范畴，居委会本没有权力直接介入相关事务，但五月社区通过法定的方式，在《业主大会议事规则》和《业主公约》中进行了约定，赋予了居委会介入物业管理的权限，且居委会具有全职性、专职性，善于做群众工作。对五月社区而言，居委会经常通过楼门长入户做好业主的工作，让他们从思想上和心理上认同和接受物业费价格调整。同时，居委会积极以服务赢得业委会和物业公司的尊重与认可，调解了大量业委会与物业公司、业主与业委会的矛盾，进而获得了参与物业管理的重要决策权力。在物业费调价过程中，居委会一方面能够与街道领导及时沟通协商，另一方面能做好业委会与物业公司之间的协调，特别是当两者谈判陷入僵局的时候。“我们这儿自治了，但是也离不开居委会这个组织，我们和物业产生矛盾了，居委会来调解，特别重要。我们两家谁也离不开谁，它可以推，我们也可以推。”由此，居委会在基层治理场域中扮演着重要的多方协调的角色。

4. 元治理者：街道办和房管所

对社区协商治理的讨论，通常会与基层民主自治论域勾连在一起。但在基层社区这是不够的，还应将“元治理”嵌入其中。“元治理”（meta-governance）由英国学者杰索普最早提出，是指协调科层治理、市场治理、自组织治理三种不同治理模式以确保它们能实现最小限度的结合。[①] 在现

① 鲍勃·杰索普：《治理的兴起及其失败的风险：以经济发展为例的论述》，漆芜译，《国际社会科学杂志》（中文版）1999 年第 1 期。

代社会，元治理者一般由政府来担任，其在社会治理结构中被视为“同辈中的长者”，是治理的三方主体中进行协调的最主要主体。从五月社区的调价实践来看，特别是在2010年的首次涨价危机中，业委会、物业公司、居委会三者不能达成妥协、陷入僵局的时候，唯有依靠街道办和房管所的权威来重启协商谈判的程序，让各方主体都重新回到谈判桌上。诚如杰索普所言：“虽然治理机制可能获得了特定的技术、经济、政治和意识形态职能，但政府仍保留了自己对治理机制的开启、关闭、调整和另行建制的权力。”①针对五月社区而言，在物业费调价过程中，街道办和房管所扮演了重要的元治理者角色，通过基层政府的属地管理对作为区属国企的开发商的负责人进行协调，同时通过行业主管部门对开发商和物业公司进行干预。这种双重施压，促使开发商及其附属物业公司被迫做出妥协、让步。而基层政府和主管部门的介入，也大大增强和提高了社区物业费调价活动的公信力。

（四）五月社区协商治理平台

在五月社区，物业费的调价牵涉到业主组织、物业公司、开发商、街道办、房管所等多个组织机构，主要通过两个制度平台来围绕其展开协商。

1. 应急平台：社区联席会议

社区联席会议是五月社区协商治理的一个重要机制创新。2010年，在街道办的支持下，五月社区借助业委会换届选举的有利时机，推动建立了由社区党支部、居委会（书记/主任“一肩挑”）牵头，由业委会、业主监事会和业主代表大会负责人参加的社区联席议事制度。在应对和处理2010年物业费涨价危机过程中，社区联席会议机制发挥了关键作用。其中一个重要成果就是，通过街道办、房管所的直接介入，促成了业委会、业主代表大会、业主监事会、居委会四方共同以公告的方式通报全体业主，接受物业公司测算的价格，并与其签订了一个半年期的临时物业服务合同，从

① 鲍勃·杰索普：《治理与元治理：必要的反思性、必要的多样性和必要的反讽性》，程浩译，《国外理论动态》2014年第5期。

而使五月社区得以重归协商谈判，进而渡过难关、恢复物业秩序。通过这次危机事件的处理，社区联席会议机制得以确立，社区联席会议在此后的社区治理中日益成为一个重要环节。物业公司作为一个重要主体也加入其中，每次会议都会派代表参加。特别是针对社区的一些重大问题和事务，在正式提交业主代表大会进行审议前，都会通过这个平台召开一个“四方预备会议”，先进行充分酝酿、沟通、讨论和协商，进而初步形成一个较为统一的认识和意见。由此，社区联席会议机制开辟和打通了居委会指导与监督业委会和物业公司的制度通道。

2. 常规平台：业主代表大会

业主代表大会是五月社区的一个重要制度创新，并在长期的社区治理运行中发挥了重要作用。按照五月社区《业主大会议事规则》的规定，业主代表大会是业主大会的常设机构，通过《业主公约》的约定和授权，可以表决和决策社区相关公共事项。在物业费的调价过程中，业主代表大会主要发挥了两方面的重要作用。一是充分讨论。业主代表能够依托这个平台围绕物业服务合同条款进行深入讨论、发表意见，提出相应的物业合同协商要点和要求。普通业主也能够应邀列席会议，发表意见和看法。这有助于为业委会与物业公司进行正式的合同谈判协商提供坚实的支撑。二是审议表决。业主代表大会可对业委会的工作情况进行有审议监督，并可对相关事项进行表决和决策。在物业费调价问题上，五月社区进行了两个重要探索：第一，针对物业费涨幅不到上期合同价格 5% 的，《业主公约》授权业主代表大会直接表决通过，授权业委会与物业公司签约；第二，基于《物业管理条例》对“业主共同决定”事项的规定，拓展和深化了对其的认识和理解，修改《业主公约》和《业主大会议事规则》，其中很关键的一点就是，授权业主代表大会直接表决和决策物业费调价事宜。新修改的公约最终获得全体业主双 2/3 表决通过，由此这项规定就实现了制度化和法制化。五月社区通过业主代表大会这个平台，有效实现了物业费调价协商的程序化和规范化，进而逐渐实现了物业费调价的常态化。

（五）五月社区协商治理动力

社区协商治理的动因主要包括外在的制度环境要求和内在的主体需求

推动。[①] 五月社区的物业费调价实践历程，是一个不断动态博弈和理性平衡的过程，其间蕴含着多重动力机制，主要体现在如下四个方面。

1. 从“维权驱动”到“治理驱动”

从业主的角度来看，五月社区物业费变迁体现了从“维权驱动”到“治理驱动”的转变。在早期阶段，物业费调价主要是以业主维权为诉求导向的。业主自治组织在合同谈判中，着力于争取被物业公司占取的业主权益，包括消除物业服务合同中的不实之处，停车费收益从物业公司收归全体业主所有，并使用其中的部分收益补贴物业费等。这被视为业主自治组织向物业公司进行维权所取得的重要成果。即使物业公司多次提出涨价要求，业主自治组织也因认为服务仍有改进空间而不予同意。特别是随着住宅房龄的不断增长，社区共有物业尤其是共有设施设备的功能老化问题日益突出，比如，绿化设施、供水设施、电梯、屋面防水层等处于失修或难以正常运转的状态；社区的各种安全问题也日益显现，比如，房屋外墙面、屋顶围栏、地下污水管线等失修，高空坠物、地下管道塌陷伤车伤人等。[②] 这些问题的大量出现，明显增加了物业管理服务的难度和成本。这也使得业主自治机构更加着眼于社区的有序安全运行，积极主动促成物业费的涨价调整。

2. 从“质量驱动”到“成本驱动”

从物业企业的角度来看，五月社区物业费变迁经历了从“质量驱动”到“成本驱动”的转变。五月社区在B市属较早建成的商品房小区。开发商及其附属的物业公司属于知名国企，本身具有较强的企业品牌意识，因而也一直致力于打造物业服务品牌形象。在2003年之后，物业公司多次提出涨价要求，也是为了提高社区居住品质和服务水平。业主自治机构虽没有通过，但也是基于服务质量还有提升空间。2007年后，随着人力成本和物价的快速增长，在社区日益老化、面临大修的情况下，物业企业迫于自身生存和发展的压力，不得不要求进行物业费调价。按照原有的价格，再

---

① 唐鸣、黄敏璇：《新型城镇化背景下农村社区协商实践创新的规范化与制度化研究》，《中共中央党校学报》2017年第3期。

② 郭卫建：《业主治理能力与“住宅小区打开”》，《和谐社区通讯》2016年第2期。

继续维持原来的物业服务水平已经变得相当艰难、几无可能。从某种程度上讲，这种情形下所要求的物业费调价主要是为了维持原有的物业服务水平，而不是要着力于提高物业服务质量。由此，物业服务处于一种勉强维持型，而非质量提升型的局面。

3. 从“行政驱动”到“市场驱动”

从政府的角度而言，五月社区物业费变迁体现了从“行政驱动”到“市场驱动”的转变。在计划经济向市场经济转轨的过程中，我国住宅小区物业费长期实行的是政府定价和政府指导价，物业费价格缺乏灵敏性。1996 年，国家计委、建设部颁布《城市住宅小区物业管理服务收费暂行办法》，规定物业管理服务收费方式包括政府定价、政府指导价和经营者定价。同年，《B 市普通居住小区物业管理服务收费暂行办法》印发，规定物业管理服务收费实行政府指导价，并制定了相应的收费标准。2004 年，国家发改委、建设部颁布《物业服务收费管理办法》，规定根据不同物业的性质和特点，分别实行政府指导价和市场调节价。2005 年，《B 市物业服务收费管理办法（试行）》规定，普通住宅小区物业费按照政府指导价执行。长期的价格管制，也使得物业服务的价值与价格偏离成为困扰物业管理行业发展的紧迫问题。2014 年，国家发改委《关于放开部分服务价格意见的通知》规定，非保障性住房的物业服务实行市场调节价。五月社区顺应国家政策调整的大势，按照社区的治理规则，逐步推进了物业费调价的市场化。

4. 从“行业驱动”到“社会驱动”

从行业的角度来看，在物业管理宏观结构变革的背景下，五月社区物业费调价经历了从“行业驱动”到“社会驱动”的转变。作为一个新兴的行业，物业管理要实现健康发展，形成和建立良好的物业服务市场，物业服务价格机制尤为关键。现实情况是，物业服务价格不仅稳定性过强，而且敏感性过弱，基本没有形成成本与价格之间的联动机制，从而造成价格失灵。[①] 随着物业纠纷和矛盾的不断增多，特别是对基层社会秩序的影响

---

① 陈伟：《物业管理的价格机制》，《中国物业管理》2011 年第 5 期。

的日益显著，物业管理服务不再是一个简单的行业管理问题，而是变成一个复杂的社会治理问题。从五月社区的实践可见，物业费调价不是仅仅依靠业主与物业公司两方就能自行解决的问题，而是涉及多元主体之间的协商博弈，基层政府和主管部门出于维护社会和谐稳定的考虑时常也会介入其中，物业费调价已经超越了单纯的业主自治范畴，而应放置和提升到社会治理的层面予以审视。从这个角度而言，当物业管理问题变成一个结构性的社会问题，仅仅依靠行业相关部门的专项治理是远远不够的，而必须依靠政府、市场、社会多元力量实现复合治理。

（六）五月社区协商治理文化

社区协商治理的制度化、程序化、规范化，需要经过相对较为长期的实践训练，更需要有文化价值的积淀、涵养和支撑。文化是影响一个制度作用发挥的核心因素，意识价值则是构造文化的关键要素。从五月社区协商治理的实践历程来看，其体现出三种较为鲜明的治理文化意识。

1. 规则意识

坚持规则至上是五月社区开展协商治理的一个核心原则。针对商品房小区而言，遵守规则、按规则办事，需要一个慢慢学习和培养意识的过程。当规则真正嵌入和内化于社区业主的观念意识之中时，它就会成为一种潜在的持续促动力量。在五月社区，每当国家颁布新的社区治理相关政策法规时，业主自治组织就会积极组织学习，并将最新精神吸收到和融入社区的制度建设中。这集中体现在社区的《业主公约》和《业主大会议事规则》多次被修订，并逐渐成为一个被广泛学习借鉴的范本上。五月社区进行物业费协商议价和调价的过程中，很重要的一点就是坚持按照社区的规则来进行。2004～2009 年，每年都要进行物业服务合同协商谈判，针对合同中的条款和细节逐条“较真”。在这个过程中，五月社区逐步培养和树立了业主的规则意识。特别是在遇到各种问题的时候，业主首先会想到查询规则是如何规定的。规则成为业主们自觉遵从的行为指引时，就在社区逐渐营造和形成了一种人文氛围。正如社区业委会主任 ZH 所说：“大家只要是业主，你就要按规则来，我不去界定或者不去判定你是高尚的还是低劣的，是好的还是恶的，我不去判断，但是只要你来玩儿，你就得按规矩来玩儿。如果不按规则来玩儿，有时候就很难受了。”

2. **民主意识**

以民主的方式进行治理，将选举民主与协商民主有机结合，是五月社区的一个重要特色。业主通过参与业主大会进行投票，决定物业费调价等社区内的重大事项，并给业主带来深入的民主体验，使他们学习按照民主程序来解决物业纠纷。[①] 业主代表大会是社区业主进行民主议事的重要平台。针对业主自治组织，社区一直强调程序正义的原则，其在实践中获得较好贯彻和实行。正如社区业主代表大会召集人 GWJ 所说：“怎么在过程上一板一眼地往前走，只要保证（按）程序（进行）了，实际上最后的结果可以不关注它，不管好结果还是坏结果，都应该是按程序走的结果，这些都在业主代表大会中体现出来了。”在分权制衡方面，业主代表大会对业委会形成了有力的监督和制约，也是对其的一种有效保护。针对业委会提交的各种议案，业主代表大会都会按照法定程序审议，既可以表决通过，也可以予以否决。业主在日常治理中注重把“协商的办法”转化和上升为“协商的制度”，比如对于社区联席会议机制，就将其写入《业主大会议事规则》，从而增强居民对社区的认同感、归属感和责任感。诚如有论者所言：邻里组织是培养民众精神的首要组织，借助于邻里组织，公民性格得以稳步形成，公民特有的草根思想得以逐步确立；民主必须始于公民的家园，而这个家园就是我们邻里的社区。[②]

3. **党员意识**

党员是社区治理中的一股重要力量，发挥了积极的引领和示范作用。针对五月社区而言，社区党组织在日常工作中就比较注重发挥党员的作用，积极倡导和推动具有党员身份的业主参与到社区自治活动中来，并鼓励具有党员身份的业主以合法的程序当选为社区业主自治组织的成员。比如，GWJ 是外企的一名高级管理者，他的党员关系原本在企业，后来在社

① 管兵：《维权行动与社区民主意识：以 B 市商品房业主为例》，《学海》2016 年第 5 期。

② 理查德·C. 博克斯：《公民治理：引领 21 世纪的美国社区》，孙柏瑛等译，北京：中国人民大学出版社，2005，第 6 页。

区书记SSM的动员下转到了社区党支部，并以党员身份参加了首届业委会、居委会，后又担任业主代表大会召集人、业委会主任等多个职位，在社区治理中发挥了重要作用。同时，在五月社区物业服务合同续签陷入僵局甚至危局的时刻，正是一些业主以党员的身份，秉持着公义和良心，向全体业主发出倡议和公告，使得社区渡过了难关。正如社区业主代表大会召集人所说："2004年的时候，第一次管委会的合同搁浅了，当时就僵在那里了。这时候管委会的三个党员加上一个居委会主任，以党员身份向全体业主发了一个公告，提出以公示的方式召开业主大会的建议方案。这也是很关键的一环，把这个事过渡下去了，不然也就断链子了。"

三　结论与讨论：对协商治理之道的反思

本章通过对五月社区约20年来物业费调价实践的过程分析，力图表明物业费调价从表面上看属于市场交易行为，是一个经济问题，实际上却是一个复杂的社会治理问题。商品房社区因物业费纠纷普遍容易陷入分裂，最典型的莫过于"美丽园事件"，通过起诉物业公司并获胜降低了物业费价格，却导致社区业主出现了"蓝营"和"红营"两大阵营的大规模对峙和分裂。[①] 针对五月社区而言，在处理2010年所遭遇的物业费调价危机时，虽几经波折、一度濒临失序，但最终还是在规则框架基础上得以妥善解决问题。经济行为是嵌入社会关系和社会结构之中的。[②] 五月社区长期构建和营造的良好社会关系网络，也使得社区能够经受这种考验。其中，业委会、物业公司和居委会各自的态度和取向，尤其是彼此之间互动沟通、协商博弈的水平和方式甚为关键。从某种意义上讲，正是三者之间的均衡发展态势缔造了一种保守主义的治理之道，从而使得业委会领导集团不会进入激进和偏激的状态。

---

① 包丽敏：《拧干湿漉漉的物业费：美丽园物业费分厘之争》，《中国青年报》2006年2月7日。

② 马克·格兰诺维特：《镶嵌——社会网与经济行动》，罗家德译，北京：社会科学文献出版社，2007，第8页。

第一，权力的筛选机制。业委会是商品房社区自主治理的核心主体。当前，业委会成立少，有效运转的更是少之又少。业委会能否持续有效运转，其主任是否可靠很关键，这会直接影响到业委会的组织性情和倾向。五月社区的一个重要创新就是，业委会主任并不是由业主大会表决得票最高者担任，也并非由业委会成员（5 人左右）内部推选，而是由业主代表大会（40 多人）来选取产生。由于业主大会会议以书面征求意见形式召开，绝大多数业主对业委会候选人实际上并不熟悉，容易导致盲目投票发生。业主代表大会人数规模相对比较合适，比业委会要多几倍，而且业主代表们都是经常参与社区公共活动和公共事务的积极分子，对业委会委员的了解也相对比较全面、具体、深入。这就使得五月社区的每届业委会主任在遴选产生时都能够做到严格把关、相对可靠。比如，WXG、ZH、GWJ、PJ 等业委会主任都是如此选举产生的。正如社区老书记 SSM 所言："业委会主任一定要有公益性，特别是人品可靠；要是有私心、歪心眼，我们肯定是不会让他当上的。"

第二，权力的制衡机制。在现行的法律制度下，业主大会并不是一个实体组织，缺乏日常的办公机构，这就使得它容易被业委会领导集团操纵。五月社区的一个重要举措就是，进行了制度机制上的创新，在业主自治组织内部形成了决策、执行、监督既相互分离又相互制约的权力运行机制。业主代表大会、业委会、业主监事会三个机构的成员互不交叉任职。居委会成员都进入业主代表大会之中成为重要骨干力量，且业主代表与居民代表之间重合度相当高，社区党支部副书记进入业主监事会之中，这就使得两大组织系统之间实现了高度的相互渗透、相互影响。即使业委会提出一些有可能比较过火的议案，也要经过业主代表大会的审议讨论，而且里面有居委会人员的监督、指导和把关，因此基本不会出现走向极端和偏激的可能。业委会、业主代表大会的工作例会一般会邀请社区党组织书记/居委会主任一起参加，而且居委会以服务的心态主动帮助分担了业主自治组织的一些烦琐工作，比如业主自治组织换届选举、物业费调价成本核算等，受到了业主领袖们的尊重和认可。这就使得社区党支部和居委会的意见在业主决策中真正起到了重要的作用。

第三，权力的旋转机制。社区精英和领袖是塑造和推动基层社区治理创新的关键力量。五月社区协商治理的有效运转，离不开一批业主精英与社区老人的长期持续参与和支持。他们在社区自治组织的多个岗位和职位上经受锻炼和历练，逐渐成长和发展成为社区治理不可或缺的一股中坚力量。比如，第一届业委会主任 WXG 担任过社区居委会副主任后，又在 2005 年时担任业委会主任。GWJ 担任过社区党支部委员，又担任业主代表大会副召集人、召集人，后又担任了业委会主任，在两届后又转到业主代表大会主召集人职位。SSM 从 2004 年起担任了业主代表，后从 2005 年起开始担任社区党支部书记/居委会主任；2016 年，她又调任社区党总支委员，并进入业主监事会担任召集人。在业主自治系统和社区党支部/居委会系统中，社区精英通过这种组织系统内外的岗位交流和转换，逐渐培育和构造出一种社区旋转门机制。这不仅使他们积累了丰富的工作经验技巧，培养和提升了社区精英理性协商的意识和能力，而且有助于他们从整体上综合把握和开展社区工作。

在权力的筛选、制衡和旋转机制的作用下，五月社区所构造的权力运行系统，也将选举、投票、议事、决策与协商有机结合起来。这体现在如业委会主任、业主代表大会召集人、业主监事会召集人等人选的酝酿，围绕物业费价格调整的商议和讨论，停车收益的收归业主及对物业费的补贴等方面。特别是 2010 年物业费调价危机的化解，更是充分体现了这一点，包括调价前的反复协商沟通、调价时的业主大会表决、表决后的入户做思想工作等。这些都使得协商真正贯穿和融入社区治理的全过程，从而形成了自身的特色和优势。同时，与一些业委会在维权方式上采取鼓动业主不缴纳物业费的方式相比，五月社区业主自治组织在物业费问题上确立了自身长期坚守的原则和理念。“我们作为几代业主自治机构，是从来不倡导不交物业费的，我们是帮着去做这件事。我们没有采用极端的方式来做这些事。我们这个机构算是比较理性，比较保守。保守加理性。”或许，这正是五月社区所构造的保守主义协商治理之道的奥妙所在。

第十三章　城市社区物业费困局及其对策研究*

随着我国新型城镇化进程的不断加快，物业服务管理在现代城市治理和社会治理中的地位和作用日益凸显，并成为社会各界高度关注的热点民生议题。《中共中央　国务院关于加强和完善城乡社区治理的意见》明确提出，社区物业服务管理是城乡社区治理亟待补齐的短板。近年来，业主与物业企业之间的矛盾冲突日益突出，物业纠纷案件大量增长，其背后涉及的核心问题就是物业费问题。物业费与每个业主的切身利益密切相关，是物业服务管理领域最为突出的矛盾聚集点，也是监测社区物业服务管理状况的“晴雨表”和“风向标”。

一　城市社区物业费的双重困局

从现实情况来看，目前，城市社区物业费运行普遍陷入“双重困境”。

（一）物业费收缴难

物业费收缴难是当前住宅小区普遍面临的一个最大难题。2013 年，北京市对 2740 个物业项目的调查显示，物业费平均欠缴率达到 21.51%，且 84.6% 的物业企业处于亏损状况[①]；2013 年，武汉市对全市 1700 多个住宅小区的物业服务调查显示，物业收费率达到 80% 的小区仅占比 38.42%，

---

* 本章原以“城市社区物业费困局及其对策思考”为题刊发于《行政管理改革》2018 年第 6 期。

① 种卿：《两成业主欠费 八成物业喊亏》，《新京报》2014 年 12 月 2 日。

不足四成[①]。从总体上来看，我国城市住宅小区物业费平均收缴率从一线城市到二线城市再到三线、四线城市依次降低，能维持在80%左右就算比较高的，而能达到90%以上的还比较少。大量老旧小区的物业费收缴率则更低，一般能维持在40%左右就算较好的。物业费收缴难这一现象，从企业到小区再到行业，呈现一种不断扩散的趋势。

（二）物业费调价难

物业费调价难成为一个突出的问题，经历了一个发展变化的过程。从业主的角度来看，物业费的调价，在早期阶段，主要以业主维权为诉求导向。物业服务的内容、标准和物业服务公司的财务不透明是最大的问题，特别是质价不符、虚假收费等问题，使得业主要求“拧干湿漉漉的物业费”，比较典型的案例就是“美丽园事件”[②]。近些年来，随着物价和人力成本的刚性上涨，物业费调价难，实质上主要表现为涨价难。从调查情况来看，大量小区的物业费价格10多年没有调整过。不论是降价还是涨价，在现实中都很难实现。这体现了物业服务价格“稳定性过强”和“敏感性过弱”的重要特征，实质上是一种以价格机制为核心的市场失灵。[③]

（三）物业管理危机

物业费是物业公司的主要收入来源，直接关涉到企业自身的生存和发展。物业费，既收缴难又调价难，必然会导致两者之间的恶性循环，进而严重影响和危及物业管理行业的健康发展。从现实表征来看，物业费所引发的物业管理危机突出表现在三个方面。

第一，物业抛盘事件频发。物业抛盘可谓一个住宅小区物业矛盾纠纷的集中总爆发。从一个长时段来看，这种现象一直伴随着物业管理的成长和发展。在早期阶段，特别是《物业管理条例》颁布前后，物业抛盘的发

① 廖桥：《武汉物业费收费难：收缴率达80%小区不足四成》，《长江日报》2015年5月22日。

② 包丽敏：《拧干湿漉漉的物业费：美丽园物业费分厘之争》，《中国青年报》2006年2月7日。

③ 陈伟：《物业管理的价格机制》，《中国物业管理》2011年第5期。

生多由业主维权斗争所致，特别是业委会试图解聘物业企业时的抛盘，带有报复性抛盘的意味。在《物权法》颁布之后，物业抛盘虽然也包含业主维权的斗争因素，但主要矛盾焦点转移到物业费收缴和调价问题上。这在老旧小区体现得非常明显。不少企业因无法维系经营和生存而被迫选择撤离小区，一些小区甚至陷入无人管理的混乱状态。①

第二，物业暴力多发。在物业矛盾纠纷中，业主与物业公司之间的暴力冲突占据相当高的比例。这种暴力冲突主要有两种表现形式：一种是"硬暴力"，主要体现为各种肢体上的冲突，对身体造成直接伤害；另一种是"软暴力"，主要是物业企业通过非法手段对业主（及其财产）进行的心理恐吓或威胁。可以说，软硬兼施是物业暴力运作的一个基本特征。而物业费问题则是物业暴力频发的一个重要诱因。围绕物业费问题进行的业主维权，常常与物业暴力如影随形、相伴相生，特别是业委会成员和积极分子通常会成为首当其冲的打击对象。这种物业暴力的频发多发，不仅严重影响了社区居民的安全感，而且使物业管理的生态秩序恶化。

第三，物业服务缩水。在物业费收缴率偏低，物业费价格又长期难以上涨的情况下，许多物业企业提供的服务缩水成为一种明显趋势。根据笔者的调查，最直接的体现就是"保安用工"：不仅保安人数减少，无法提供24小时巡逻服务，而且在保安招聘对象上逐渐从"年轻人"变成了"老头"或"大孩子"。这也导致了物业管理行业的深度洗牌，一些小型的、劣质的、老式的物业企业逐渐被市场竞争所淘汰；同时，还使得物业服务在价值理念和专业化程度方面出现了一些新的重要变化，许多物业企业在运营上基本停留在"成本维持型"的服务，而非"质量享受型"的服务。这就会影响到物业管理行业的产业转型升级。

二　城市社区物业费困境的多维剖析

作为一个结构性的社会问题，城市住宅社区物业费收缴难、调价难的

① 屈群苹：《城市社区物业费收缴运作逻辑——以南京一房改房社区为例》，《浙江社会科学》2016年第3期。

背后，有着深刻的制度、组织和体制上的原因，可以从三个方面予以剖析。

（一）物业服务管理的本质特性

物业费是为物业管理行为和产品而支付的。要深入理解物业费的困境，首先有必要深刻认识物业服务管理的本质特性，其主要体现在两个方面。

第一，公共服务。与一般消费品相比，物业服务产品具有相当强的独特性：一方面，物业服务里面包含了大量公共服务的内容，属于公共产品中的混合产品，具有非竞争性、排他属性、社区性、非排他属性等四个属性①；另一方面，物业服务的提供对象是全体业主，且具有不可分割性。值得注意的是，物业服务不仅包括对房屋建筑及其附属设施的维修养护，还包括对小区社会秩序的管理。可以说，物业公司的工作实践，既是服务，又是管理。这种以建筑物区分所有权为边界的封闭式、专属的物业服务管理，最大问题是超出了对物的管理的范围，演化为对人和社会的管理工具，实质上是单位制度的拟制和延续。② 这从本质上反映了物业管理的运作并非一个纯粹的市场化过程，而是一种政治经济运作的混合体。③

第二，集体消费。所谓“集体消费”，是指消费过程就其性质和规模而言，其组织和管理只能是集体供给。④ 缺乏有效的集体消费组织和管理机制是导致基层社区治理秩序混乱的主要因素，而我国的所有制形式、居住方式和集体消费模式决定了集体消费问题必然长期存在。⑤ 从性质上来看，物业服务就属于集体消费，且具有如下特征。一是统一性。物业服务只能进行全体、整体购买和使用，单个业主无法独自购买。二是隐蔽性。

---

① 文宇：《城市住宅小区物业管理的现状、问题及其解决对策》，《城市问题》2013 年第 9 期。

② 李国庆：《物业小区管理的专制特征与社会化服务之路》，《江苏行政学院学报》2009 年第 2 期。

③ 张磊、刘丽敏：《物业运作：从国家中分离出来的新公共空间》，《社会》2005 年第 1 期。

④ M. Castells, "Theory and Ideology in Urban Sociology," in C. G. Pickvance (ed.), *Urban Sociology: Critical Essays* (London: Tavistock, 1976), p. 75.

⑤ 李强、葛天任、肖林：《社区治理中的集体消费——以特大城市的三个基层社区为例》，《江淮论坛》2015 年第 4 期。

除了保安、保洁等经常被看到的“冰山一角”，还有大量更为核心的服务处于相对隐蔽状态，比如设备设施的维修养护等。这些对小区的保值增值具有关键作用，许多业主对此却并没有概念。

物业服务的这两种特性，使得物业费的收缴和调价面临至少两重困难。首先是搭便车问题。物业服务的买方主体和调价主体虽是业主大会，但具体的缴费行为和涨价表决却需要由成千上万的单个业主来各自独立完成。一些业主即使没有缴费，也能够继续享受物业服务，特别是在拖欠物业费没有受到责罚时，拖欠现象往往还会产生较大的传染性。其次是信息不对称问题。业主与物业公司在对物业服务的认知上处于信息不对称的状态，就会直接引发业主对物业公司的不信任，进而导致拒缴物业费，更遑论上涨物业费了。

（二）物业管理体制的特性

物业管理体制是形塑和构造物业费收缴与调价机制的重要因素。具体而言，物业管理体制的三个特性值得重点关注。

第一，前期物业管理体制的专断性。前期物业管理是住宅社区物业管理的一个特殊阶段，物业合同主体是开发商和物业公司。前期物业公司大都是开发商指定的，且是开发商的子公司，由此两者之间形成和构造了一种“父子兵”体制。这种管理体制使得物业公司对小区具有极强的管控能力和垄断性，并在实际的物业服务管理实践中比较强横，业主很难与其进行平等协商和谈判。而物业公司的事实服务、强制收费，必然会引发业主对物业公司的强烈不满和抵制。更为严重的是，在制度设计上，前期物业管理本来只是一个过渡性的阶段，在现实运行中却演变成大多数小区的恒久状态。[①] 这从根本上导致了物业服务合同买方主体的长期缺位。

第二，一体化物业管理模式的主导性。一体化物业管理是当前我国物业管理行业普遍采用的运作模式，其核心特征是“管理”与“作业”并举，即物业公司不仅要自主提供诸如保安、保洁、绿化、电梯维修等服务

---

① 陈鹏：《城市社区治理：基本模式及其治理绩效》，《社会学研究》2016年第3期。

项目，而且还要承担大量的日常管理工作。① 这种经营模式的一个主要问题是，在新的《劳动合同法》下，物业企业的人员包袱会较为沉重；同时，这种体制模式也潜在地使得物业企业满足于维持生存现状，缺乏足够的产业创新转型升级动力。除了通过扩大物业管理规模来缓解企业经济效益压力之外，还有一个主要途径就是适时调整物业费。因此，这种物业管理模式从本能上就对物业费涨价具有强烈的需求。

第三，包干制物业收费模式的支配性。从物业费收取方式来看，物业管理主要分为包干制和酬金制两种类型。前者依据收费价格确定物业服务内容和标准，物业企业的利润是去掉服务成本后的剩余部分，由物业企业自负盈亏；后者是根据物业服务要求测算收费标准，物业企业的利润是按照约定比例提取的酬金，由全体业主自负盈亏。而且，包干制的财务是相对封闭的，酬金制则要求公开透明。在30多年的物业管理实践中，包干制占据了绝对的支配性地位，实行酬金制的小区则非常之少。包干制所带来的不透明收费，必然会使得业主与物业公司之间展开一场持续相互争斗的“猫鼠游戏”，并使得物业公司一直处于“物业费饥渴”之中。

（三）业主自治组织的特性

第一，业主大会无实体地位。物业费的调价权，实际上在业主大会会议手里。按照《物权法》的规定，调价需要获得双1/2表决通过方可实施。在建筑物区分所有的情况下，物业服务的买方是由全体业主构成的业主大会，相对于作为单个卖方的物业服务企业，面临着表决程序复杂和协商成本高昂的难题。同时，由于业主大会并不是一个实体性的组织，也缺乏一个日常的办事机构，其在现实运行中成为一个“休克的巨人”。现实中，业主大会会议的召开，主要是通过书面表决的方式进行，缺乏面对面的充分讨论和沟通协商。这也使得业主很难对物业费价格形成一个客观理性的认知和判断，进而导致对物业费调价的表决会带有较强的盲目性和情绪性。

---

① 王筝：《我国物业管理模式转变及其动因分析》，《经济问题探索》2010年第12期。

第二，业委会普遍长期缺位。业主大会会议的召开，需要业委会来负责召集和组织人员。而现实情况是，北京、广州、深圳等一线城市业委会成立比例长期徘徊在20%左右，三线、四线城市成立比例更低。大量小区难以成立业委会，成立之后能够有效履职的更是少之又少。对于没有业委会的小区，在物业费收缴上，物业公司不得不面对成千上万的单个业主；要进行物业费调价，缺少法定组织主体；即使一些物业公司通过征集业主同意票来实施调价，也会面临合法性和公信力方面的质疑，导致物业费调价很难真正获得实施，甚至会进一步刺激物业费收缴率下降。对于成立了业委会的少数小区，要首先在业委会与物业公司之间达成妥协，并获得业主大会会议法定表决票数，实际上相当艰难。这也会导致物业费调价陷入一种不可操作的窘境。

第三，业主组织无法人资格。目前，《物权法》和《物业管理条例》均未对业主大会或业委会的法人主体资格进行明确规定，只有北京、温州、武汉等少数地方进行了业主大会法人化试点改革探索。业主大会、业委会由于不具备民事法人主体地位，所以很难承担相应的民事主体责任，从而也就无法成为业主共有资金的归集主体。业委会法律地位的不明确，也使得在实际履职过程中，其行为存在较大的随意性，缺乏有效的监管和规制。特别是当业委会与物业公司之间发生利益争斗、陷入僵局的时候，业委会的退出、停摆、辞职、解体，都会导致物业费调价陷入死局、成为不可解决的问题，而业委会自己却不用承担任何法律责任和后果。这表明，在物业费问题的争执和处理上，业委会与物业公司实际上处于不对等的组织法律地位。

三　破解城市社区物业费困境的对策思考

（一）转变理念思维

第一，从“物业管理”到“物业服务”。对物业公司而言，在行为理念和思维模式上要真正实现从“管理”到“服务”的根本转变。“物业管理”源自《物业管理条例》的设定，而“物业服务”源于《物权法》的再造。虽只有一词之差，却反映了两种不同的权利。业主作为不动产的所有权人，是物业管理的权利主体；物业企业则是根据业主的雇佣要求提供物业服务。主仆关系不能颠倒。同时，随着城市居民住房需求进入从单纯的“生存型需求”向“舒适型需求”转变的新阶段，物业服务质量和品质将越发成为物业管理行业发展的核心要素。这就要求物业企业在做好“对物的管理”的基础上更加重视“对人的服务”，以优质的服务最大限度赢得业主的认可和满意。

第二，从“物业消费”到“物业投资”。对业主而言，缴纳物业费不仅是一种消费行为，而且是一种投资行为。按照法律规定，缴纳物业费是住宅小区业主作为建筑物区分所有权人的基本成员义务。应积极培养业主的物业服务理性消费意识，通过管理规约和物业服务合同条款增强业主的契约意识。同时，自 1998 年住房商品化改革以来，我国城市化进程日益加快，主要特大城市已由“建设主导期”逐步向“管理主导期”转变。而物业管理的一个重要价值和功能，就是通过对房屋建筑及其附属设施设备的养护维修，有效提高住宅的居住品质，延长房屋建筑的使用寿命，实现房产的保值增值。随着房龄的不断增长，物业管理的作用将日益凸显和重要，物业费的价格也应呈现出一个“倒三角形”的增长结构。

第三，从“物业管理”到“社区治理”。从政府角度而言，把物业管理纳入社区治理是未来城市治理的一个基本趋势。从根本上讲，对于物业管理问题，不能仅将其看作一个行业管理问题，而应当看到其背后更是一个复杂的社会治理问题。物业费的收缴和调整，表面上看是业主与物业公司之间的市场交易行为，背后实质上涉及社区党组织、居委会、街道、开发商、物业公司、房管所、业委会等多元主体之间的协商博弈。这就要求加强和改进社区党组织/居委会对业委会、物业公司的指导和监督，探索居委会和业委会的交叉任职机制，建立健全以社区党组织为核心的多元主体协商议事机制。

第四，从“传统物业”到“智慧物业”。在“互联网 +”的背景下，智慧社区建设成为一种发展趋势，直接催发了从“传统物业”到“智慧物业”的革命。智慧物业服务平台的建设，不仅极大提高了物业企业的工作效率和物业服务的技术含量，而且大大降低了企业的人力成本。报事报修系统、智能巡检系统等技术平台，既方便了业主及时获得服务，又使得物业服务有迹可循、便于核查。同时，智慧物业 App 的应用，为物业费的收缴提供了极大便利，业主既可以随时随地进行网上缴费、移动支付，又可以随手拍、随手发，实现全民在线参与小区建设。智慧物业新技术、新业态的变革，为物业企业走出降成增收的现实困境提供了一种具有可持续性的发展路径。

（二）创新体制机制

第一，建立健全业主自治机制。业主有效行使共同决策权是物业管理的核心。业主的权利意识和自治意识是在实践过程中逐渐培养起来的，并需要通过相应的组织载体和平台来予以实现和体现。[①] 而业委会的普遍缺位已经从根本上严重影响到业主权益的合法维护。这就要求有效提升业主大会和业委会的成立比例，强化对业委会成立难、换届难、运作难、备案难等重点问题的专项指导，培育和促进业主自我管理与自我约束机制的形成和完善。同时，应强化对业委会履职的规范管理，完善对业委会的培训、监督、考评制度。积极探索设立业主代表大会、业主监事会等组织机构，完善和提升业委会治理结构和效能。建立健全业委会、居委会、物业企业三方协商议事机制，充分发挥业委会在物业费缴纳和调价中的积极作用。

第二，构建质价相符的价格机制。质价相符是物业服务应遵循的基本原则，也是物业管理健康发展的必然要求。一是在价格制定机制上，实现从政府指导价到市场调节价的转变。在新一轮价格放开的背景下，非保障性住房的物业服务实行市场调节价。应顺应国家政策调整的大势，推进此类物业服务价格的市场化联动。通过开展物业服务成本测算，定期发布物业服务成本构成，引导供需双方自主议价，逐步形成合理的市场成交价格。二是在物业服务收费方式上，有序推进从包干制到酬金制的转变。完

① 孙小逸、黄荣贵：《维权情境中的自发性认知解放——以业主积极分子的权利意识的演进为例》，《社会》2016 年第 3 期。

善酬金制的配套政策法规并完善相应的经济社会运行环境，切实提高住宅小区物业服务收费实行酬金制的比例。三是促进业主与物业企业的双向沟通。物业企业应将物业服务中的显性服务规范化、隐性服务透明化，增强业主对“质”的感受；同时，业主也应理性、客观当客户，主动承担相应的市场责任。

第三，改进前期物业管理体制。在业主组织长期缺位的情况下，建管合一的“父子兵”体制已然成为一种严重的体制性障碍，亟待进行破除和体制再造。一是完善前期物业招投标制度。增强依法招投标的责任意识，健全招投标竞争市场和招投标备案制度，发展和完善招投标中介服务机制。[①] 特别是要规范前期物业服务合同和临时管理规约的制定。二是创新物业承接查验制度。明确业主大会是小区共用设施和公共部位交接的接收主体，明确业主大会选举产生首届业委会是物业承接查验的时间界点，制定和完善物业承接查验的标准体系。三是健全第三方评估监理制度。加快建立物业服务第三方评估监理制度，为业主、物业企业和建设单位提供物业服务标准确定、服务费用评估、服务质量测评等方面的服务。[②] 四是大力发展专业型物业企业，实现从“管作合一”向“管作分离”转变，从“劳动密集型”向“管理密集型”转变，更好促进物业管理专业化、产业化和市场化。

（三）强化法治保障

第一，构建以法人为导向的业主组织体制。推进业主大会法人化是中国物业管理未来发展的必然要求和趋势。应使业主组织实现社会脱敏，从被动应对转向主动介入，特别是通过政策法规的引导，促进业主组织健康有序发展。加快推进业主大会社团法人登记；切实加强和改进业委会依法履职能力建设，推进业委会治理标准化、规范化建设；积极探索建立业主大会归集、收取、调整物业费机制。立足全国不少地方已成立业委会协会

---

① 徐骋：《前期物业管理存在的问题及对策建议》，《中国房地产》2015 年第 22 期。

② 北京市住房和城乡建设委员会：《北京市物业服务第三方评估监理管理办法》，2010 年 6 月 26 日。

或业委会联合会的试点经验，加快推动业委会行业自律组织建设，有效发挥其对业委会的行业监督和规范作用。开展法治社区创建活动，充分发挥法官、检察官、人大代表、政协委员、律师等在社区治理中的作用，切实增强业主的法治意识和契约精神。

第二，构建以信用为核心的物业监管体制。政府行业主管部门对物业企业的监管，应遵循服务企业发展的内在规律，实现从静态的“资质管理”向动态的“信用管理”转变，并建立健全守信联合激励和失信联合惩戒机制。通过建立物业管理信用信息共享平台，对物业企业信用信息进行采集、认定、记录、评价，建立物业企业信用档案，开展信用等级评定，对不同信用等级物业企业实施差别化监管。针对物业企业的信用管理，或可将其分解、细化、落实到对相应的物业项目以及从业人员的信用管理上。[①] 积极探索将业主评价纳入物业企业信用管理，让服务对象和权利主体也成为最终的评价主体；同时，也将业主缴纳物业费记录纳入个人诚信档案，以此提高业主违约欠费的成本。

第三，构建以标准为内核的物业规范体系。从总体上而言，目前我国物业服务行业仍处于以较低水平运行的状态，发展还很不成熟，相关政策法规和标准体系建设还较为滞后。应建立健全物业服务等级标准。主要包括两个维度：横向上，针对不同类型的住宅小区（新建商品房、售后公房、保障性住房、回迁房等），设立各自相应的物业服务标准规范，实施分类治理；纵向上，将每个物业服务项目按照服务质量，由低到高分为若干个等级，实施级差治理。针对一些保障房和老旧小区，可以执行基础物业服务标准；针对一些中高档商品房小区，则可根据具体情况实行不同级别的物业服务标准。质言之，就是通过实现物业服务标准化、精细化、明晰化，减少物业费的相关纠纷。

① 张农科：《关于我国物业管理模式的反思与再造》，《城市问题》2012 年第 5 期。

后 记

本书是十年来我从事社会治理研究的一项阶段性总结。这本书取名《社会治理：历史、理论与经验》，主要基于我的研究工作从“微观”到“中观”再到“宏观”之间交互往复的三个发展阶段，也在一定程度上反映和体现了当前社会治理研究的三个关键论域。这项研究工作能够结集出版，得益于诸多师友同事的关心、鼓励、支持和帮助，在此致以诚挚的感谢!

这项研究工作主要是在两个学术传统之下进行的：一个是京师社会学传统。2012 年 6 月，我博士毕业后来到北京师范大学，在作为社会治理智库的中国社会管理研究院从事公共管理专业博士后研究，主攻方向是社会建设与社会治理。2015 年 3 月，学校整合相关院系学科力量成立社会学院，并与中国社会管理研究院实行“两块牌子、一套人马”开展学科与智库双轮驱动一体化建设。在这种新型体制下，坚持学术与政策研究相互结合成为一个重要的研究取向。我对社会治理的探索和研究，直接受益于两个研究团队给予的持续滋养和激励：一个是以魏礼群教授为首席专家的社会治理研究团队，一个是以龚维斌教授为主编的《社会体制蓝皮书》研究团队。正是在这两个研究团队的带领下，我参与和承担了多项社会治理方面的研究工作，促使我在社会治理领域进行广泛耕耘和不断积累，并将之确立为我的主要研究方向之一。另一个是清华社会学传统。社会治理一直是清华社会学的核心学术方向之一。当我还在系里读研究生的时候，我并没有特别清晰地认识到；待到工作之后，直接从事社会治理研究时，我才逐渐发现自己其实一直就在这个研究论域之中。这项研究工作的诸多构思和探讨，深深受益于我从系里老师那里聆听和学习到的知识、思想和见解。每当我的思考陷入困顿之时，重新温习老师们关于社会建设与社会治理的系列文章和论述，总能寻找到一些新的思想启迪和灵感线索。比如，郭于华老师的“社会生态建设”、沈原老师的“社会的生产”、孙立平老师的“积极的社会管理”、李强老师的“新清河实验与基层社会治理创新”、王天夫老师的“利益关系协调与社会治理共同体建设”，等等。有时候见到老师们，我也会不失时机地当面请教，也总能获得有益指点。

这项研究工作以体制创新为主要视角，尝试从历史、理论和经验三重视域来探讨和揭示社会治理作为“社会新政”、作为“社会工程”、作为“社会重建”的丰富内涵。从社会治理的实践过程来看，“党建引领”和“政绩竞赛论”实际上在体制创新层面获得最为鲜明和直接的体现，“经验”、“理论”、“历史”也在社会治理的体制创新层面获得最为集中的汇聚、生发和呈现。从社会治理的研究进路来看，如何从体制创新的角度对既有的相关研究进行有效回应，如何探寻社会治理的学理和政策路径，是我在研究过程中一直努力思考的问题。从概念范畴来看，“社会体制”如同“社会治理”，也是一个具有中国特色的标识性概念，而且在人们的日常生活和工作中是一个耳熟能详的概念。通过学术史的梳理和分析，我发现人们对社会体制的认识和理解经历了一个逐渐发展、不断丰富的累进性过程，不少学人进行了高瞻远瞩、孜孜不倦的持续阐释和研究工作。这从本书所引用的相关文献可见一斑，我从他们的学术灼见中学到很多、深受启发。从研究范式来看，“社会体制”和“社会结构”构成了两个各具特点、富有潜力的学术进路，并因应中国经济社会发展的阶段性特征而各有凸显和侧重。这两个研究进路都与社会治理紧密相连、不可分割：一方面，社会体制的改革和创新包含着大量的治理行为以及治理主体之间的关系；另一方面，社会结构的调整和优化离不开社会治理的充分发展和多元力量的促动。如何植根中国社会治理本土实践、把握全球社会治理发展趋势，构建具有解释力的中国社会治理学术链条，形成中国社会治理自主知识体系，仍将是一项任重而道远的基础性研究工作。

这项研究工作的田野调查分布于全国多个城市，特别是一些最早探索设立新型社会建设和社会治理部门的城市。在中央加强社会建设的背景下，特别是从“社会管理”到“社会治理”的发展演进，不同城市的地方党委和政府积极推进社会治理体制创新，比如北京、上海、广东、浙江等地的社工委/社建委模式，贵阳的群工委模式，成都的社治委模式，等等。在这些新设立的社会建设和社会治理部门之外，大多数城市主要是依托政法委/综治委、民政局等部门推进社会治理创新工作。在田野调查中，我有幸获得诸多部门同志的关心、支持和帮助，并深切感受到社会建设和社会治理工作涉及面广，需要多方面、多部门之间的紧密协同与合作，特别是需要发挥党委的总揽全局、协调各方的领导核心作用。我在不断思考地方社会治理体制创新的多元模式的过程中，也着力从大学智库决策咨询研究的角度提出相关的对策建议，在参加中央和地方一些部门的社会建设和社会治理领域的专家座谈会时也积极建言，希望能够提供一些可供参考的建议。在党和政府的文件中，“社会治理”这个概念首次出现于党的十八届三中全会。从 2013 年到 2023 年这十年间，不论是从学术、政策研究，还是从实践工作发展来看，大家有一个较为普遍的认识是，社会治理创新的全面深入推进，亟待中央层面建立统一的专门主管部门。党的二十大报告提出“中国式现代化”重大理论思想，这为社会治理研究提供了新的视野。2023 年党的二十届二中全会通过了《党和国家机构改革方案》，提出设立中央社会工作部，省、市、县三级同步建立。这是新时代中国社会治理发展的重大制度成果，也标志着中国社会治理迈向新的发展阶段。

感谢刊发本书各章节内容的学术刊物的编辑老师们，正是他们的鼓励、支持、督促和帮助，使得我将关于社会治理的探索和思考付诸文字，并逐渐形成较为明晰的研究进路和脉络。

感谢社会科学文献出版社，尤其是谢蕊芬、赵娜、李会肖、陈彩伊等编辑老师对书稿编校、修订、出版所付出的辛勤劳动，她们专业、细致、严谨、高效的职业精神令人深感敬佩。

感谢国家社会科学基金项目“社会治理创新的地方实践及经验研究”、中央高校基本科研业务经费项目“社会治理的组织和模式研究”、中国博士后科学基金特别资助项目“中国社会体制改革的基本框架和目标路径研究”的资助。

感谢我的家人长期以来给予的理解、陪伴和支持。在这项研究工作开展的过程中，我们的孩子——萌萌和琦琦出生了，并逐渐慢慢长大。我的妻子和家人在照料养育上付出了巨大心血、分担了大量家务，我要向她们致以崇高的敬意和深深的谢意。

陈鹏

2024 年 6 月于北京

图书在版编目(CIP)数据

社会治理：历史、理论与经验 / 陈鹏著. -- 北京：社会科学文献出版社，2024. 7. -- ISBN 978-7-5228-3819-9

Ⅰ. D63

中国国家版本馆 CIP 数据核字第 20247Y4E95 号

社会治理：历史、理论与经验

著　　者 / 陈　鹏

出 版 人 / 冀祥德
责任编辑 / 李会肖　谢蕊芬
文稿编辑 / 陈彩伊
责任印制 / 王京美

出　　版 / 社会科学文献出版社 · 群学分社（010）59367002
地址：北京市北三环中路甲 29 号院华龙大厦　邮编：100029
网址：www. ssap. com. cn
发　　行 / 社会科学文献出版社（010）59367028
印　　装 / 三河市尚艺印装有限公司

规　　格 / 开　本：787mm × 1092mm　1/16
印　张：17. 25　字　数：262 千字
版　　次 / 2024 年 7 月第 1 版　2024 年 7 月第 1 次印刷
书　　号 / ISBN 978-7-5228-3819-9
定　　价 / 128. 00 元

读者服务电话：4008918866